U0451610

共同趋势
和共同周期的理论
与应用研究

欧阳志刚 陈普 著

商务印书馆
The Commercial Press

图书在版编目(CIP)数据

共同趋势和共同周期的理论与应用研究/欧阳志刚，陈普著.—北京：商务印书馆，2022
ISBN 978-7-100-21766-8

Ⅰ.①共… Ⅱ.①欧… ②陈… Ⅲ.①中国经济—经济增长—研究 Ⅳ.① F124.1

中国版本图书馆 CIP 数据核字（2022）第 186330 号

权利保留，侵权必究。

共同趋势和共同周期的理论与应用研究
欧阳志刚　陈普　著

商　务　印　书　馆　出　版
（北京王府井大街 36 号　邮政编码 100710）
商　务　印　书　馆　发　行
北京虎彩文化传播有限公司印刷
ISBN 978-7-100-21766-8

2022 年 12 月第 1 版　　开本 880×1240　1/32
2022 年 12 月北京第 1 次印刷　印张 8⅝

定价：60.00 元

目 录

序 /1

第一章 共同趋势、共同周期的基本理论 /4

第一节 共同趋势的基本理论 /4

第二节 共同趋势与共同周期(相依周期)的基本理论 /13

第三节 共同趋势、共同(相依)周期的检验方法 /18

第四节 共同趋势、共同(相依)周期的分解方法 /19

第二章 非线性共同趋势、共同周期的检验与分解 /21

第一节 协整向量调节参数都为非线性的阈值协整模型 /21

第二节 非平稳面板数据的非线性共同周期检验 /44

第三节 结构变化的共同趋势与共同周期的检验与分解 /68

第四节 内生结构变化持久冲击与短期冲击的分解 /73

第三章 中国经济增长的趋势与周期波动的国际协同 /76

第一节 引言 /76

第二节 国际经济增长的共同趋势与共同周期的

　　　　　检验与分解　/81

　　第三节　中国经济波动的国际协同之源——国际共同

　　　　　冲击、国别冲击的分解　/90

　　第四节　国际共同冲击、本国冲击、外国冲击对

　　　　　中国经济波动的动态效应　/104

　　第五节　结论　/111

第四章　双轮驱动下中国经济增长的共同趋势 与相依周期　/113

　　第一节　引言　/113

　　第二节　基本理论与研究方法　/120

　　第三节　共同趋势和相依周期的检验与分解结果　/130

　　第四节　需求侧和供给侧驱动力的相互影响和动态反馈　/146

　　第五节　结论　/157

第五章　中国经济增长与通货膨胀的共同趋势 与相依周期　/162

　　第一节　引言　/162

　　第二节　文献综述　/164

　　第三节　经济理论基础与经济背景分析　/167

　　第四节　经济增长与通货膨胀的共同趋势和相依周期检验　/174

第五节　含结构变化的共同趋势和相依周期的分解　/186

第六节　共同趋势和相依周期的持久性冲击与短期冲击　/194

第七节　结论　/211

第六章　中国地区平衡经济增长率的趋势与周期分解　/215

第一节　引言　/215

第二节　理论基础　/220

第三节　面板数据的共同趋势和共同周期的检验与分解方法　/223

第四节　中国地区经济结构转型特征　/230

第五节　中国地区平衡经济增长率的分解结果　/234

第六节　结论　/254

参考文献　/257

序

  在日常生活中,总有一些事物的运动会循环变化,往复出现。我们通常将事物变化过程中,某些特征循环往复出现的现象称为周期运动,相同特征连续两次出现所经过的时间就被称为周期。周期概念应用到经济学领域就称为经济周期,也称商业周期或景气循环。经济学理论对经济周期的定义一般是指经济活动沿着经济发展的总体趋势所经历的有规律的扩张和收缩。从经济周期的这一定义可以看出,它其实包括两个方面,一是经济趋势,二是循环波动。自从20世纪凯恩斯的宏观经济学理论建立后,经济周期问题一直是宏观经济学关注的焦点,未来还仍将是理论界和政策制定者关注的焦点。

  自凯恩斯以来,相继出现的每个宏观经济学派都在试图创立新的理论来解释经济周期。至于如何诠释和评价这些竞争性的理论,不是本书所讨论的范围。本书讨论以宏观经济统计数据为基础的经济周期的经验研究,聚焦于宏观经济趋势与周期的统计检验与分解方法。

  早期经济周期的理论和实证研究一般是将经济增长的长期趋势与短期周期波动分开研究,20世纪80年代后,实际经济周期理论的出现将经济增长的趋势与周期研究由分割带向整合。几乎与此同时,计量经济学中的单位根理论的出现加速了这种整合,并提供了经验研究方法和研究证据。单位根理论认为,具有单位根特征的宏观数据,例如GDP,包含趋势成分与周期成分。趋势成分包括确定性趋势与随机趋势。确定性趋势是由投入要素的增长、技术进步和经济结构升级等因素所引致的经济增长,其基本特征是随着时间推延而持续增加,随机趋势是由具有持续效应的随机冲击所形成的。因为单位根变量的特征是将具有持续效应的随机冲击影响累积起来,由此而形成累积的随机趋势。去除确定性趋势和随机趋势后剩余的部分就是经济周期成分。由此可以看到,在单位根理论中,经济周期成分是由只具有短期效应的随机冲击形成。因而,经济周期成分总是围绕着趋势成分而波动。从单位根理论可以看出,不仅宏观经济变量,例如投资、消费、出口等具有趋势和周期的特征,许多微观变量也同样具有周期和趋势的特征,例如股票价格、人民币兑美元汇率等,它们也可能包含随机趋势和周期成分,因此,基于单位根理论的趋势与周期的研究方法有广泛的适用范围。

从计量方法的角度对经济数据进行趋势与周期研究的前提条件是能够分解经济数据中的趋势与周期成分。以单位根理论为基础的分解方法主要包括两类,一类是由贝弗里奇和尼尔森(Beveridge and Nelson,1981)提出的 BN 分解,另一类是哈维(Harvey,1985)和克拉克(Clark,1987)等提出的不可观测成分分解方法(UC 分解)。这些分解方法最初都是基于单变量的分解,单变量分解的最大不足是将分解的经济变量与其他变量独立,因而不能研究众多经济变量之间的关系,例如,宏观变量 GDP、消费、投资等相互之间具有密切的相互影响关系,而研究这些变量的相互关系同样是宏观经济学者关注的重要问题,具有重要的实践意义。基于此,后续研究致力于将上述单变量分解方法扩展为多变量分解,例如,阿里诺和纽博尔德(Ariño and Newbold,1998)将 B-N 分解由单变量扩展到多变量,阿泽维多等人(Azevedo et al.,2006)提出了多变量的 UC 趋势与周期分解方法。

在多变量分解技术中,埃克等人(Hecq et al.,2006)提出的共同趋势与共同周期分解方法具有明显的优势。原因在于：从统计分解的角度看，共同趋势与共同周期是多变量分解，避免了单变量分解方法通常因新信息的获得而导致分解结果明显变化的不足（Chen and Mills，2012），此外，相对于其他多变量分解技术（如多变量 UC 分解），它不仅考虑了多变量长期趋势之间的协同关系，还考虑了多变量短期周期之间的关系。

从我国的经济发展和经济结构转型背景看，40多年的改革开放使我国的经济体制发生结构性变化，导致许多经济变量之间的结构关系，以及经济变量本身的动态特征随之发生结构转变，由此导致经济变量之间的关系具有非线性特征。因此，相对于发达国家，我国经济变量的非线性特征可能更为显著。因此，将埃克等人（Hecq et al.，2006）提出的共同趋势与共同周期分解应用于中国问题，需要将中国的典型经济结构变化特征考虑进来。本书所做的工作就是考虑中国经济结构转型特征，在埃克等人（Hecq et al.，2006）的基本理论框架内引入非线性，提出非线性共同趋势与共同周期的检验与分解方法，并使用既有的共同趋势与共同周期，以及本书所扩展的非线性共同趋势与共同周期方法，研究中国经济问题。

从本书作者所查阅的文献看，有关趋势与周期分解方法及应用的研究论文数量众多，使用共同趋势与共同周期的研究论文也较为常见，但以专著形式系统梳理共同趋势与共同周期的理论基础，并在理论和应用研究方面有所创新的著作，在中文文献中还没有发现。为此，本书作者本着抛砖引玉的心态，将近期所做的这一领域研究汇集成册，抢先出版。以期对国内相关研究有所帮助，也欢迎同行专家批评指正，不吝赐教。

第一章　共同趋势、共同周期的基本理论

第一节　共同趋势的基本理论

一、协整与共同趋势

对于 n×1 的 $I(1)$ 时间序列向量 y_t，它们的 VAR 模型可表述如下：

$$y_t = \varphi_1 y_{t-1} + \cdots\cdots + \varphi_p y_{t-p} + \varepsilon_t \tag{1-1}$$

为简洁，这里省略了可能的截距项和时间趋势项。对等号右边进行变换，分别加上和减去 $(\varphi_2+\varphi_3+\ldots+\varphi_p)y_{t-1}$，可以得到下式：

$$\begin{aligned}
y_t &= \varphi_1 y_{t-1} + (\varphi_2 + \varphi_3 + \ldots + \varphi_p) y_{t-1} - (\varphi_2 + \varphi_3 + \ldots + \varphi_p) y_{t-1} + \varphi_2 y_{t-2} + \ldots + \varphi_p y_{t-p} + \varepsilon_t \\
&= (\varphi_1 + \varphi_2 + \varphi_3 + \ldots + \varphi_p) y_{t-1} - \varphi_2 y_{t-1} - (\varphi_3 + \ldots + \varphi_p) y_{t-1} + \varphi_2 y_{t-2} + \ldots + \varphi_p y_{t-p} + \varepsilon_t \\
&= \rho y_{t-1} - \varphi_2 \Delta y_{t-1} - \varphi_3 y_{t-1} + \varphi_3 y_{t-2} - \varphi_3 y_{t-2} + \varphi_3 y_{t-3} - (\varphi_4 + \ldots + \varphi_p) y_{t-1} + \varphi_4 y_{t-1} + \ldots + \varphi_p y_{t-p} + \varepsilon_t \\
&= \rho y_{t-1} - \varphi_2 \Delta y_{t-1} - \varphi_3 \Delta y_{t-1} - \varphi_3 y_{t-2} + \varphi_3 y_{t-3} - (\varphi_4 + \ldots + \varphi_p) y_{t-1} + \varphi_4 y_{t-1} + \ldots + \varphi_p y_{t-p} + \varepsilon_t
\end{aligned}$$

$$= \rho y_{t-1} - (\varphi_2 + \varphi_3)\Delta y_{t-1} - \varphi_3\Delta y_{t-2} + \varphi_3 y_{t-3} - (\varphi_4 + ... + \varphi_p)y_{t-1} + \varphi_4 y_{t-1} + ... + \varphi_p y_{t-p} + \varepsilon_t$$

$$= \cdots\cdots = \rho y_{t-1} + \Gamma_1 \Delta y_{t-1} + \Gamma_1 \Delta y_{t-2} + ... + \Gamma_{p-1}\Delta y_{t-p+1} + \varepsilon_t \quad (1-2)$$

这里，$\rho = \varphi_1 + \varphi_2 + \cdots\cdots + \varphi_p$，$\Gamma_s = -[\varphi_{s+1} + \varphi_{s+2} + \cdots\cdots + \varphi_p]$，$s = 1, 2...p - 1$。在模型(1-2)两边同时减去 y_{t-1}，得到：

$$\Delta y_t = (\rho - I_n)y_{t-1} + \Gamma_1\Delta y_{t-1} + \Gamma_1\Delta y_{t-2} + ... + \Gamma_{p-1}\Delta y_{t-p+1} + \varepsilon_t$$
$$= \Gamma_0 y_{t-1} + \Gamma_1\Delta y_{t-1} + \Gamma_1\Delta y_{t-2} + ... + \Gamma_{p-1}\Delta y_{t-p+1} + \varepsilon_t \quad (1-3)$$
$$\Gamma_0 = \rho - I_n = -(I_n - \varphi_1 - \varphi_2 - \cdots\cdots - \varphi_p)$$

模型(1-3)就是通常所说的误差校正模型，现在，回到模型(1-1)，将其重新写成：

$$\Phi(L)y_t = \alpha + \varepsilon_t, \Phi(L) = I_n - \varphi_1 L - \varphi_2 L^2 - \cdots\cdots - \varphi_p L^p \quad (1-4)$$

这里 $\Gamma_0 = -\Phi(1)$，模型(1-4)对应的特征方程可写成：

$$|I_n - \varphi_1 z - \varphi_2 z^2 - \cdots\cdots - \varphi_p z^p| = 0$$

如果该特征方程的一个特征根为单位根或在单位圆上，其余的特征根在单位圆外，也就是说，对于特征根 $z_i(i=1,...,n)$，满足如下条件：

$$|z_i| = 1, |z_j| \geq 1, i \neq j$$

也可以将模型(1-4)对应的特征方程写成如下形式：

$$|z^p - \varphi_1 z^{p-1} - \cdots\cdots - \varphi_p| = 0$$

这种情形下，其对应的特征根有一个在单位圆上，其余的特征根在单位圆内，即：

$$|z_i^*| = 1, |z_j^*| \leq 1, i \neq j$$

根据前述假设 $y_t \sim I(1)$，因而有 $\Delta y_t \sim I(0)$，对于(1-3)，假设 $E(\Delta y_t) = \delta$，$\mu_t = \Delta y_t - \delta$。对 μ_t 进行 Wold 分解，可以得到：

$$\mu_t = \Delta y_t - \delta = \varepsilon_t + \psi_1 \varepsilon_{t-1} + \cdots\cdots + \psi_p \varepsilon_{t-p} + \cdots\cdots = \psi(L)\varepsilon_t$$
$$\Delta y_t = \delta + \psi(L)\varepsilon_t \quad (1-5)$$

由于 $\Delta y_t = (1-L)y_t$，将模型(1-4)两边同乘以 $\Phi(L)$，模型(1-5)可以重新表述为：

$(1-L)\Phi(L)y_t = \Phi(1)\delta + \Phi(L)\psi(L)\varepsilon_t$（因为 $\Phi(L)\delta = \Phi(1)\delta$）
(1-6)

根据模型(1-4)，(1-6)可进一步表述为：

$(1-L)(\alpha + \varepsilon_t) = \Phi(1)\delta + \Phi(L)\psi(L)\varepsilon_t$

上式的左边 $(1-L)\alpha + (1-L)\varepsilon_t = (1-L)\varepsilon_t$，由此进一步得到：

$(1-L)\varepsilon_t = \Phi(1)\delta + \Phi(L)\psi(L)\varepsilon_t$

要保证等式成立，则需要满足 $\Phi(1)\delta = 0$，$\Phi(L)\psi(L) = 1-L$。现在，假设时间序列向量 y_t 存在协整关系且最多 r 个协整关系。$\alpha_i (i=1,\dots,r)$ 为 r 个协整向量，由协整向量可以构成协整空间，该空间的基为 $A = (\alpha_1,\dots\alpha_r)$。对于新息 $\mu_t = \Delta y_t - \delta$，应用 BN 分解，可以得到：

$$\sum_{t=1}^{n}\mu_t = \psi(1)\sum_{i=1}^{n}\varepsilon_i + \eta_t - \eta_0, \eta_t = \sum_{j=1}^{t}a_j\varepsilon_{t-j},$$
$$a_j = -(\psi_{j+1} + \psi_{j+2} + \dots\dots)$$

这样，对于模型(1-5)，可以得到：

$$y_t = y_0 + \delta t + \psi(1)\sum_{i=1}^{t}\varepsilon_i + \eta_t - \eta_0$$

这一分解的结果是将 $I(1)$ 时间序列向量 y_t 分解为周期成分和趋势成分，其中等式左边的第二项是确定性趋势，第三项是随机趋势。进一步地，可以推出：

$$A'y_t = A'y_0 + A'\delta t + A'\psi(1)\sum_{i=1}^{t}\varepsilon_i + A'(\eta_t - \eta_0)$$

由于协整关系存在，矩阵 A 是协整的基，因此：$A'y_t \sim I(0) \Leftrightarrow A'\delta = 0$ 和 $A'\psi(1) = 0$。这就意味着，协整向量 A 对向量 y_t 进行线性组合，线性组合后，褪去了向量 y_t 中的确定性趋势和随机趋势。换言之，向量 y_t

中的趋势成分具有线性相关性,由此意味着 y_t 中的趋势成分具有共同特征,因此,如果 $I(1)$ 时间序列向量 y_t 存在协整关系,就称它们之间存在共同趋势。实践中,检验共同趋势就是检验是否存在协整关系。由于 $\Phi(L)\psi(L) = 1 - L$,所以 $\Phi(1)\psi(1) = 0$。又因为 $A'\psi(1) = 0$,所以 $\Phi(1)\psi(1) = 0$。由此我们可以得到矩阵 $\Phi(1)$ 的行向量 π_i' 都是协整向量。这样,π_i' 是协整向量 α_i 的线性组合,可由协整空间的基表述,因为存在向量 b_i,满足等式 $\pi_i = (\alpha_1, \ldots \alpha_r) b_i$, $i = 1, 2, \ldots, n$。紧凑地写成:$\Phi(1) = BA'$。再次回到模型(1-3)。

$$\Delta y_t = c + \Gamma_0 y_{t-1} + \Gamma_1 \Delta y_{t-1} + \ldots + \Gamma_{p-1} \Delta y_{t-p+1} + \varepsilon_t$$

$$\Gamma_0 = -\Phi(1) = -BA'$$

这样,误差校正模型表述为 $\Delta y_t = c - BA' y_{t-1} + \Gamma_1 \Delta y_{t-1} + \ldots + \Gamma_{p-1} \Delta y_{t-p+1} + \varepsilon_t$。

二、共同趋势的检验方法

斯托克和沃森(Stock and Watson, 1988)系统表述了共同趋势的检验。令 y_t 表示 $n \times 1$ 维的时间序列向量,它们之间的协整阶数是 $(1,1)$,也就是说,向量 y_t 的每个元素都是单整,但存在 r 个独立的线性组合,使得组合后的 y_t 变为平稳的时间序列。这种情形下,向量 Δy_t 具有协整向量移动平均表述形式:

$$\Delta y_t = \mu + C(L)\varepsilon_t, \quad \sum_{j=1}^{\infty} j|C_j| < \infty \tag{1-7}$$

这里,$C(z) = \sum_{i=0}^{\infty} C_i Z^i$,$C(0) = I_n$,$\varepsilon_t$ 是均值为零,方差为 G 的独立同分布的白噪音。L 是滞后算子,$\Delta = 1 - L$。$C(1)$ 的秩为 $k < n$,因此,y_t 存在协整关系。这就意味着,存在 $n \times r$ 维矩阵 α(其中 $r = n - k$),

使得 $\alpha'C(1)=0$, $\alpha'\mu=0$。矩阵 α 的行就是 y_t 的协整向量。

关于 y_t 的平稳线性组合表述 $\alpha'y_t$ 可以从模型(1-7)获得。令 $v_t = G^{-1/2}\varepsilon_t$, $\xi_t = \sum_{s=1}^{t} v_s$。在满足通常的假定下,例如 $\varepsilon_s = 0(s\leq 0)$,允许 y_t 有非随机的初始值 y_0。通过对模型(1-7)递归迭代,可以得到:

$$y_t = y_0 + \mu t + C(1)G^{1/2}\xi_t + C^*(L)G^{1/2}v_t \tag{1-8}$$

这里, $C^*(L) = (1-L)^{-1}(C(L)-C(1))$,因此, $C_j^* = -\sum_{i=j+1}^{\infty} C_i$。由于 $\alpha'C(1)=0$, $\alpha'\mu=0$,因此:

$$Z_t = \alpha'y_t = \alpha'y_0 + \alpha'C^*(L)G^{1/2}v_t \tag{1-9}$$

协整过程 y_t 还有一种表述形式,即降秩的共同随机游走再加上平稳成分。这种共同趋势表述很容易从(1-8)中推导出来。因为矩阵 $C(1)$ 的秩为 $k < n$,存在 $n \times r$ 的矩阵 H_1,其秩为 r,满足 $C(1)H_1 = 0$。进一步地,如果 H_2 是 $n \times k$ 的矩阵,其秩为 k。H_2 的行向量与 H_1 的行向量正交,那么, $A \equiv C(1)H_2$ 的秩为 k。$n \times n$ 维矩阵 $H = (H_1 H_2)$ 是非奇异矩阵,并且 $C(1)H = (0 A) = AS_k$。这里, S_k 是 $k \times n$ 维选择矩阵 $[0_{k\times(n-k)} I_k]$,其中 $0_{k\times(n-k)}$ 是元素为 0 的 $k \times (n-k)$ 矩阵。此外,由于 $\alpha'C(1)=0$ 和 $\alpha'\mu=0$, μ 位于 $C(1)$ 的列空间中,可表述为 $\mu = C(1)\tilde{\mu}$,这里 $\tilde{\mu}$ 是 $n \times 1$ 的向量。这样(1-8)就可产生共同趋势表述:

$$\begin{aligned} y_t &= y_0 + C(1)[\tilde{\mu}t + G^{1/2}\xi_t] + C^*(L)G^{1/2}v_t \\ &= y_0 + C(1)H[H^{-1}\tilde{\mu}t + H^{-1}G^{1/2}\xi_t] + d_t \\ &= y_0 + A\tau_t + d_t, \quad \tau_t = \pi + \tau_{t-1} + \upsilon_t \end{aligned} \tag{1-10}$$

这里, $d_t = C^*(L)G^{1/2}v_t$, $\tau_t = S_k H^{-1}\tilde{\mu}t + S_k H^{-1}G^{1/2}\xi_t$, $\pi = S_k H^{-1}\tilde{\mu}$, $\upsilon_t = S_k H^{-1}G^{1/2}v_t$。

由(1-10)可以看出,含有协整关系的向量 y_t 的共同趋势表述是将 y_t 表述为 k 个随机游走的线性组合再加上漂移项和短期成分(d_t)。

共同趋势表述为我们提供了一个方便的框架,在该框架中可以激发我们提出检验方法。为表述简单,暂且不考虑(1-8)中非零截距和时间趋势引起的复杂性。检验 k 与 m 个共同随机趋势的一个自然方法就是检验 y_t 的一阶序列相关矩阵。由于 y_t 是由协整和非协整成分构成,其估计的一阶序列相关矩阵具有非标准的极限分布,通常以复杂的方式依赖于干扰参数(nuisance parameters)。为避免这一麻烦,我们转而检验 y_t 的线性变换后 x_t 的回归统计函数。检验的原假设是: x_t 的前 $(n-k)$ 个元素不存在协整关系,而 x_t 的最后 k 个元素可以用 k 个独立的趋势表示。更确切地说,令 $x_t = Dy_t$,这里 $D = [\alpha \alpha^+]'$, α^+ 是 $n \times k$ 维常数矩阵,使得 $\alpha^{+'}\alpha = 0$ 和 $\alpha^{+'}\alpha^+ = I_k$。令 w_t 表示 x_t 的最后 k 个协整元素,由(1-7)可知:

$$\Delta w_t = \alpha^{+'} \mu + u_t \tag{1-11}$$

这里,$u_t = \tilde{C}(L)v_t$,$\tilde{C}(L) = \alpha^+ C(L) G^{1/2}$。合并(1-9)和(1-11),得到:

$$\Delta_k x_t = \delta + F(L)v_t \tag{1-12}$$

这里,$\Delta_k = \begin{bmatrix} I_{n-k} & 0 \\ 0 & \Delta I_k \end{bmatrix}$, $\delta = \begin{bmatrix} \alpha' y_0 \\ \alpha^{+'} \mu \end{bmatrix}$, $F(L) = \begin{bmatrix} \alpha' C^*(L) G^{1/2} \\ \tilde{C}(L) \end{bmatrix}$。

递归迭代(1-12), x_t 可以表述为:

$$x_t = \begin{bmatrix} \alpha' y_0 \\ \alpha^{+'} y_0 \end{bmatrix} + \begin{bmatrix} 0_{(n-k) \times 1} \\ \alpha^{+'} \mu \end{bmatrix} t + \begin{bmatrix} 0_{(n-k) \times 1} \\ \tilde{C}(1) \end{bmatrix} \xi_t + \begin{bmatrix} \alpha' C^*(L) G^{1/2} \\ \tilde{C}^*(L) \end{bmatrix} v_t$$

$$= \beta_1 + \beta_2 t + \beta_3 \xi_t + \beta_4(L) v_t \tag{1-13}$$

这里,$\tilde{C}^*(L) = (1-L)^{-1}(\tilde{C}(L) - \tilde{C}(1))$。基于 w_t,x_t 是存在 k 还是 m 个共同趋势的检验就转化为检验 $\tilde{C}(1)$ 的秩是 k 还是 m。为实现这一检验,假设 $y_0 = \mu = 0$,并考虑 w_t 对 w_{t-1} 的回归结果。在原假设下,w_t 是 k 个单整过程的线性组合。因此,统计量 Φ 就是:

$$\Phi = \left[\sum w_t w'_{t-1}\right]\left[\sum w_t w'_{t-1}\right]^{-1} \qquad (1-14)$$

Φ 有 k 个实单位根。在备择假设下，w_t 包括 m 个单整变量和 ($k-m$) 个非单整变量，或等价地，w_t 有 ($k-m$) 个独立线性协整向量。这样，在备择假设下，Φ 仅有 m 个单位特征值对应 m 个单整变量，($k-m$) 个特征值的模小于1。令 λ_{m+1} 表示 Φ 的 ($m+1$) 最大实部的特征值，检验的原假设和备择假设分别为：H_0:实部(λ_{m+1}) = 1，H_1:实部(λ_{m+1}) <1。

当 Φ 有若干单位根时，我们对 Φ 的性质有较多的了解。当 $n=1$，u_t 系列无关时，Φ 的分布如同迪基和富勒(Dickey and Fuller,1979)的研究。菲利普斯和杜劳夫(Phillips and Durlauf,1986)研究了 $n>1$ 情形下 Φ 的分布。但是，当 u_t 系列相关时，Φ 的分布及其特征根依赖于 u_t 的自协方差。这种相依使得我们不可能像传统的标准分布那样通过列表的形式写出 Φ 分布的临界值。针对共同趋势的检验问题，斯托克和沃森(Stock and Watson,1988)进行了系统研究。基于过滤数据的检验方法如下：

假设 Δw_t 有一个有限阶的 VAR 表述形式。模型(1-11)可以重写为：
$$\Pi(L)\Delta w_t = \gamma + \eta_t \qquad (1-15)$$

这里，$\Pi(L)$ 是滞后算子矩阵，其滞后阶数为 p，所有的特征根都在单位圆外。η_t 是均值为零，独立同分布(iid)的系列，$\Pi(0)$ 是正则化矩阵，因此 $E(\eta_t \eta'_t) = I_k$。这里，假定 $w_0 = \gamma = 0$。检验程序如下：

假定 D 和 $\Pi(L)$ 已知，令 $\zeta_t = \Pi(L)w_t$，模型(1-15)可写成，$\Pi(L)\Delta w_t = \Delta[\Pi(L)w_t] = \eta_t$，因此，原假设是 $\Pi(L)w_t$ 的元素都是随机游走，备择假设存在 $m < k$ 共同趋势。备择假设下，$\Pi(L)w_t$ 只有 m 个成分是随机游走，剩余的元素都具有协整关系，并且协整的阶数为零。这就表明，检验 k 对 m 个共同趋势可以通过检验 ζ_t 自相关矩阵的特征根来实现：

$$\Phi_f = [\sum \zeta_t \zeta'_{t-1}][\sum \zeta_t \zeta'_{t-1}]^{-1}$$

重写 Φ_f，可以得到：

$$T[\Phi_f - I_k] = \Psi'_{kt}(\Gamma_{kt})^{-1} \tag{1-16}$$

这里，$\Psi_{kt} = T^{-1}\sum \zeta_{t-1}\eta_t$，$\Gamma_{kt} = T^{-2}\sum \zeta_t \zeta'_{t-1}$。在单变量情形下 ($n=1$)，$\Psi_{kt}$ 和 Γ_{kt} 的极限分布类似于菲利普斯(Phillips,1987)的研究，多变量情形下($n>1$)，Ψ_{kt} 和 Γ_{kt} 的极限分布类似于菲利普斯和杜劳夫(Phillips and Durlauf,1986)的研究。这些随机矩阵弱收敛于 k 维维纳过程 $B_k(t)$ 的函数：$\Gamma_{kt} \Rightarrow \Gamma_k \equiv \int_0^1 B_k(t)B_k(t)'dt$，$\Psi_{kt} \Rightarrow \Psi_k \equiv \int_0^1 B_k(t)dB_k(t)'$。这里，$\Rightarrow$ 表示比林斯利(Billingsley,1968)弱收敛。对于模型(1-16)，可以得到：$T[\Phi_f - I_k] \Rightarrow \Psi'_k \Gamma_k^{-1}$。这样，$T[\Phi_f - I_k]$ 弱收敛于与 $\Psi'_k \Gamma_k^{-1}$ 具有相同分布的随机变量。由此可以得到：$T(\lambda_f - \iota) \Rightarrow \lambda_*$，这里，$\lambda_*$ 表示按照从大到小顺序排列的 $\Psi'_k \Gamma_k^{-1}$ 的特征值向量，λ_f 表示按照从大到小顺序排列的 Φ_f 的特征值向量，$\iota = (1,1,\ldots,1)'$。

如果 D 和 $\Pi(L)$ 已知，则检验统计量可以由 λ_f 构造，但在实际应用中，D 和 $\Pi(L)$ 是典型的未知。这一缺陷可以通过使用估计的 D 和 $\Pi(L)$ 代替真实 D 和 $\Pi(L)$ 的方式弥补。为此，假设 $\hat{D}$ 和 $\hat{\Pi}(L)$ 存在，进一步假定：(1) 在原假设和备择假设下，$\hat{D} \xrightarrow{p} RD$。这里，$R = diag(R_1, R_2)$。其中，在原假设下，$R_1$ 和 R_2 分别为 $(n-k) \times (n-k)$ 和 $k \times k$ 非奇异矩阵；在备择假设下，R_1 和 R_2 分别为 $(n-m) \times (n-m)$ 和 $m \times m$ 非奇异矩阵。(2) 在原假设下 $\hat{\Pi}(L) \xrightarrow{p} R_2\Pi(L)R_2^{-1}$。令 $\hat{w} = S_k\hat{D}y_t$，$\hat{\zeta} = \hat{\Pi}(L)\hat{w}_t$。这样。可以考虑普通最小二乘估计量：

$$\Phi_f = [\sum \hat{\zeta}_t \hat{\zeta}'_{t-1}][\sum \hat{\zeta}_{t-1} \hat{\zeta}'_{t-1}]^{-1}$$

使用过滤后的数据 $\hat{\zeta}$ 构造 Φ,使得其极限分布不再出现(1-15)中的讨厌参数(nuisance parameters)。令 $\hat{\lambda}_f$ 表示按照大小顺序排列 $\hat{\Phi}_f$ 的特征向量。由此获得斯托克和沃森(Stock and Watson,1988)的定理 1:

假定 $\hat{D} \xrightarrow{p} RD$,$w_t$ 由模型(1-15)生成,$w_0 = \gamma = 0$,$\hat{\Pi}(L) \xrightarrow{p} R_2\Pi(L)R_2^{-1}$,$\max_i E(\eta_{it}^4) \le \mu_4 < \infty$。那么,(a) $T(\hat{\Phi}_f - I_k) \Rightarrow R_2\Psi_k'R_2^{-1}$;(b) $T(\hat{\lambda}_f - \iota) \Rightarrow \lambda_*$;(c) $T(|\hat{\lambda}_f| - \iota) \Rightarrow real(\lambda_*)$。

该定理表明,检验 k 对 m 个共同趋势,或者,等价地,检验 Φ 含有 k 对 m 个单位根,可以使用如下统计量:

$$q_f(k,m) = T[real(\hat{\lambda}_{f,m+1}) - 1]$$

这里,$\hat{\lambda}_{f,m+1}$ 是 $\hat{\lambda}_f$ 的第(m+1)个元素。在原假设下,从上述定理可知,$q_f(k,m)$ 渐进地与 $real(\hat{\lambda}_{*,m+1})$ 有相同的分布。该分布的临界值斯托克和沃森(Stock and Watson,1988)以列表的形式给出。

在构造 q_f 统计量时,要求首先获得 RD 和自回归滞后算子矩阵 $\Pi(L)$。$n \times n$ 维矩阵 RD 可以由多种不同的途径获得。D(也是 RD)的前($n-k$)行是原假设下 y 的协整向量所张成的空间的基。斯托克和沃森(Stock and Watson,1988)提出了一种校正的估计方法。由于协整向量是正交向量,第一个协整向量对 y 的线性组合具有最小方差,第二个协整向量对 y 的线性组合具有次小方差,依此类推。获得这些估计结果只需要估计 y 的主成分。α 是通过求 y 的最小($n-k$)个主成分获得,α^+ 是通过求 y 的最大 k 个主成分获得。因为 $\hat{\alpha}$ 一致地估计协整向量直到任意线性变换,$\hat{D} \xrightarrow{p} RD = [\alpha R_1', \alpha R_2']'$,对于一些 R_1 和 R_2。

由于在原假设下 $\hat{\Phi} \xrightarrow{p} I_k$,$R_2\Pi(L)R_2^{-1}$ 的参数可以通过 $\Delta \hat{w}_t$ 或 $\hat{u}_t$ 的 VAR(p)回归形式获得一致性估计,这里 $\hat{u}_t$ 是 $\hat{w}_t$ 对 $\hat{w}_{t-1}$ 回归的残差。

第二节　共同趋势与共同周期
（相依周期）的基本理论

一、共同周期（相依周期）的基本概念

经济时间序列中有许多明显的特征,比如说序列相关、趋势、季节性等等。对于一组时间序列数据而言,如果存在一个元素不全为零的向量,对这组时间序列数据进行线性组合,使得组合后的时间序列数据的特征都消失了,就称这组时间序列存在共同特征。

例如,考虑浙江省(zj)和江苏省(js)的1980—2016年的实际GDP增长率数据。使用Q统计量分别对它们做自相关检验,一阶自相关的统计量值分别是10.30和4.29,都可以在5%的显著性水平上认为它们各自存在自相关,对它们进行线性组合:$u_t = zj_t - js_t$,线性组合后u_t的Q统计量值0.00,低于5%显著性水平下的临界值,意味着没有自相关。这一简单的线性组合表明褪去了zj和js各自存在的自相关,意味着zj和js有共同的自相关特征。恩格尔和科齐基(Engle and Kozicki,1990)将这种经过线性组合后,序列相关特征随之消除的时间序列称为具有序列相关共同特征的时间序列,线性组合向量称为共同特征向量,本例中为(1,-1)。基于这一定义,对于一组时间序列数据而言,如果线性组合能够褪去它们的数据"特征",都称为它们具有共同特征,这个共同特征可能是共同季节特征、共同周期特征等等。

共同特征的概念经常被用来研究经济变量的协同波动,特别是对

于经济周期的协同波动具有重要的经济含义和政策意义。恩格尔和科齐基(Engle and Kozicki,1990)关于共同特征的定义是基于平稳时间序列数据,平稳时间序列数据的共同周期特征被称为相依周期(Vahid and Engle,1993)。对于时间序列数据而言,除了平稳数据外,还有一类非平稳的单位根数据。单位根数据包含累积的随机趋势成分和可能的确定性趋势成分,单位根中的趋势成分通常被称为长期成分。除去趋势成分后剩余的部分就被称为短期成分,短期成分又经常地被称为周期成分(Vahid and Engle,1993)。使用这一周期定义,当我们研究经济增长的周期成分时,通常把经济增长的短期成分称为经济周期。由此可以看出,这样定义的经济周期与宏观经济学中的经济周期具有本质相同的含义,即两种经济周期的定义都是围绕趋势而波动的部分。

瓦希德和恩格尔(Vahid and Engle,1993)基于单位根数据特征,提出的共同趋势与共同周期概念。这是因为,对于一组单位根时间序列数据而言,共同趋势体现了这些变量的长期协同特征,共同周期则体现短期协同特征。对于多个国家或地区的经济增长、贸易、投资等数据而言,它们通常同时具有长期和短期的协同波动,因此,研究共同趋势和共同周期具有实践意义。

二、共同趋势与共同周期的表述

为清楚表述共同趋势与共同周期,这里先给出两个基本定义。假设 y_t 是 $n \times 1$ 的 $I(1)$ 向量,Δy_t 具有自相关。

协整的定义:如果存在 $n \times r$ 维向量 α,对 y_t 进行线性组合 $\alpha' y_t$ 是 $I(0)$,就称 y_t 存在协整关系,向量 α 称为协整向量。

序列相关共同特征:序列 Δy_t 存在序列相关共同特征是指存在线性组合使得它们成为白噪音。也就是说,如果存在 $n \times r$ 维向量 $\tilde{\beta}$,使得 $\tilde{\beta}' \Delta y_t$ 成为白噪音,就称 Δy_t 具有共同特征序列相关, $\tilde{\beta}$ 称为共同特征向量。

对于 n 维 $I(1)$ 变量 y_t ,对应平稳向量 Δy_t 有如下的 Wold 表述:

$$\Delta y_t = C(L)\varepsilon_t \qquad (1-17)$$

这里,为表述方便,没有考虑可能的截距项和时间趋势项。$C(L)$ 为滞后算子 L 的矩阵多项式,并有

$$C(0) = I_n, \sum_{j=1}^{\infty} j|C_j| < \infty$$

ε_t 为 $n \times 1$ 向量。它是 y_t 的一步超前线性预测。进一步,根据恩格尔和格兰杰(Engle and Granger,1987)提出的时间序列分析中的著名等式:

$$C(L) = C(1) + (1-L)\Delta C^*(L) \qquad (1-18)$$

模型(1-14)可等价写成:

$$\Delta y_t = C(1)\varepsilon_t + \Delta C^*(L)\varepsilon_t \qquad (1-19)$$

这里: $C_i^* = \sum_{j>i} - C_j$,对所有的 i ,特别地, $C_0^* = I_n - C(1)$ 。

对于(1-16),瓦希德和恩格尔(Vahid and Engle,1993)对其进行整合得到:

$$y_t = C(1) \sum_{s=0}^{\infty} \varepsilon_{t-s} + C^*(L)\varepsilon_t \qquad (1-20)$$

模型(1-20)是贝弗里奇和尼尔森(Beveridge and Nelson,1981)的多变量的趋势与周期分解表达式。序列 y_t 被分解随机游走部分[(1-20)右边第一项]和平稳部分[(1-20)右边第二项]。随机游走部分被称为趋势成分,平稳部分被称为周期成分。若矩阵 $C(1)$ 为满秩 n ,则(1-20)右边第一项为 n 个独立的随机游走,意味着没有线性组合能够

使 y_t 变为平稳。反之,若矩阵 $C(1)$ 的秩为 $k<n$,表明 y_t 的 n 维随机游走能够被表述为 k 维随机游走。斯托克和沃森(Stock and Watson,1988)推导了这种表达,并把它称为共同趋势表述。瓦希德和恩格尔(Vahid and Engle,1993)则称之为 Beveridge-Nelson-Stock-Watson 表述。这种表述即为:

$$y_t = \gamma \tau_t + c_t$$

$$\tau_t = \tau_{t-1} + \zeta' \varepsilon_t$$

这里,$\tau_t = \zeta' \sum_{s=0}^{\infty} \varepsilon_{t-s}$, $c_t = C^*(L)\varepsilon_t$。

这种情形下,意味着存在 $r=(n-k)$ 个独立的线性组合使得 y_t 变为平稳。这 r 个独立的线性组合就构成 $C(1)'$ 零空间的基。因此,一个有用的发现就是,y_t 的协整组合就成为 y_t 周期部分的线性组合(Vahid and Engle,1993),即是:

$$\beta' y_t = \beta' C^*(L)\varepsilon_t = \beta' c_t \tag{1-21}$$

可以看出,(1-21)表明 y_t 的协整组合褪去了 y_t 趋势成分。我们可以对 y_t 的周期部分提出类似(1-21)的问题:是否存在对 y_t 的线性组合使之褪去周期成分?换言之,是否存在独立的向量 β^*,使得 $\beta^{*'} C_i^* = 0$,对所有的 $i>0$?基于共同周期的定义,β^* 是否存在取决于 $C^*(L)$ 中所有系数矩阵非满秩以及它们的左零空间的交集非空。也就是:

$$\beta^{*'} C_i^* = 0, \quad i \geq 0$$

进一步,根据对 C_i^* 的定义,我们有:

$$C_{i+1} = C_{i+1}^* - C_i^*, \quad i \geq 0$$

这就表示 β^* 必须和所有的 C_i 正交(除 C_0 外)。再回过头看(1-17),用 β^* 对其进行转换,正好将(1-17)的滞后算子褪去,也就是说,它褪去 y_t 一阶差分的序列相关。因此,根据瓦希德和恩格尔(Vahid and Engle, 1993)的共同周期定义, β^* 正好是共同特征向量 $\tilde{\beta}$:

$$\tilde{\beta}'\Delta y_t = \tilde{\beta}'\varepsilon_t \tag{1-22}$$

(1-19)表明是指存在 $n \times s$ 维矩阵 $\tilde{\beta}$, 使得 $\tilde{\beta}'\Delta y_t$ 为 s 维的白噪音。Δy_t 存在 s 个序列相关共同特征(Serial Correlation Common Feature, 简称 SCCF), 检验共同周期就是检验 $\tilde{\beta}$ 是否存在。

前述有关共同周期的移动平均表述, 可以等价在 VAR 框架下表述上述共同周期问题。假定 y_t 具有如下 VAR 表述和相应的一阶差分表述:

$$A(L)y_t = \varepsilon_t, \text{其中} A(L) = I + A_1(L) + A_2(L^2) + \ldots + A_p(L^p)$$

$$\Delta y_t = A^{**}(L)\Delta y_{t-1} - A(1)y_{t-1} + \varepsilon_t, \text{其中} A_i^{**} = \sum_{j=i+2}^{p} A_j \tag{1-23}$$

如果 y_t 不存在协整关系, $A(1)$ 为零矩阵。若 y_t 存在协整关系, $A(1)$ 的秩为 r (r 为 $C(1)'$ 零空间的维度)。根据柳(Yoo, 1986), 如下等式成立: $A(1) = \alpha\beta'$, $C(1)A(1) = 0\beta'C(1) = 0$, $C(1)\alpha = 0$。对应的误差校正模型表述为:

$$\Delta y_t = A^{**}(L)\Delta y_{t-1} - \alpha z_{t-1} + \varepsilon_t, \text{其中} z_{t-1} = \beta'y_{t-1} \tag{1-24}$$

根据前述对共同周期的定义, 如下等式成立就表明存在共同周期:

$$\tilde{\beta}'A_i^{**} = 0, \text{对所有} i \tag{1-25}$$

$$\tilde{\beta}'A(1) = 0 \Rightarrow \tilde{\beta}'\alpha = 0 \tag{1-26}$$

可以在(1-23)两边同时乘以 $\tilde{\beta}'$, 得到:

$$\tilde{\beta}'\Delta y_t = \tilde{\beta}'A^{**}(L)\Delta y_{t-1} - \tilde{\beta}'\alpha z_{t-1} + \tilde{\beta}'\varepsilon_t \tag{1-27}$$

如果(1-24),(1-25),(1-26)同时成立,(1-27)就退化为(1-22):

$$\tilde{\beta}'\Delta y_t = \tilde{\beta}'\varepsilon_t$$

第三节 共同趋势、共同(相依)周期的检验方法

由前述分析可知,对于单位根变量而言,检验共同周期就是检验其差分后数据的序列相关共同特征。如果将单位根数据直接差分变成平稳数据,再检验是否存在共同周期。这种处理方式就将变量本身具有的趋势特征丢失了。瓦希德和恩格尔(Vahid and Engle,1993)提出的共同趋势和相依周期表述中,将变量的趋势和周期纳入统一框架下,这就使得在统一框架下检验共同趋势与共同周期成为可能。埃克等人(Hecq et al.,2006)提出的共同趋势和共同周期的检验是基于协整的向量误差校正模型(VECM):

$$\Delta y_t = \beta \alpha' y_{t-1} + \sum_{j=1}^{p} \Gamma_j \Delta y_{t-j} + \varepsilon_t \tag{1-28}$$

这里,α 和 β 分别为 $n \times r$ 的协整向量和调节参数矩阵,r 为协整向量的数量。如果 $\beta\alpha'$ 是非零矩阵,则表明 y_t 中的变量之间存在协整关系。协整关系的存在表明向量 y_t 的各元素之间存在共同趋势。根据瓦希德和恩格尔(Vahid and Engle,1993)的定义为,对于 n 维 $I(1)$ 变量 y_t,如果存在线性组合使得 Δy_t 成为白噪音,就表明 Δy_t 具有序列相关共同特征,此时称 y_t 具有共同周期。根据这一定义,对于模型(1-28),如果存在 $n \times s$ 矩阵 $\tilde{\beta}$,对模型(1-28)两边乘 $\tilde{\beta}$,使得等式 $\tilde{\beta}'\Gamma_j = 0_{(s \times n)}$,$(j=1,\ldots,p)$ 和 $\tilde{\beta}'\beta\alpha' = 0_{(s \times n)}$ 同时成立。就意味着存在 s 个独立的线性组合褪去 Δy_t 的序列相关,并使 Δy_t 成为白噪音,由此表明 y_t 的周期成分具有共同性(Hecq,2000)。因此检验 y_t 的共同周期就是检验矩阵 $\tilde{\beta}$ 是否存在,而 $\tilde{\beta}$ 的秩 s 就是相依周期的数量,$\tilde{\beta}$ 称为共同特征向量。共同

周期的检验统计量如下：

$$C(s) = -(T - q + 1) \sum_{i=1}^{s} \log(1 - \lambda_i) \qquad (1-29)$$

这里，λ_i（$i = 1, \cdots, s$）为 Δy_t 与变量 $(\Delta y_{t-1}, \cdots, \Delta y_{t-q-1}, \beta' y_{t-1})$ 之间最小的 s 个典型相关系数。原假设为 y_t 至少存在 s 个相依周期，备择假设下为相依周期数量小于 s 个。在原假设下，$C(s)$ 服从自由度为 $s[n(q-1) + r + s]$ 的 χ^2 分布，其中 r 为模型（1-28）的协整关系数量。

第四节 共同趋势、共同（相依）周期的分解方法

对于误差修正模型（1-28）可以改写为如下的形式：

$$\Delta y_t = (\Gamma_1, \cdots, \Gamma_p, \alpha)(\Delta y_{t-1}, \cdots, \Delta y_{t-p}, \alpha' y_{t-1})' + \varepsilon_t \qquad (1-30)$$

其中 $(\Gamma_1, \cdots, \Gamma_p, \beta)$ 为 $n \times (np + r)$ 维矩阵。根据共同周期的定义，如果 Δy_t 存在共同周期，亦即存在一个 n 维向量 $\tilde{\beta}$，使得 $\tilde{\beta}'(\Gamma_1, \cdots, \Gamma_p, \beta) = 0$。

为分解共同周期，首先应用 Johansen 方法对 y_t 中协整关系个数 r 和协整向量 α 进行检验和估计。在此基础上，将 Δy_t 的共同周期定义引入 VECM 模型中。假设存在 s 个共同周期，即存在 $n \times s$ 维矩阵 $\tilde{\beta}$，使得模型（1-22）成立。进一步地，类似于协整向量，共同特征向量的线性组合也为共同特征向量，因此，为获得共同特征向量的唯一估计量，对 $\tilde{\beta}$ 进行正则化使其含有 s 维的单位阵，记为 $(I_s, \rho)'$，其中 ρ 为 $s \times (n-s)$ 维矩阵。由（1-22），有 $(I_s, \rho)\Delta y_t = (I_s, \rho)\varepsilon_t$，由此可以得到关于 Δy_t 的 s 个共同周期方程。为将这些共同周期约束置入 VECM 模型（1-28）中，进而将共同周期方程替换（1-22）的前 s 个无约束方程，从而形成所谓

的拟结构误差修正模型(Pseudo-Structural VECM,简记为 PSVECM):

$$\begin{pmatrix} I_s & \rho \\ 0_{(n-s)\times s} & I_{n-s} \end{pmatrix} \Delta y_t = \begin{pmatrix} 0_{s\times n} & \cdots & 0_{s\times n} & 0_{s\times r} \\ \Gamma_1^* & \cdots & \Gamma_p^* & \beta^* \end{pmatrix} \begin{pmatrix} \Delta y_{t-1} \\ \vdots \\ \Delta y_{t-p} \\ \hat{\alpha}' y_{t-1} \end{pmatrix} + \begin{pmatrix} I_s & \rho \\ 0_{(n-s)\times s} & I_{n-s} \end{pmatrix} \varepsilon_t$$

(1-31)

在 PSVECM 中,协整关系保持不变,即 $\hat{\alpha}' y_{t-1}$,但其调节参数和滞后项的系数由于共同周期约束而改变,因而成为待估计的参数,即模型(1-31)中的待估参数为 $\rho, \Gamma_1^*, \cdots, \Gamma_p^*, \beta^*$。因此,对(1-31)进行完全信息极大似然估计(Full Information Maximum Likelihood,FIML),即可得到待估参数的估计量。基于估计结果将(1-31)变换成简约形式(Reduced Form),就有隐含共同周期约束的简约误差修正模型:

$$\Delta y_t = \gamma \alpha' y_{t-1} + \sum_{j=1}^{p} \Pi_j \Delta y_{t-j} + \varepsilon_t \quad (1-32)$$

记 $P = [\Pi(1) - \gamma\alpha']^{-1} \gamma \{\alpha' [\Pi(1) - \gamma\alpha']^{-1} \gamma\}^{-1} \alpha'$,相依性周期 c_t 即为:

$$c_t = P y_t - (I - P)[\Pi(1) - \gamma\alpha']^{-1} \sum_{j=0}^{p-1} \tilde{\Pi}_j \Delta y_{t-j} \quad (1-33)$$

其中 $\Pi(1) = I - \Pi_1 - \cdots - \Pi_p$,$\tilde{\Pi}_j = \sum_{i=j+1}^{p} \Pi_i$。

第二章 非线性共同趋势、共同周期的检验与分解

由前述理论可知,共同趋势是基于线性协整理论,共同周期是基于线性 VECM 模型。在经济实践中,经济变量之间的关系通常具有非线性特征。例如由于中国经济结构转型,使得经济增长、投资、消费等宏观变量之间的长期趋势和短期周期之间的关系发生显著改变。如果使用共同趋势与共同周期的方法,研究经济变量之间的非线性关系时,就有必要将上述基于线性框架下的共同趋势与共同周期的检验与分解方法扩展为非线性。为使得这种扩展可行,就需要首先对线性 VECM 模型进行扩展,提出非线性 VECM 模型。

本章,我们将上一章基于时间序列的线性共同趋势与共同周期扩展至非线性共同趋势与共同周期,为实现这一扩展,我们首先提出协整向量和调节参数都是非线性的 VECM 模型。

第一节 协整向量调节参数都为非线性的阈值协整模型

近年来,计量经济学对于时间序列研究的注意力开始从线性模型转移至非线性模型,产生这种注意力转移的动因是在经济和金融实践

中,许多变量之间的结构关系表现出非线性机制转移特征或非线性冲击特征。在这种情形下,传统不变系数的线性模型无法准确刻画上述非线性特征。在非平稳的单位根时间序列数据研究中,相关的非线性改进主要体现在线性协整框架中纳入非线性,但现有的非线性协整相关文献,或者仅限于探讨协整变量之间短期关系的非线性,或者仅限于研究协整变量之间长期均衡关系的非线性。鉴于经济实践中协整变量之间的非线性关系可能同时出现在短期调节关系和长期均衡关系中,为此,本文在现有非线性阈值协整模型的基础上,提出协整向量、调节参数同为非线性的阈值协整模型,并给出该模型的检验方法。

一、相关文献回顾

尽管不同的学者使用了不同形式的非线性,但使用阈值机制转移模型刻画非线性是近期的主要方式之一。在标准协整模型中引入阈值机制转移模型主要体现在三个方向上:第一个方向是将TR(STR)模型纳入DF(ADF)的单位根检验方程,在阈值机制转移模型中检验残差的平稳性。第二个方向是使用TR(STR)模型扩展向量误差校正模型(VECM),以此揭示协整变量短期动态调节的非线性。第三个方向是将TR(STR)模型引入协整方程,基于此刻画协整关系的非线性。

在第一个扩展方向上,巴尔克和福比(Balke and Fomby,1997)首先提出阈值协整概念,在他们的模型中,假定协整向量仍然为线性,协整残差由三机制TR模型表述,中间机制为单位根,两边机制为平稳过程。当残差位于中间机制时,协整关系不存在;当残差超过阈值位于两边机制时,协整关系存在,亦即残差具有向均衡的调节特征。索利斯和沃尔哈尔(Sollis and Wohar,2006)以三机制TR模型描述协整残差的生成过程,并使用SupWald统计量检验残差的平稳性。卡佩塔尼奥斯和茜恩(Kapetanios and Shin,2006)设定三机制自激励阈值自回归模型,并分别在阈值已知和未知的情形下,提出基于残差的单位根检验方法。皮塔拉基斯(Pitarakis,2008)对卡纳和汉森(Caner and Hansen,2001)提出的SupWald统计量进行重新研究,获得了不同于卡纳和汉森(2001)所得到的统计量分布,从而校正了卡纳和汉森(2001)的表述。贝克等人(Bec et al.,2008)允许在原假设和备选假设下可能的阈值集不同,构建适应性一致单位根检验统计量,以此研究阈值协整。可以看出,上述文献无论是使用两机制模型还是三机制模型,其刻画的残差向均衡的调节过程都是在不同机制间跳跃。这种调节特征在研究交易成本等问题时可能是适宜的,但在另外一些实际问题中,残差向均衡的非线性调节特征可能是连续变化的。为此,卡佩塔尼奥斯等人(Kapetanios et al.,2003)使用连续型函数——指数函数扩展DF(ADF)检验方程,并构造t型统计量检验阈值协整。

使用TR(STR)模型对标准协整的第二个扩展方向是将误差校正模型(VECM)中的调节参数扩展为非线性。汉森和希(Hansen and Seo,2002)根据协整残差相对阈值的大小,使用TR模型将VECM分为两机制,不同机制中调节参数互不相同,因此,协整关系对协整变量的短期动态调节具有不连续的非线性特征。欧阳志刚(2009)将汉森和希(Hansen and Seo,2002)的协整向量由已知扩展为未知,并将转移函数扩展为非线性。克里希纳库马尔和内托(Krishnakumar and Neto,2009)在允许协整向量不唯一的条件下,使用两机制误差校正模型表述阈值协整,并构造SupWald统计量检验调节参数的非线性阈值效应。希(Seo,2006)在阈值向量误差校正模型中,构造SupWald统计量并使用自助法(bootstrap)检验阈值非线性协整。卡佩塔尼奥斯等人(Kapetanios et al.,2006)使用指数函数描述 VECM 中调节参数的非线性,并构造 t 型和 F 型统计量在 VECM 中检验调节参数的非线性。克里斯滕森和拉赫贝克(Kristensen and Rahbek,2010)以逻辑函数刻画 VECM 中的调节效应,使用似然比统计量在 VECM 中检验调节参数的非线性。由于卡佩塔尼奥斯等人(2006)与克里斯滕森和拉赫贝克(2010)使用了平滑机制转移函数,因此,他们的模型所刻画的非线性动态调节效应是连续的,因而显著不同于汉森和希(Hansen and Seo,2002)等在 VECM 中使用的两机制模型。希(Seo,2011)综合考虑 VECM 模型中非线性调节效应的连续性和非连续性,并分别研究了两种情形下协整向量估计结果的统计性质,发现非连续调节的 VECM 模型对应的协整向量估计量收敛的速度更快。

上述残差单位根检验的非线性扩展和 VECM 中调节参数的非线性扩展都是假定协整关系仍然为线性,因此,上述研究仅扩展了协整系统中的短期关系非线性。一些学者应用非线性阈值机制转移模型扩展变量的协整关系,以此刻画协整系统中长期均衡关系的非线性。赛科宁和崔(Saikkonen and Choi,2004)在较广泛的非线性函数形式内(包括阈值机制转移模型),提出使用动态非线性最小二乘法估计非线性阈值协整向量。崔和赛科宁(Choi and Saikkonen,2005)在解释变量内生的假定下,提出估计非线性阈值协整向量方法,并基于残差使用 KPSS 方法检验非线性阈值协整。欧阳志刚(2010)在协整向量平滑机制转移模型中,提出使用 LM 统计量检验非线性存在性的方法。贡萨洛和皮塔拉基斯(Gonzalo and Pitarakis,2006)使用 TR 模型研究协整向量的阈值机制转移,并分别在解释变量为外生性和内生性条件下,构造 LM 统计量检验协整向量的非线性效应。贡萨洛和皮塔拉基斯(2012)进一步研究了协整向量两机制非线性协整模型中的估计与推断问题。欧阳志刚

(2012)参考了贡萨洛和皮塔拉基斯(2006)的模型构造,使用两机制 TR 模型描述面板数据协整向量的非线性变化,并提出该模型的非线性检验方法。

可以看出,现有对线性协整的非线性阈值协整扩展的文献,要么专注于对长期协整关系的非线性扩展,要么专注于对短期调节关系的非线性扩展。但在实践中,经济变量间的长期关系和短期关系可能同时具有非线性,例如,埃斯克里巴诺(Escribano,2004)发现货币需求函数中变量的短期关系存在非线性,裴和钟(Bae and Jong,2007)的结果则表明长期货币需求函数具有非线性。本文的贡献在于,在统一框架内,提出长期协整关系和短期调节关系都为非线性的阈值协整模型。对于新提出的模型,本文将分别讨论长期协整关系和短期调节关系的非线性检验方法,并研究检验统计量的有限样本性质。本文余下内容安排如下:第二部分将提出协整向量、调节参数同为非线性的阈值协整模型,第三部分提出非线性检验方法,第四部分将讨论检验统计量的有限样本性质,第五部分是一个经验研究的例子,第六部分是结论。

二、协整向量、调节参数同为非线性的阈值协整模型

对于 I(1) 过程的 n×1 向量 y_t,其两机制的 VAR(p) 可表述为:

$$\begin{cases} y_t = \alpha_1 + \Phi_{11}y_{t-1} + \ldots + \Phi_{1p}y_{t-p} + \varepsilon_{1t} & q_{t-d} \geq \gamma \\ y_t = \alpha_2 + \Phi_{21}y_{t-1} + \ldots + \Phi_{2p}y_{t-p} + \varepsilon_{2t} & q_{t-d} < \gamma \end{cases} \quad (2-1)$$

这里,q_{t-d} 为外生性平稳阈值变量,γ 为阈值,$d \geq 1$ 为位置参数。可以看出,向量 y_t 的自回归过程随着阈值变量相对于阈值的大小而发生改变。模型(2-1)可等价写为:$\Phi_1(L)y_t = \alpha_1 + \varepsilon_{1t}$,当 $q_{t-d} \geq \gamma$;

$\Phi_2(L)y_t = \alpha_2 + \varepsilon_{2t}$,当 $q_{t-d} < \gamma$。

这里,$\Phi_1(L) = I_n - \Phi_{11}L - \Phi_{12}L^2 - ... - \Phi_{1p}L^p$,$\Phi_2(L) = I_n - \Phi_{21}L - \Phi_{22}L^2 - ... - \Phi_{2p}L^p$。在 y_t 为 I(1) 过程的假定下,Δy_t 有如下 Wold 表述:

$$\begin{cases} (1-L)y_t = \delta_1 + \Psi_1(L)\varepsilon_{1t} & q_{t-d} \geq \gamma \\ (1-L)y_t = \delta_2 + \Psi_2(L)\varepsilon_{2t} & q_{t-d} < \gamma \end{cases} \quad (2-2)$$

将模型(2-2)左乘 $\Phi_1(L)$ 和 $\Phi_2(L)$,并将 $\Phi_1(L)y_t = \alpha_1 + \varepsilon_{1t}$ 和 $\Phi_2(L)y_t = \alpha_2 + \varepsilon_{2t}$ 分别代入,得到:

$$\begin{cases} (1-L)\varepsilon_{1t} = \Phi_1(1)\delta_1 + \Phi_1(L)\Psi_1(L)\varepsilon_{1t} & q_{t-d} \geq \gamma \\ (1-L)\varepsilon_{2t} = \Phi_2(1)\delta_2 + \Phi_2(L)\Psi_2(L)\varepsilon_{2t} & q_{t-d} < \gamma \end{cases} \quad (2-3)$$

对于模型(2-3),要求等号两边关于 ε_{1t} 和 ε_{2t} 对所有的实现值都成立。这就要求:

$$\begin{cases} \Phi_1(1)\delta_1 = 0 & q_{t-d} \geq \gamma \\ \Phi_2(1)\delta_2 = 0 & q_{t-d} < \gamma \end{cases} \quad (2-4)$$

由于 $(1-L)I_n$ 分别和 $\Phi_1(L)\Psi_1(L)$,$\Phi_2(L)\Psi_2(L)$ 代表相同多项式,这就意味着关于所有的 z 值,都有:

$$\begin{cases} (1-z)I_n = \Phi_1(z)\Psi_1(z) & q_{t-d} \geq \gamma \\ (1-z)I_n = \Phi_2(z)\Psi_2(z) & q_{t-d} < \gamma \end{cases} \quad (2-5)$$

由于假定向量 y_t 存在协整关系,因此,模型(2-1)所对应的特征方程必有一个特征根在单位圆上,其余特征根在单位圆外。因此,当 $z = 1$ 时,模型(2-5)的等号左边为零矩阵。在这种情形下,令 π_1',π_2' 分别表示 $\Phi_1(1)$,$\Phi_2(1)$ 的任一行,则模型(2-4)和模型(2-5)分别表明 $\pi_1'\Psi_1 = 0$,$\pi_2'\Psi_2 = 0$,并且有 $\pi_1'\delta_1 = 0$,$\pi_2'\delta_2 = 0$。根据恩格尔和格兰杰(Engle and Granger,1987)的观点,这就意味着 π_1',π_2' 是 y_t 的一个协整向量。

进一步地,如果 $a_1^1,a_2^1,\dots,a_n^1$,$a_1^2,a_2^2,\dots,a_n^2$ 为协整向量空间的基,则可以将协整向量 π_1',π_2' 表示为 $a_1^1,a_2^1,\dots,a_n^1$,$a_1^2,a_2^2,\dots,a_n^2$ 的线性组合——存在 $h\times 1$ 向量 b_1,b_2,使得 $\pi_1=[a_1^1,a_2^1,\dots,a_n^1]b_1$,$\pi_2=[a_1^2,a_2^2,\dots,a_n^2]b_2$,或者表述为 $\pi_1'=b_1'A_1$,$\pi_2'=b_2'A_2$。其中,A_1,A_2 分别是第 i 行为 $a_i^{1\prime},a_i^{2\prime}$ 的 ($h\times n$) 的矩阵,将其运用到 $\Phi_1(1),\Phi_2(1)$ 的每一行,得到存在 ($n\times h$) 的矩阵 B_1,B_2,使得:

$$\begin{cases}\Phi_1(1)=B_1A_1' & q_{t-d}\geq\gamma\\ \Phi_2(1)=B_2A_2' & q_{t-d}<\gamma\end{cases} \quad (2-6)$$

回到模型(2-1),两机制的 VAR(p) 可以重新表述为:

$$\begin{cases} y_t=\alpha_1+\rho_1 y_{t-1}+\Gamma_1^1\Delta y_{t-1}+\Gamma_2^1\Delta y_{t-2}\\ \quad+\dots+\Gamma_{p-1}^1\Delta y_{t-p+1}+\varepsilon_{1t} & q_{t-d}\geq\gamma\\ y_t=\alpha_2+\rho_2 y_{t-1}+\Gamma_1^2\Delta y_{t-1}+\Gamma_2^2\Delta y_{t-2}\\ \quad+\dots+\Gamma_{p-1}^2\Delta y_{t-p+1}+\varepsilon_{2t} & q_{t-d}<\gamma\end{cases} \quad (2-7)$$

其中,$\rho_1=(\Phi_{11}+\Phi_{12}+\dots+\Phi_{1p})$,$\rho_2=(\Phi_{21}+\Phi_{22}+\dots+\Phi_{2p})$,$\Gamma_s^i=-(\Phi_{is}+\dots+\Phi_{ip})$,$s=1,2,\dots,p-1,i=1,2$。将模型(2-7)两边减去 y_{t-1},得到:

$$\begin{cases}\Delta y_t=\alpha_1+\Gamma_0^1 y_{t-1}+\Gamma_1^1\Delta y_{t-1}+\Gamma_2^1\Delta y_{t-2}\\ \quad+\dots+\Gamma_{p-1}^1\Delta y_{t-p+1}+\varepsilon_{1t} & q_{t-d}\geq\gamma\\ \Delta y_t=\alpha_2+\Gamma_0^2 y_{t-1}+\Gamma_1^2\Delta y_{t-1}+\Gamma_2^2\Delta y_{t-2}\\ \quad+\dots+\Gamma_{p-1}^2\Delta y_{t-p+1}+\varepsilon_{2t} & q_{t-d}<\gamma\end{cases} \quad (2-8)$$

其中 $\Gamma_0^1=\rho_1-I_n=-(I_n-\Phi_{11}-\dots-\Phi_{1p})=-\Phi_1(1)$,$\Gamma_0^2=\rho_2-I_n=-(I_n-\Phi_{21}-\dots-\Phi_{2p})=-\Phi_2(1)$。因为 y_t 存在 h 个协整关系,将模型(2-6)

和 Γ_0^1, Γ_0^2 代入到模型(2-8),可得到两机制误差校正模型(2-9):

$$\begin{cases} \Delta y_t = \alpha_1 - B_1 A_1' y_{t-1} + \Gamma_1^1 \Delta y_{t-1} + \Gamma_2^1 \Delta y_{t-2} \\ \quad +\ldots + \Gamma_{p-1}^1 \Delta y_{t-p+1} + \varepsilon_{1t} \qquad q_{t-d} \geq \gamma \\ \Delta y_t = \alpha_2 + B_2 A_2' y_{t-1} + \Gamma_1^2 \Delta y_{t-1} + \Gamma_2^2 \Delta y_{t-2} \\ \quad +\ldots + \Gamma_{p-1}^2 \Delta y_{t-p+1} + \varepsilon_{2t} \qquad q_{t-d} < \gamma \end{cases} \quad (2-9)$$

在模型(2-9)中,A_1, A_2 为协整向量,B_1, B_2 为调节参数。容易理解,模型(2-9)中所表述的协整向量和调节参数随着阈值变量 q_{t-d} 相对阈值 γ 的大小而发生非线性机制转移,因此,由模型(2-9)所表述的协整向量和调节参数都具有非线性特征,并且,协整向量和调节参数的机制转移时机在统一的 VAR 框架下联合确定,由此体现了模型的内在一致性。

三、模型的检验方法

前文基于恩格尔和格兰杰(Engle and Granger, 1987),从两机制 VAR(p)模型中推导了协整向量、调节参数都为非线性的阈值协整模型。这是一个全新的模型,因而需要讨论该模型的估计与检验方法。本文着重讨论检验方法。模型(2-9)中涉及的检验包含协整关系存在性检验、协整向量的非线性检验、调节参数的非线性检验。

(一)基于残差的协整关系检验

协整关系存在性的检验方法,包括基于协整残差平稳性的检验和误差校正模型中的检验。由本文前述推导可以理解,这两种方式的检验具有内在一致性。本文首先介绍基于协整残差的检验方法。为表述方便,令 $y_t = (z_t, x_t')'$,其中 z_t 为标量,x_t 为(n-1)×1 的列向量。在协整

残差同方差的假定下,模型(2-9)所表述的协整关系可重新表述为:
$$z_t = x\beta_1 + x_t I(q_{t-d} \geq \gamma)\beta_2 + u_t \tag{2-10}$$

如果模型(2-10)的残差为平稳变量,则称模型(2-10)的 z_t, x_t 之间存在两机制的阈值协整关系。本文借鉴崔和赛科宁(Choi and Saikkonen, 2005)的方法。检验协整关系的原假设为 $H_0^1: u_t \sim I(0)$。崔和赛科宁(Choi and Saikkonen, 2005)提出使用非线性最小二乘法估计模型(2-10)[①],基于非线性最小二乘法估计残差构造 KPSS 统计量检验协整关系是否存在[②]:

$$C = T^{-2}\hat{\omega}_u^{-2} \sum_{t=1}^{T} \left(\sum_{j=1}^{t} \hat{u}_j \right)^2 \tag{2-11}$$

这里,$\hat{\omega}_u^2$ 为 u 长期方差的一致估计,T 为样本容量。统计量 C 的较大值意味着拒绝残差平稳的原假设,接受残差为单位根的备择假设。崔和赛科宁(Choi and Saikkonen, 2005)证明了统计量 C 的极限分布依赖总体未知参数,因此,实际应用中,不能直接基于统计量 C 的极限分布进行假设检验。崔和赛科宁(Choi and Saikkonen, 2005)建议根据 Bonferroni 计算程序,通过对残差分块,使用部分残差计算协整检验统计量,即:

$$C^{b,i} = b^{-2}\hat{\omega}_u^{-2} \sum_{t=i}^{i+b-1} \left(\sum_{j=1}^{t} \hat{u}_j \right)^2 \Rightarrow \int_0^1 W^2(r)\,dr \tag{2-12}$$

其中,b 为部分残差容量,i 为部分残差的起始点(i, b 的选取见下文)。$W(s)$ 为标准的布朗运动。尽管 $C^{b,i}$ 的极限分布都不含未知参数,但计算 $C^{b,i}$ 使用的是部分残差。因此,相对于使用全部残差,$C^{b,i}$ 所使用的信息因相对较少而可能降低检验势。为提高检验势,对上述不同

[①] 由本文的推导可知,确定协整方程机制转移和误差校正模型机制转移的阈值参数是相同的,本文模型中的阈值参数由协整方程确定。因此,对于误差校正模型,阈值参数 γ 为已知。

[②] 限于篇幅,本文不讨论解释变量的内生性。

的 b 和 i,从中选取最大的统计量,则有:

$$C_{\max}^{b,i} = \max(C^{b,i_1},\ldots,C^{b,i_H}) \Rightarrow \int_0^1 w^2(s)ds \qquad (2-13)$$

H 为部分残差的容量 b 固定时需计算 $C^{b,i}$ 统计量的次数。计算方法如下,其中步骤(1),(2)是联合共同确定 b, H, i。

1. 给定部分残差的容量 b,确定 H

①令 $H=[T/b]^*$,$[T/b]^*$ 表示大于或等于 T/b 的最小整数。

②记 $i_1,\ldots,i_H$ 分别表示 H 个容量为 b 的部分残差样本的起始点,并令 $i_1=1, i_2=T-b+1, i_3=b+1, i_4=T-2b+1,\ldots$。这样设定,可以确保所有的残差都可以分别被用来计算 $C^{b,i}$,而又使得计算次数 H 最小。①

2. 确定部分残差的容量 b

①残差容量 b 应是在其可能的区间 $[b_{small}, b_{big}]$ 进行选择。具体做法是,从 $b_i = b_{small}$ 至 b_{big},分别计算相应的 $C_{\max}^{b,i}$。

②对每一组 b,i ($i=small+m,\ldots,big-m$),分别计算统计量 $C_{\max}^{b,i-m},\ldots,C_{\max}^{b,i+m}$ 的标准差,类似于罗马诺和沃尔夫(Romano and Wolf, 2001)所提出的,本文设定 $m=2$。

③最小标准差所对应的 b 即为要选择的部分残差容量 b,而其相对应的 H 即为对残差划分子样本的个数。

(二)在误差校正模型中检验协整关系

令 $d_{1t}=1(q_{t-d} \geq \gamma)$, $d_{2t}=1(q_{t-d} < \gamma)$,模型(2-10)对应的协整残差为 $u_{t-1} = A_1' y_{t-1} d_{1t} + A_2' y_{t-1} d_{2t}$。模型(2-9)改写为:

---

① 这里的 H 实质上是将全部残差分为 H 个长度为 b 的子样本,因此 H 的确定是分划样本,使所有样本点落入不同的子样本区间中且子样本的个数最小。

$$\Delta y_t = (\alpha_1 + B_1 u_{t-1} + \Gamma_1^1 \Delta y_{t-1} + \Gamma_2^1 \Delta y_{t-2} + \ldots + \Gamma_{p-1}^1 \Delta y_{t-p+1}) d_{1t}$$
$$+ (\alpha_2 + B_2 u_{t-1} + \Gamma_1^2 \Delta y_{t-1} + \Gamma_2^2 \Delta y_{t-2} + \ldots + \Gamma_{p-1}^2 \Delta y_{t-p+1}) d_{2t} + \varepsilon_t$$
$$(2-14)$$

基于模型(2-14),不存在协整关系的原假设为:$H_0^2:B_1=B_2=0$。为构造统计量检验原假设,令 $\Sigma = \frac{1}{T}\sum_{t=1}^{T}\varepsilon_t\varepsilon_t'$,$V = (B_1, B_2)'$,$M_{-1}$ 定义为对 Δy_t 滞后项的映射(若有常数项则包括常数项)。借鉴希(Seo, 2006)的方法,检验协整关系的 Wald 统计量就是:

$$\begin{aligned} Wald &= vec(V)' \text{var}(vec(V))^{-1} vec(V) \\ &= vec(u'M_{-1}u)^{-1}(u'M_{-1}\varepsilon)'[^{(u'}M_{-1}u)^{-1} \otimes \Sigma]^{-1} \\ &\quad vec(^{u'}M_{-1}u)^{-1}(u'M_{-1}\varepsilon) \\ &= tr\{(u'M_{-1}\varepsilon\Sigma^{1/2})'(u'M_{-1}u)^{-1}(u'M_{-1}\varepsilon\Sigma^{1/2})\} \end{aligned}$$
$$(2-15)$$

希(Seo,2006)推导了上述 Wald 统计量的极限分布,并使用仿真实验的方法计算了该统计量极限分布的临界值,但希(Seo,2006)的有限样本实验结果表明,利用极限分布临界值的 Wald 检验有较为严重的水平扭曲[①]。因此,希(Seo,2006)建议使用基于残差的 bootstrap 仿真方法计算 Wald 统计量的临界值,然后基于 bootstrap 计算的临界值进行假设检验,可得到较好有限样本性质。希(Seo,2006)的 bootstrap 仿真步骤如下:

1. 在原假设下使用最小二乘法估计模型(2-14),获得残差 $\hat{\varepsilon}_t$ 和模型(2-14)各系数的估计值。使用 $\hat{\varepsilon}_t$ 生成 bootstrap 的样本残差集 F,并将模型(2-14)各系数的估计值固定。

---
① 希(Seo,2006)的结果表明,实际显著性水平远大于名义显著性水平。

2. 生成 Δy_t 的 bootstrap 样本 Δy_t^*：

$$\Delta y_t^* = (\hat{\alpha}_1 + \hat{\Gamma}_1^1 \Delta y_{t-1}^* + \hat{\Gamma}_2^1 \Delta y_{t-2}^* + ... + \hat{\Gamma}_{p-1}^1 \Delta y_{t-p+1}^*) d_{1t} \\ + (\hat{\alpha}_2 + \hat{\Gamma}_1^2 \Delta y_{t-1}^* + \hat{\Gamma}_2^2 \Delta y_{t-2}^* + ... + \hat{\Gamma}_{p-1}^2 \Delta y_{t-p+1}^*) d_{2t} + \varepsilon_t^* \quad (2-16)$$

这里，ε_t^* 是残差集 F 中抽取得到，系列 Δy_t^* 的初始值是由原始样本得到。基于此，可计算模型（2-15）的 Wald 统计量值 W^*。重复上述步骤 N 次，获得 10000 个 W^*。将其按照从小到大排列，第 0.95N 和 0.9N 个 W^* 值就分别为 5% 和 10% 显著性水平下的临界值。

（三）协整关系的非线性检验

对于模型（2-10），检验协整向量非线性的原假设为 $H_0^3 : \beta_2 = 0$，备选假设为 $H_1^3 : \beta_2 \neq 0$。原假设成立就意味着协整关系不存在非线性。在解释变量外生的条件下，为检验原假设，借鉴贡萨洛和皮塔拉基斯（Gonzalo and Pitarakis, 2006）提出 LM_G 统计量：

$$LM_G = \frac{1}{\hat{\sigma}^2} z' MX (X'MX)^{-1} X'Mz \quad (2-17)$$

这里，$X_t = x_t I(q_{t-d} \geq \gamma)$，$M = I - x(x'x)^{-1}x'$，$\hat{\sigma}^2$ 为原假设下模型（2-10）估计的残差方差。贡萨洛和皮塔拉基斯（Gonzalo and Pitarakis, 2006）推导了 LM_G 的极限分布，并计算了该极限分布的临界值。类似地，崔和赛科宁（Choi and Saikkonen, 2004）建议使用非线性最小二乘法估计模型（2-10），基于此构造 LM_C 统计量检验原假设：

$$LM_C = \hat{\beta}_2' [\hat{\omega}_u^2 M]^{-1} \hat{\beta}_2 \to \chi^2(p) \quad (2-18)$$

这里，$M = X'X$，$\hat{\omega}_u^2$ 为原假设 H_0^3 对模型（2-10）的动态最小二乘估计残差的长期方差估计结果，p 为原假设中约束的个数，本文为 $n-1$。本文将使用仿真实验讨论这两种检验统计量在本文模型中的适用性。

(四)误差校正模型中调节参数的非线性检验

从前文的推导可以看出,误差校正模型的非线性既体现在调节参数的非线性,又表现在 Δy_t 滞后项系数的非线性,并且,这两方面的非线性具有内在一致性。为此,本文借鉴汉森和希(Hansen and Seo,2002)的方法,检验误差校正模型的非线性机制转移。为表述方便,令 u_{1t}, u_{2t} 分别为协整残差,同时令 $Y_1 = (1, u_{1t-1}, \Delta y_{t-1}, \Delta y_{t-1}, \dots, \Delta y_{t-p+1})'$,$Y_2 = (1, u_{2t-1}, \Delta y_{t-1}, \Delta y_{t-1}, \dots, \Delta y_{t-p+1})'$。将模型(2-9)改写为:

$$\Delta y_t = D_1' Y_{1,t-1} d_{1t} + D_2' Y_{2,t-1} d_{2t} + \varepsilon_t \qquad (2-19)$$

这里,D_1, D_2 分别为 $(n \times l)$ 矩阵,$l = (n(p-1) + 2)$。模型(2-19)的阈值协整向量以及阈值参数由模型(2-10)确定,因此,相对于汉森和希(Hansen and Seo,2002)的模型,模型(2-19)中的阈值协整向量以及阈值参数都是已知的,而不是未知的。为检验模型(2-14)的非线性,设定原假设 $H_0^4: D_1 = D_2$,备择假设 $H_1^4: D_1 \neq D_2$。原假设成立表示误差校正模型不存在非线性,备择假设成立则意味着模型(2-4)具有非线性。为表述方便,令 ξ_1 和 ξ_2 分别表示 $\tilde{\varepsilon}_{t-1} \otimes x_{t-1} d_{1t}$ 和 $\tilde{\varepsilon}_{t-1} \otimes x_{t-1} d_{2t}$ 的列堆栈矩阵。其中,$\tilde{\varepsilon}_t$ 是原假设下模型(2-19)估计的残差。基于此,定义 $M_1 = I_n \otimes X_1' X_1$,$M_2 = I_n \otimes X_2' X_2$,其中 $X_{1t} = x_t I(q_{t-d} \geq \gamma)$,$X_{2t} = x_t I(q_{t-d} < \gamma)$。$\Omega_1 = \xi_1' \xi_1$,$\Omega_2 = \xi_2' \xi_2$,$\hat{V}_1 = M_1^{-1} \Omega_1 M_1^{-1}$ 和 $\hat{V}_2 = M_2^{-1} \Omega_2 M_2^{-1}$。这样,检验原假设的 LM 统计量为:

$$LM_H = vec(\hat{D}_1 - \hat{D}_2)' (\hat{V}_1 + \hat{V}_2)^{-1} vec(\hat{D}_1 - \hat{D}_2) \qquad (2-20)$$

这里,vec 表示矩阵向量化算子。在原假设成立的条件下,LM_H 统计量的极限分布收敛于复杂的随机泛函,难以计算其分布对应的临界值,因此,本文将使用 bootstrap 仿真实验计算其有限样本对应的临界值[①]。

[①] bootstrap 仿真实验方法类似希(Seo,2006)的研究,限于篇幅,不再赘述。

四、检验统计量的有限样本性质

(一)数据生成过程

上文所提出的检验统计量,其分布都是指极限分布,特别是模型(2-20)的极限分布更为复杂。由于实际应用中,多数情况是有限样本,尤其是小样本,因此,我们需要分析上述检验统计量的有限样本性质,以便进一步验证本文所提出的统计量在实际应用中的检验效果。本文使用蒙特卡洛实验进行分析。类似于汉森和希(Hansen and Seo,2002)的方法,令 $y_t = (z_t, x_t)'$,本文的数据生成过程如下:

$$\Delta y_t = \left\{ \begin{pmatrix} \mu_{11} \\ \mu_{12} \end{pmatrix} + \begin{pmatrix} a_{11} \\ a_{12} \end{pmatrix}(z_{t-1} - b_1 x_{t-1}) + \Gamma \Delta y_{t-1} \right\} d_{1t}(q_{t-d} \geq \gamma)$$
$$+ \left\{ \begin{pmatrix} \mu_{21} \\ \mu_{22} \end{pmatrix} + \begin{pmatrix} a_{21} \\ a_{22} \end{pmatrix}(z_{t-1} - b_2 x_{t-1}) + \Pi \Delta y_{t-1} \right\} d_{2t}(q_{t-d} < \gamma) + \begin{pmatrix} \varepsilon_{1t} \\ \varepsilon_{2t} \end{pmatrix}$$
$$(2-21)$$

这里,本文设定 $\mu_{11} = 0, \mu_{12} = 0, \mu_{21} = 0, \mu_{22} = 0$。$\Gamma_0 = \begin{bmatrix} 0 & 0 \\ 0 & 0 \end{bmatrix}$,$\Pi_0 = \begin{bmatrix} 0 & 0 \\ 0 & 0 \end{bmatrix}$,$\Gamma_1 = \begin{bmatrix} -0.2 & 0 \\ -0.1 & -0.2 \end{bmatrix}$,$\Gamma_2 = \begin{bmatrix} -0.2 & -0.1 \\ -0.1 & -0.3 \end{bmatrix}$,$\Pi_1 = \begin{bmatrix} -0.3 & 0 \\ -0.2 & -0.5 \end{bmatrix}$,$\Pi_2 = \begin{bmatrix} -0.3 & -0.1 \\ -0.2 & 0.25 \end{bmatrix}$。误差项 $\varepsilon_{1t}, \varepsilon_{2t}$ 来自独立标准正态分布。阈值变量 q_{t-d} 设定为 Δz_{t-1},阈值参数来自均匀分布[-0.5, 0.5]。样本容量分别为 150,250,重复 10000 次计算。

(二)协整关系检验统计量的有限样本性质

对应模型(2-21)的数据生成,当 a_{11}, a_{21} 都小于零时表示 y_t 存在协整关系,当 a_{11}, a_{21} 都为零表示 y_t 不存在协整关系。存在协整关系的原假设 $H_0^1 : u_t \sim I(0)$ 对应 a_{11}, a_{21} 都小于零,备选假设 $H_1^1 : a_{11} = a_{21} = 0$。本文设定原假设下 a_{11}, a_{21} 分别取-0.1,-0.2,-0.5,-0.7,-0.8。其中 a_{11}, a_{21} 取值-0.1,-0.2 表示数据生成过程接近备选假设。检验统计量的有限样本性质如下:

表 2-1 协整检验统计量的检验势

	a_{11}	a_{21}	a_{12}	a_{22}	b_1	b_2	$C_{\max}^{b,i}$ 5%	10%	Wald 5%	10%
T=150	-0.1	-0.2	-0.1	-0.4	1.0	2.0	0.561	0.634	0.676	0.699
	-0.8	-0.7	-0.4	-0.1	1.0	2.0	0.643	0.684	0.896	0.898
	-0.5	-0.5	-0.3	-0.3	0.5	0.5	0.743	0.804	0.909	0.912
T=250	-0.1	-0.2	-0.1	-0.4	1.0	2.0	0.616	0.661	0.804	0.867
	-0.8	-0.7	-0.4	-0.1	1.0	2.0	0.715	0.792	0.915	0.917
	-0.5	-0.5	-0.3	-0.3	0.5	0.5	0.815	0.873	0.934	0.935

表 2-2 协整检验统计量的实际显著性水平($a_{11} = a_{21} = 0$)

	a_{12}	a_{22}	b_1	b_2	$C_{\max}^{b,i}$ 5%	10%	Wald 5%	10%
T=150	-0.1	-0.4	1.0	2.0	0.036	0.066	0.070	0.124
	-0.4	-0.1	1.0	2.0	0.048	0.095	0.064	0.098
	-0.3	-0.3	0.5	0.5	0.05	0.089	0.084	0.125
T=250	-0.1	-0.4	1.0	2.0	0.042	0.095	0.056	0.121
	-0.4	-0.1	1.0	2.0	0.066	0.103	0.078	0.112
	-0.3	-0.3	0.5	0.5	0.05	0.085	0.086	0.116

表 2-1 和表 2-2 分别报告了协整检验统计量 $C_{\max}^{b,i}$ 和 Wald 的有限样本性质。从整体看,两个统计量都有较好的有限样本性质,它们的检验势都较高且水平扭曲都较小。例如,表 2-1 中当样本容量为 250 时,5% 名义显著性水平对应的 $C_{\max}^{b,i}$ 统计量拒绝原假设的最小概率为 0.616,

$Wald$ 统计量拒绝原假设的最小概率为 0.804。在表 2-2 中,当样本容量为 150 时,10%名义显著性水平对应的 $C_{\max}^{b,i}$ 统计量拒绝原假设概率的最大偏离为 0.034(10%-6.6%)①,$Wald$ 统计量拒绝原假设概率的最大偏离为 0.025(12.5%-10%)。这就说明,$C_{\max}^{b,i}$ 和 $Wald$ 有较高的检验势和较小的水平扭曲,因此,在协整关系和调节参数同为非线性的模型中,$C_{\max}^{b,i}$ 和 $Wald$ 都能较好地用来检验协整关系的存在。

分别来看,在其他条件相同的情形下,整体而言 $C_{\max}^{b,i}$ 统计量有相对较小的水平扭曲,而 $Wald$ 统计量有相对较高的检验势,因此,在本文的模型中,两个统计量的检验效果各具优越性,没有显著的优劣。例如,在表 2-1 的最后一行,10%名义显著性水平下 $C_{\max}^{b,i}$ 统计量的检验势为 0.873,相应地,$Wald$ 统计量的检验势为 0.935。在表 2-2 的最后一行,10%名义显著性水平下 $C_{\max}^{b,i}$ 的实际显著性水平为 0.085,$Wald$ 的实际显著性水平为 0.116。

(三)协整关系非线性检验统计量的有限样本性质

在协整关系的非线性检验中,原假设为 $H_0^2:\beta_2=0$。对应模型(2-21)的数据生成,这一原假设转换为 $H_0^2:b_2=0$,对应备择假设 $H_1^2:b_2\neq 0$。LM_D,LM_F 的有限样本性质见表 2-3。

表 2-3 协整关系非线性检验统计量 LM_D,LM_F 的有限样本性质

	a_{11}	a_{21}	a_{12}	a_{22}	b_1	b_2	LM_C 5%	LM_C 10%	LM_G 5%	LM_G 10%
	-0.1	-0.2	-0.1	-0.4	1.0	2.0	0.753	0.774	0.661	0.716
T=150	-0.8	-0.7	-0.4	-0.1	1.0	2.0	0.797	0.822	0.672	0.712
	-0.3	-0.5	-0.3	-0.5	0.5	0	0.069	0.118	0.052	0.097

---

① 0.034 是水平扭曲程度的度量,它反映的是实际显著性水平对名义显著性水平的偏离程度。

续表

	a_{11}	a_{21}	a_{12}	a_{22}	b_1	b_2	LM_C 5%	LM_C 10%	LM_G 5%	LM_G 10%
T=250	-0.1	-0.2	-0.1	-0.4	1.0	2.0	0.842	0.866	0.801	0.828
	-0.8	-0.7	-0.4	-0.1	1.0	2.0	0.913	0.936	0.866	0.887
	-0.3	-0.5	-0.3	-0.5	0.5	0	0.066	0.106	0.047	0.098

表2-3的结果显示了LM_C，LM_G统计量在检验协整关系非线性中的良好有限样本性质。从有限样本扭曲程度看，LM_C略微向上扭曲，而LM_G没有明显的扭曲。例如，表2-3中的最后一行，5%显著性水平下，LM_C和LM_G统计量的实际显著性水平分别为0.066，0.047，其中LM_C向上扭曲了1.6%，LM_G向下扭曲了0.3%。另一方面，LM_C和LM_G的检验势也较高，但相对而言，LM_C的检验势相对更高一些。例如，在T=250所对应的第1行中，10%名义显著性水平下，LM_C的检验势为0.866，LM_G的检验势为0.828。综合两个统计量的水平扭曲和检验势来看，LM_C和LM_G的有效样本性质没有显著差异，但LM_C相对略好。因此，实践中，两个统计量都可以选择使用。

（四）调节参数非线性检验统计量的有限样本性质

短期调节关系的非线性主要体现在调节参数a_{11}，a_{21}上，当检验统计量LM_H的原假设$H_0^4 : D_1 = D_2$成立，对应数据生成过程$a_{11} = a_{21}$，$a_{12} = a_{22}$，$\Gamma_1 = \Pi_1$，$\Gamma_2 = \Pi_2$。由于滞后项系数随着a_{11}，a_{21}同时发生机制转移，因此，当备择假设成立时，a_{11}和a_{21}的不相等一般也导致$\Gamma_1 \neq \Pi_1$，$\Gamma_2 \neq \Pi_2$。不同情形下，LM_H统计量的有限样本性质如下。

表 2-4 调节参数非线性检验统计量 LM_H 的有限样本性质

	a_{11}	a_{21}	a_{12}	a_{22}	b_1	b_2	LM_H 5%	LM_H 10%
T=150	-0.1	-0.2	-0.1	-0.4	1.0	2.0	0.316	0.343
	-0.8	-0.7	-0.4	-0.1	1.0	2.0	0.513	0.548
	-0.8	-0.2	-0.6	-0.1	1.0	2.0	0.886	0.892
	-0.3	-0.3	-0.5	-0.5	0.5	0.5	0.093	0.127
	-0.3	-0.5	-0.3	-0.5	1.0	2.0	0.291	0.321
T=250	-0.1	-0.2	-0.1	-0.4	1.0	2.0	0.306	0.372
	-0.8	-0.7	-0.4	-0.1	1.0	2.0	0.520	0.571
	-0.8	-0.2	-0.4	-0.1	1.0	2.0	0.893	0.924
	-0.3	-0.3	-0.5	-0.5	0.5	0.5	0.096	0.123
	-0.3	-0.5	-0.3	-0.5	1.0	2.0	0.310	0.347

表 2-4 的结果表明，LM_H 的实际显著性水平高于名义显著性水平，因此，LM_H 统计量有向上的水平扭曲。例如，在样本容量为 150 时，10% 名义显著性水平所对应的实际显著性水平为 12.7%，水平扭曲程度为 2.7%。从 LM_H 统计量的检验势来看，不同情形下的效果有显著差异。当调节参数 a_{11}，a_{21} 都接近于零时，LM_H 统计量的检验势较低。例如，表 2-4 中的第一行所报告的检验势分别只有 0.316 和 0.343。当调节参数 a_{11}，a_{21} 明显小于零时，LM_H 统计量的检验势较高。例如，当 T=250，a_{11}=-0.8，a_{21}=-0.7 时，不同名义显著性水平对应的 LM_H 统计量的检验势分别为 0.520,0.571。当调节参数 a_{11}，a_{21} 有明显的差异时，LM_H 统计量的检验势就表现得很好。例如，当 T=250，a_{11}=-0.8，a_{21}=-0.2 时，不同名义显著性水平对应的 LM_H 统计量的检验势分别为 0.893,0.924。由于调节参数 a_{11}，a_{21} 的差异越明显，越表明短期调节关系的非线性特征更显著；因此，当经济变量短期调节关系具有显著非线性时，LM_H 统计量有很好的实用性。

五、城乡经济一体化对城乡收入差距的非线性效应

（一）模型的设定和检验

由刘易斯两部门模型可知,经济增长最初集中在资本比较丰富的城市现代工业部门,而传统的农业部门存在大量的剩余劳动力。由于最初工业部门的工资率和劳动生产率都较高,这样城市工业部门和农村传统部门之间的收入差距首先迅速扩大。这一时期,城乡要素市场分割将阻碍农业部门剩余劳动力向工业部门流动,由此加剧城乡收入差距的扩大。随着经济发展程度的提高,农业部门原有剩余劳动力基本都转移至工业部门。此时,出现刘易斯"第一拐点"。随着"第一拐点"的出现,原有的农业部门剩余劳动力转移的基本完成将导致农业部门的工资水平提高并向工业部门靠拢,城乡收入差距开始缩小。随着收入差距的缩小,工业部门以原有的工资无法再从农业部门吸收劳动力。为此,工业部门不得不提高工资以增强相对于农业部门的吸引力,并促使农业劳动效率和收入不断提高。这种情形下,城乡经济一体化的推进将有助于城乡收入差距的进一步缩小,直到工业部门和农业部门的效率与工资相等,劳动力的单向流动结束,此即为"第二拐点"。"第二拐点"的出现意味着城乡收入差距的非线性转换完成。因此,从经济发展的整个持续过程看,城乡经济一体化对城乡收入差距具有非线性效应,且这种非线性随着经济发展阶段的改变而形成。为揭示这种非线性特征,本文将使用协整关系的非线性、调节参数的非线性模型对此进行研究。本文以 sr 表示城乡居民收入比,以此度量城乡收入差距,以 p_{1t} 表示 1977 年为基期城市居民消费价格指数, p_{2t} 表示对应的农村居民消费价格指数。根据一价定律,城乡商品市场一体化的度量

为 $p_t = \ln(p_{1t}/p_{2t})$。本文以城乡商品市场一体化代替城乡经济一体化,模型设定如下:

$$sr_t = \alpha_0 + \alpha_1 p_t + \delta_1 kf_t + \delta_2 tzb_t + \delta_3 jr_t + (\beta_0 + \beta_1 p_t + \lambda_1 kf_t \\ + \lambda_2 tzb_t + \lambda_3 jr_t) I_t(g_{t-d} \geq \gamma) + u_t \tag{2-22}$$

这里,g_{t-d} 为人均 GDP,是反映经济发展程度的阈值变量;d 为发生机制转移的位置参数,用于确定机制转移发生的位置;γ 为阈值。指标函数 $I_t(g_{t-d} \geq \gamma) = 1$,否则 $I_t(.) = 0$。I_t 揭示了模型(2-22)中城乡经济一体化对城乡收入差距的影响随经济发展阶段的变化而具有非线性阈值效应。模型(2-22)中控制变量分别选择对外开放度(kf)、城乡固定资产投资比(tzb)和农村金融发展(jr)。模型(2-22)对应的非线性误差校正模型(TVECM)为:

$$\begin{cases} \Delta sr_t = b_{10} + b_1 u_{t-1} + b_{11}\Delta p_t + b_{12}\Delta kf_t + b_{13}\Delta jr_t + b_{14}\Delta tzb_t) \\ \quad + (c_{10} + c_1 u_{t-1} + c_{11}\Delta p_t + c_{12}\Delta kf_t + c_{13}\Delta jr_t + c_{14}\Delta tzb_t) I_t(.) + v_{1t} \\ \Delta p_t = b_{20} + (b_2 u_{t-1} + b_{21}\Delta kf_t + b_{22}\Delta jr_t + b_{23}\Delta sr_t + b_{24}\Delta tzb_t) \\ \quad + (c_{20} + c_2 u_{t-1} + c_{21}\Delta kf_t + c_{22}\Delta jr_t + c_{23}\Delta sr_t + c_{24}\Delta tzb_t) I_t(.) + v_{2t} \end{cases} \tag{2-23}$$

本文首先对模型(2-22)中的数据进行 ADF 单位根检验,发现它们都是单位根过程[①],适合本文模型的数据特征。本文进而使用前述方法检验模型(2-22),(2-23)中的非线性。结果表明,协整关系 $C_{max}^{b,i}$ 统计量的检验结果为 0.065,小于 5% 显著性水平的临界值,不能拒绝存在协

[①] 由于国家统计局没有报告 1985 年以前的农村居民消费价格指数,因此我们无法得到 1985 年以前的城乡居民消费价格指数趋同的数据。因此,计算变量 p 的 1978—1984 年的数据是以城乡商品零售价格指数替代计算得到的,数据来自 CEIC。其余样本数据来自《中国统计年鉴》和《新中国 60 周年统计资料汇编》,样本期间为 1978—2010。另外,为节省篇幅,ADF 检验结果从略。

整关系的原假设,意味着模型(2-22)的变量之间存在协整关系。协整关系非线性检验统计量 LM_G 的结果为100.67,大于5%显著性水平的临界值,可以拒绝不存在非线性协整关系的原假设。进一步地,本文对模型(2-23)进行调节参数非线性的 LM_H 检验,该统计量结果为70.43,大于5%显著性水平的临界值,拒绝调节参数不存在非线性的原假设。上述检验结果说明,城乡经济一体化对城乡收入差距效应的研究适用本文模型。

(二)模型的估计结果

本文选择 $d = -1$。另外,根据发展经济学理论,刘易斯拐点出现在1000—3000美元之间。基于这一理论并对照我国的实际数据特征和我国的经济背景,本文选择人均 GDP 的5000元—13000元为阈值的可能区间。由此建立阈值搜索区间,在区间的每一个格点上对模型(2-2)进行非线性最小二乘估计,由此产生的估计量具有一致性,估计结果如下(括号内为 t 统计值):

$$sr_t = 0.57 + 5.15p_t - 1.93kf_t + 0.53tzb_t + 0.49jr_t + (7.38 + 23.39p_t$$
$$\quad (1.80)\ (0.95)\ (-1.18)\ \ \ (2.42)\ \ \ \ (3.94)\ \ \ \ (1.23)\ \ (0.73)$$
$$+ 0.97kf_t - 8.53tzb_t - 0.88jr_t)I_t(g_{t-1} \geq 7500) + \hat{u}_t$$
$$\quad (0.47)\ \ \ (-1.91)\ \ \ (-1.73) \qquad\qquad R^2 = 0.91$$

(2-24)

估计结果表明,阈值参数 γ (= 7500)的估计值揭示了发生机制转换的经济发展水平。从我国的实际数据看,$g_{t-1} \geq 7500$ 对应1999年及以后,换言之,城乡经济一体化对城乡收入差距影响的机制转换是发生在20世纪末,这一结果正好对应了我国在这一时期的经济转型背景。参数 $\hat{\alpha}_1$ (= 5.15)的估计揭示了1978—1998年样本期间内(对应 $g_{t-1} <$

7500)，城乡经济一体化进程对城乡收入差距的偏效应，$\hat{\alpha}_1 + \hat{\gamma}_1$(5.15+23.39)反映了1999—2010年样本期间内(对应 $g_{t-1} \geq 7500$)，城乡经济一体化对城乡收入差距的偏效应。$\hat{\alpha}_1$，$\hat{\alpha}_1 + \hat{\gamma}_1$ 的估计结果都为正，意味着不同时期城乡经济一体化对城乡收入差距都具有正向长期效应。

$$\Delta sr_t = 0.001 - 0.463u_{t-1} +... + (0.001 - 1.652u_{t-1} +... +)I_t(g_{t-1} \geq 7500) + v_{1t}$$
(2-25)

(0.21)　(-2.46)　　　(0.79)　(-4.53)

$$\Delta p_t = 0.021 - 0.216u_{t-1} +... + (0.013 - 0.087u_{t-1} +... +)I(g_{t-1} \geq 7500) + v_{2t}$$
(2-26)

(1.25)　(-0.96)　　　(1.56)　(-0.63)

$\hat{b}_1(=-0.463)<0$，$\hat{b}_1 + \hat{c}_1(-0.463-1.652=-2.115)<0$ 的结果表明，伴随我国经济发展、经济转型以及制度变迁所形成的城乡经济一体化与城乡收入差距的长期稳定(协整)关系，对短期的城乡收入差距具有抑制效应。换言之，我国城乡长期经济发展规律具有城乡收入差距缩小的内在要求，如果没有政府政策和制度的阻碍，城乡收入差距不会持续扩大。其揭示的经济意义为：当前我国缩小城乡收入差距的措施应从制度与政策入手，切实改善农民和农民工的不平等待遇，如加大对农业的投入，减轻农民负担、增加对农业的补贴、扶持农产品的加工等。除此以外，政府还应采取措施，消除城乡二元体制，降低城乡商品流通的交易成本，加速城乡经济一体化，以此推动城乡收入差距的缩小。

$\hat{b}_2(=-0.216)<0$，$\hat{b}_2 + \hat{c}_2(-0.216-0.087=-0.303)<0$，隐含城乡经济一体化与城乡收入差距的长期稳定(协整)关系对城乡经济的分割具有短期的抑制效应，因此，我国城乡经济的长期发展将推动城乡市场趋向整合。这一结果揭示的经济意义为：改革开放初期，我国政府为追求经

济发展速度而实施的城市化偏向政策和城乡经济的制度分割,违背了城乡经济协调发展的内在经济规律要求。21世纪以来,我国政府所采取的一系列推动城乡商品、城乡要素市场一体化的政策措施吻合了城乡经济长期协调发展的内在要求,必将对我国经济的长期持续发展产生深远而有益的影响,由此也进一步说明,近期推动城乡经济一体化的政策具有科学性、适宜性。

六、结论

现有阈值协整模型要么只能揭示经济变量长期关系的非线性,要么只能揭示经济变量短期关系的非线性。鉴于经济实践中,经济变量的非线性关系可能同时出现在长期协整关系和短期调节关系上,基于此,本文提出了协整关系和调节参数同时为非线性的阈值协整模型,并讨论了这一模型的检验方法。本文的研究表明:在检验协整的方法中,崔和赛科宁(Choi and Saikkonen,2005)的 $C_{\max}^{b,i}$ 统计量和希(Seo,2006)的 Wald 统计量的效果都较好,两者相比较,$C_{\max}^{b,i}$ 有相对较小的水平扭曲,Wald 统计量有相对较高的检验势。在协整关系非线性的检验中,贡萨洛和皮塔拉基斯(Gonzalo and Pitarakis,2006)与崔和赛科宁(Choi and Saikkonen,2004)提出的检验统计量都有较好的有限样本性质,两者之间并无显著差异,但崔和赛科宁(Choi and Saikkonen,2004)提出的相对略好。在调节参数非线性的检验中,当调节参数接近于零或者调节参数的非线性特征不显著时,汉森和希(Hansen and Seo,2002)的检验势相对较低,当调节参数具有显著的非线性时,汉森和希(Hansen and Seo,2002)的检验方法体现出较好的结果。最后,使用本文提出的模型,对我国城乡经济一体化对城乡收入差距的非线性效应展开应用研究,研究结果印证了本文模型有较好的实用性。

第二节 非平稳面板数据的非线性共同周期检验

在经济学的研究中,一项令人感兴趣的事情就是检验一组时间序列变量是否存在共同波动特征。经济变量的共同波动有深厚的经济理论基础,例如,由于国际经济一体化,美国发生的次贷危机向不同国家传导,使得其余国家的经济增长速度与美国的经济增长速度具有相似的波动特征,都出现了一轮大幅度下滑的过程。对于具有单位根特征的宏观经济变量(如 GDP)而言,经济变量的波动不仅包含周期(短期)成分的波动,也包含趋势(长期)成分的波动。因此,检验类似于 GDP 这样具有单位根特征的经济变量的协同波动,就应同时包含周期波动的协同和趋势波动的协同。由恩格尔和格兰杰(Engle and Granger, 1987)等提出的协整理论专注于经济变量的长期(趋势)波动协同,瓦希德和恩格尔(Vahid and Engle,1997)等提出的共同周期理论则专注于平稳数据的短期(周期)波动协同。鉴于宏观经济波动始终是学术界、宏观政策制定者关注的核心问题,并且宏观经济变量多数呈现单位根特征,埃克等人(Hecq et al.,2006)综合了协整理论和共同周期理论,提出在时间序列数据的误差校正模型(VECM)中检验单位根变量的共同周期理论方法。这一理论体系的显著优点是,可在统一的框架下同时检验多个非平稳变量的周期成分和趋势成分的协同波动。本文将现有基于时间序列数据的 VECM 扩展至非线性面板数据 VECM,在非线性面板数据 VECM 模型中提出共同周期检验方法。

一、研究现状评述

恩格尔和科齐基（Engle and Kozicki,1993）认为平稳时间序列数据可能有许多明显的特征，如周期性、季节性、趋势等。对于一组具有某些特征的时间序列数据而言，如果存在非零的线性组合使得这些时间序列数据的特征被消除，则称这些时间序列数据具有共同特征。序列相关是平稳时间序列数据的典型特征，因此，现有相关文献所研究的共同特征都是指序列相关共同特征（Vahid and Engle,1993;Beine and Hecq,1999;Hecq,1998;Nannette and Frank,2012），并且这些文献都是将序列相关共同特征称为共同周期[①]。在经济实践中，许多具有单位根特征的经济变量不仅包含短期周期成分，也包含长期趋势成分，这就意味着这些经济变量的协同应包含周期协同和趋势协同。虽然可以首先对单位根变量进行差分而将其转化为平稳变量，再使用瓦希德和恩格尔（Vahid and Engle,1997）提出的共同周期方法研究它们之间的周期协同，但这样做就将这些变量的趋势协同丢弃不管，而经济变量的趋势协同具有丰富的政策含义和实践意义。考虑到由恩格尔和格兰杰（Engle and Granger,1987）提出的协整技术是用于研究经济变量长期趋势协同的特有方法，基于此，近期相关文献将恩格尔和科齐基（Engle and Kozicki,1993）针对平稳数据的共同周期检验方法附加于协整分析方法上，提出共同趋势、共同周期的检验方法。具体而言，共同趋势和共同周期检验方法首先是检验单位根变量的协整关系，以此说明存在共同趋势，然后在由协整方程所对应的误差校正模型中，引入共同周期约束，以此实

[①] 瓦希德和恩格尔（Vahid and Engle,1993）对此作了解释。

现共同周期的检验。根据这一基本思路,瓦希德和恩格尔(Vahid and Engle,1993)分别在协整 VAR 框架和对应的移动平均框架下表述了共同趋势和共同周期,并提出在 VECM 模型中基于典型相关的方法检验共同周期。瓦希德和恩格尔(Vahid and Engle,1997),库巴达和埃克(Cubadda and Hecq,2001)认为由于经济系统的结构刚性和调节成本,经济变量对随机冲击的响应步调不一致,从而导致经济变量的周期波动并不完全同步,他们将这种周期协同称为相依周期,并提出相依周期的检验。后续相关文献着重改进共同周期的检验方法,例如,帕罗洛(Paruolo,2006)将基于 I(1) 协整系统的共同周期表述扩展至协整的 I(2) 向量自回归系统中,并使用典型相关方法构建共同周期检验统计量。埃克等人(Hecq et al.,2006)对共同周期的数据生成过程进行区分,分别提出强降秩结构共同周期和弱降秩结构共同周期,并基于典型相关分析提出相应的检验方法。库巴达和埃克(Cubadda and Hecq,2011)发现,当经济变量出现共同周期时,既有的极大似然方法在估计高维度的 VAR 模型中效果不佳,因此,他们使用部分最小二乘法估计模型,基于估计的结果构造新的似然比统计量,以此检验共同周期。格茨等人(Götz et al.,2013)在混频的时间序列数据中提出检验共同周期的方法。

上述有关共同周期的检验都是基于线性 VAR 或 VECM 展开,由此隐含着,经济变量波动协同的共同特征在整个时期都是不变的,这一严格的假定与经济运行现实相违背。例如,由于技术、制度或者厂商行为的刚性,在经济周期的萧条阶段和经济周期的繁荣阶段,技术冲击对经济波动的影响可能存在差异。因此,在不同经济周期阶段,经济变量波动的协同特征可能显著不同。如果这样,基于线性 VECM(VAR)模型的经济周期协同检验方法就应该扩展为非线性 VECM(VAR)模型。坎迪翁和埃克(Candeon and Hecq,2002)认为当样本区间很长时,在整个样本期间出现共同周期的要求太严格,他们使用马尔科夫机制转移模型扩展线性 VECM 模型,以此描述在某些机制中经济变量之间存在共同周期的现象,但在整个样本区间并不必然都存在共同周期的现象。埃克(Hecq,2009)认为,模拟经济周期的非线性协同,基于阈值的机制转移模型要显著优于结构突变模型。为此,埃克(2009)借鉴蔡(Tsay,1998)的两机制 VAR 模型,将线性 VECM 模型扩展为两机制阈值 VECM 模型,基于此提出检验共同周期的统计量。本文作者广泛查阅了现有的国际文献,发现坎迪翁和埃克(Candeon and Hecq,2002)、埃克(2009)是当前仅有的两篇使用非线性方法扩展共同周期研究的文献。

在小样本下,共同周期检验统计量的势可能很低(Beine and Hecq,1999)。如果将现有基于时间序列数据的共同周期检验扩展至面板数据,检验的势也许会显著提高。基于这一思想,埃克等人(Hecq et al.,2000)在面板数据 VECM 模型中,提出共同周期检验方法。康和费雷拉(Kang and Ferreira,2010)提出使用贝叶斯方法在非平稳面板数据中检验共同随机趋势与共同周期的方法。这也是当前所能查阅到的仅有的两篇关于面板数据共同周期检验的方法文献。本文将借鉴埃克(2009)的观点,将非线性共同周期检验方法扩展至非平稳面板数据,提出非平稳面板数据的非线性共同周期检验方法。

二、非线性面板 VECM 模型与共同周期

(一)线性面板 VECM 模型

假定 y_{it} 为 $p \times 1$ 维的非平稳面板数据,服从 VAR(k)过程:

$$y_{it} = \sum_{j=1}^{k} \Phi_{ij} y_{it-j} + \varepsilon_{it}, \quad t = 1,2,\ldots,T; i = 1,2,\ldots,N \qquad (2-27)$$

这里，Φ_{ij} 是 $p \times p$ 的系数矩阵，ε_{it} 是 $p \times 1$ 的随机扰动项。为简化表述，模型(2-27)中不包含截距项或时间趋势项。模型(1)可等价表述为面板 VECM 形式：

$$\Delta y_{it} = \Pi_i y_{i,t-1} + \sum_{m=1}^{k-1} \Gamma_{ij} \Delta y_{i,t-j} + \varepsilon_{it} \qquad (2-28)$$

这里 $\Gamma_{ij} = -\sum_{m=j+1}^{k} \Phi_{im}$，$m = 1,2,\ldots,k-1$，$\Pi_i = -(I_p - \sum_{j=1}^{k} \Phi_{ij})$。不失一般性，本文将模型(2-28)右边的滞后项数设定为1，即模型(2-27)中的 $k = 2$。这样模型(2-28)可写成模型(2-29)，如果模型(2-27)中 $k \neq 2$，则模型(2-29)的 Γ_{ij} 由 $\Gamma_{ij}(L)$ 替换，其中 L 为滞后算子。

$$\Delta y_t = \begin{pmatrix} \Pi_{11} & \cdots & \Pi_{1N} \\ \vdots & \ddots & \vdots \\ \Pi_{N1} & \cdots & \Pi_{NN} \end{pmatrix} y_{t-1} + \begin{pmatrix} \Gamma_{11} & \cdots & \Gamma_{1N} \\ \vdots & \ddots & \vdots \\ \Gamma_{N1} & \cdots & \Gamma_{NN} \end{pmatrix} \Delta y_{t-1} + \varepsilon_t \qquad (2-29)$$

这里，$\Delta y_t = (\Delta y_{1t},\ldots,\Delta y_{Nt})'$，$\varepsilon_t = (\varepsilon_{1t},\ldots,\varepsilon_{Nt})'$，$y_{t-1} = (y_{1,t-1},\ldots,y_{N,t-1})'$ 都是 $pN \times 1$ 向量，模型(2-29)可进一步紧凑写为：

$$\Delta y_t = \Pi y_{t-1} + \Gamma \Delta y_{t-1} + \varepsilon_t \qquad (2-30)$$

这里，Π 和 Γ 都是 $pN \times pN$ 矩阵，ε_t 是 $pN \times 1$ 矩阵，$\varepsilon_t \sim N(0,\Omega)$。$\Omega_{ij} \neq 0, i \neq j$ 意味着允许横截面相依，本文假定 $\Omega_{ij} = 0, i \neq j$，这一假定意味着横截面独立。如果 $\Pi = 0$，表示模型(2-30)中的 y_t 不存在协整关系，即 y_t 不存在共同趋势。这种情形下，埃克等人(Hecq et al.,2006)所定义的强降秩结构共同周期和弱降秩结构共同周期是等价的。本文重点讨论 $\Pi_{ur} \neq 0$ 的情形，即 y_t 存在共同趋势情形下的共同周期检验。如果 y_t 存在协整关系，则模型(2-30)中的长期系数矩阵 Π 有如下降秩分解表达式：$\Pi_i = \alpha_i \beta_i'$。其中，$\alpha_i$ 和 β_i 分别为 $p \times r_i$ 维矩阵，r_i 为协整向量的数量，$r_i = rank(\Pi_i) < p$。对于模型(2-30)所表述的面板向量误差模型，如果不施加相应约束，实践中将难以估计(Hecq,2000)。近期的

相关文献中(Groen and Kleibergen,2003;Anderson et al.,2006),一般都对模型设定如下假定:①短期动态在横截面之间不相关,也就是说模型(2-30)中矩阵 Γ 为对角分块矩阵。这一假定意味着,横截面之间不存在短期格兰杰因果关系;②横截面之间不存在协整关系,因此,协整向量 β 被约束为对角分块矩阵;③不同横截面协整向量的秩相同,即所有横截面个体 $r_i = r$。④横截面 i 的短期偏离向长期均衡的调节过程对其他横截面无影响,因此,调节参数矩阵 α 也被假定为对角分块矩阵。为清楚认识纳入上述四条假定后对模型的影响,将模型(2-30)重写为:

$$\Delta y_t = \begin{bmatrix} \Pi_1 & & \\ & O & \\ & & \Pi_N \end{bmatrix} y_{t-1} + \begin{bmatrix} \Gamma_1 & & \\ & O & \\ & & \Gamma_N \end{bmatrix} \Delta y_{t-1} + \varepsilon_t \quad (2-31)$$

这里,$\alpha = \begin{bmatrix} \alpha_1 & & \\ & O & \\ & & \alpha_N \end{bmatrix}, \beta = \begin{bmatrix} \beta_1 & & \\ & O & \\ & & \beta_N \end{bmatrix}, \begin{bmatrix} \Pi_1 & & \\ & O & \\ & & \Pi_N \end{bmatrix} = \alpha\beta'$。

(二)线性面板数据的共同周期

参照恩格尔和科齐基(Engle and Kozicki,1993)的研究,面板数据的共同周期就是对于模型(2-31)而言,存在 $(p \times s_i)$ 维矩阵 $\tilde{\beta}_i, i=1,2,\ldots N$,它的列张成共同特征空间,使得 $\tilde{\beta}_i'\Delta y_{it} = \tilde{\beta}_i'\varepsilon_{it}$ 为 s_i 维的向量均值信息过程。$\tilde{\beta}_i$ 就称为共同特征矩阵,s_i 就是 Δy_{it} 共同周期的个数。根据埃克等人(Hecq et al.,2000)所提出的,如果共同特征是分离的,$(Np \times s)$ 维共同特征矩阵 $\tilde{\beta}$ 就是分块对角矩阵,每个对角元素就是 $(p \times s_i)$ 维矩阵 $\tilde{\beta}_i$,并有 $S = \sum_{i=1}^{N} s_i$。因此,模型(2-31)的共同周期存在,就意味着如下两个条件成立:$\tilde{\beta}'\Gamma = 0_{(s \times Np)}$,$\tilde{\beta}'\Pi = \tilde{\beta}'\alpha\beta' = 0_{(s \times Np)}$。

(三) 非线性面板 VECM 模型

在前述线性面板数据模型中,调节参数矩阵 α_i 和协整向量矩阵 β_i 都是线性的和时不变的,这就意味着向量 y_{it} 的长期均衡和短期调节关系都是线性的,但这种线性假定可能与许多现实不符。例如,由于技术进步、制度变迁和代理人的行为刚性,相同幅度的冲击在经济周期不同阶段的效应可能显著不同。因此,在经济繁荣和经济萧条阶段,用于描述经济波动的面板 VECM 模型也随之发生非线性改变。汉森和希(Hansen and Seo,2002)、埃克(Hecq,2009)针对这种经济特征,分别使用两机制 TR 模型扩展基于时间序列数据的 VECM 模型,本文借鉴汉森和希(Hansen and Seo,2002)、埃克(2009)提出的两机制时间序列 VECM 模型,构建两机制面板数据 VECM 模型。但与汉森和希(Hansen and Seo,2002)、埃克(2009)不同的是,在他们的文献中,非线性机制转移特征仅出现在调节参数 α 上,协整向量 β 假定不存在机制转移,仍然是线性的。这就意味着,在埃克(2009)的模型中,随机冲击仅具有短期的非对称效应,而对长期关系没有非对称影响。但实际经济周期理论表明,随机冲击同样会影响宏观经济变量的长期趋势(King et al.,1991)。如果是这样,经济变量的长期均衡关系也会随之产生机制转移。为揭示这种长期均衡关系和短期调节关系同时出现的非线性机制转移特征,两机制非平稳面板数据的 VAR(k) 表述为:

$$y_{it} = \begin{cases} \sum_{j=1}^{k} \Phi_{ij}^{(1)} y_{it-j} + \varepsilon_{it}^{(1)}, & q_{i,t-d} \leq \gamma_i \\ \sum_{j=1}^{k} \Phi_{ij}^{(2)} y_{it-j} + \varepsilon_{it}^{(2)}, & q_{i,t-d} > \gamma_i \end{cases} \quad (2-32)$$

这里 y_{it} 为 $p \times 1$ 的 $I(1)$ 过程,$q_{i,t-d}$ 为平稳的阈值变量,它可能是 Δy_{it} 中的某个变量,也可能是外生变量。d 为发生机制转移的位置参数,用于确定机制转移发生的位置,γ_i 为阈值,若 d 已知,则表示机制转移发生的位置已知,若 d 未知,则表示机制转移发生的位置未知①。模型 (2-32) 所对应的两机制面板 VECM 可表述为:

$$\Delta y_{it} = \begin{cases} \Pi_i^{(1)} y_{i,t-1} + \sum_{j=1}^{k-1} \Gamma_{ij}^{(1)} \Delta y_{i,t-j} + \varepsilon_{it}^{(1)} & q_{i,t-d} \leq \gamma_i \\ \Pi_i^{(2)} y_{i,t-1} + \sum_{j=1}^{k-1} \Gamma_{ij}^{(2)} \Delta y_{i,t-j} + \varepsilon_{it}^{(2)} & q_{i,t-d} > \gamma_i \end{cases} \quad (2-33)$$

这里,如果 $\Pi_i^{(j)} = 0, j = 1,2$,意味着第 j 个机制中面板数据不存在协整关系,本文假定 $\Pi_i^{(j)} \neq 0, j = 1,2$。在前述线性面板 VECM 模型的假定下,模型(2-33)等价表述为模型(2-34):

$$\Delta y_{it} = \begin{cases} \begin{pmatrix} \alpha_1^{(1)} \beta_1^{(1)'} & \cdots & 0 \\ \vdots & \ddots & \vdots \\ 0 & \cdots & \alpha_N^{(1)} \beta_N^{(1)'} \end{pmatrix} y_{it-1} + \begin{pmatrix} \Gamma_{11}^{(1)} & \cdots & 0 \\ \vdots & \ddots & \vdots \\ 0 & \cdots & \Gamma_{NN}^{(1)} \end{pmatrix} \Delta y_{it-1} + u_{it}^{(1)}, & q_{i,t-d} \leq \gamma_i \\ \begin{pmatrix} \alpha_1^{(2)} \beta_1^{(2)'} & \cdots & 0 \\ \vdots & \ddots & \vdots \\ 0 & \cdots & \alpha_N^{(2)} \beta_N^{(2)'} \end{pmatrix} y_{it-1} + \begin{pmatrix} \Gamma_{11}^{(2)} & \cdots & 0 \\ \vdots & \ddots & \vdots \\ 0 & \cdots & \Gamma_{NN}^{(2)} \end{pmatrix} \Delta y_{it-1} + u_{it}^{(2)}, & q_{i,t-d} > \gamma_i \end{cases} \quad (2-34)$$

(四)非线性面板数据的共同周期

埃克(Hecq,2009)根据恩格尔和科齐基(Engle and Kozicki,1993)对共同周期的定义,针对时间序列数据的两机制阈值 VECM,提出共同周期的检验方法。本文借鉴埃克(2009)的基本检验思想。模型(2-34)所表述的 Δy_{it} 具有共同周期,是指以下两组条件中至少一组成立(条件1,2和条件3,4)。对于机制 I 而言,如果存在 $(p \times s_i^{(1)})$ 维矩阵 $\hat{\beta}_i^{(1)}, i = 1,2,\ldots N$,使得条件 1: $\hat{\beta}_i^{(1)'} \Pi_i^{(1)} = 0_{(s^{(1)} \times p)}$ 和条件 2: $\hat{\beta}_i^{(1)'} [\Gamma_{i1}^{(1)} : \cdots : \Gamma_{iN}^{(1)}] = 0_{(s^{(1)} \times p)}$ 同时成立,就称机制 I 存在共同周期;对于机制 II 而言,如果存在 $(p \times s_i^{(2)})$ 维矩阵 $\hat{\beta}_i^{(2)}$,使得条件 3: $\hat{\beta}_i^{(2)'} \Pi_i^{(2)} = $

———————————

① 欧阳志刚(2012)探讨了这类模型 d 未知时的估计与检验,本文假定 d 已知。若 d 未知,可参照欧阳志刚(2012)的方法相应进行扩展。

$0_{(s_i^{(2)} \times p)}$ 和条件4：$\hat{\beta}_i^{(2)}{}'[\Gamma_{i1}^{(2)}:\cdots:\Gamma_{iN}^{(2)}] = 0_{(s_i^{(2)} \times p)}$ 同时成立，就称为机制Ⅱ存在共同周期。现有文献所指的共同周期多数是根据恩格尔和科齐基（Engle and Kozicki,1993）的定义,该定义中的共同周期意味着线性组合消除了平稳变量与其过去值的相关性,并且基于历史信息完全不可预测。但在瓦希德和恩格尔（Vahid and Engle,1993）定义的共同周期中,线性组合仅是部分消除了平稳变量与其过去值的相关性。因此,如果基于瓦希德和恩格尔（Vahid and Engle,1993）的定义,仅需条件2或条件4成立,就意味着 Δy_{it} 存在共同周期。为区分这两种共同周期含义的差异。本文参照埃克等人（Hecq et al.,2006）的研究,引入强降秩结构（strong form reduced rank structure,简称SF）共同周期和弱降秩结构（weak form reduced rank structure,简称WF）共同周期概念。

定义1：所谓强降秩结构共同周期（SF）是指如果存在 $p \times s_i^{(j)}$，$j = 1,2$ 矩阵 $\hat{\beta}_i^{(j)}$，$i = 1,2,\ldots N$，$j = 1,2$，使得条件1（或条件3）$\hat{\beta}_i^{(j)}{}'\Pi_i^{(j)} = 0_{(s_i^{(j)} \times p)}$，$j = 1,2$ 与条件2（或条件4）$\hat{\beta}_i^{(j)}{}'[\Gamma_{i1}^{(j)}:\cdots:\Gamma_{iN}^{(j)}] = 0_{(s_i^{(j)} \times p)}$，$j = 1,2$ 同时成立,则称模型（2-34）的 Δy_{it} 存在强降秩结构共同周期。

定义2：所谓弱降秩结构共同周期（WF）是指如果模型（2-34）中仅有条件2（或条件4）$\hat{\beta}_i^{(j)}{}'[\Gamma_{i1}^{(j)}:\cdots:\Gamma_{iN}^{(j)}] = 0_{(s_i^{(j)} \times p)}$，$j = 1,2$ 成立,则称模型（2-34）的 Δy_{it} 存在弱降秩结构共同周期。

（五）非线性面板数据的共同周期检验方法

1.检验假设的设定

根据前述定义,如果模型（2-34）是 SF 结构,则表明如下模型成立：

$$\hat{\beta}^{(j)'}\Delta y_t = \hat{\beta}^{(j)'} u_t^{(j)}，j = 1,2 \tag{2-35}$$

如果模型（2-34）是 WF 结构,则表明如下模型成立：

$$\hat{\beta}^{(j)'}(\Delta y_t - \alpha^{(j)}\beta^{(j)'}) = \hat{\beta}^{(j)'} u_t^{(j)}，j = 1,2 \tag{2-36}$$

为实现上述检验,本文首先假定各横截面的协整秩已知、固定,并

且 $r_i = r$，同时，参照埃克等人（Hecq et al.，2000）的研究假定各横截面共同周期数量相同，即 $s_i = s$。可以看出，模型（2-35）和模型（2-36）是一种嵌套关系，因此，我们可以分别针对模型（2-35）和模型（2-36），设定序贯假设，分别进行检验。待检验的原假设 $H_0^{(j)} : rank(\hat{\beta}^{(j)}) \geq s$，备择假设为 $H_1^{(j)} : rank(\hat{\beta}^{(j)}) < s$。如果 $s = 0$ 表明不存在共同周期，$s \geq 0$ 表明至少存在 s 个共同周期。因此，检验共同周期数量是从 $s = 1$ 开始。对 SF 结构，共同周期数量 s 最大值为 $p - r_i$，对于 WF 结构，s 最大值为 $p - 1$①。

2. 检验方法

为实现模型（2-35）中 SF 和 WF 结构的检验，我们首先应该获得模型（2-35）的估计。本文采用两步法估计模型：①检验协整向量的非线性、确定阈值参数 γ_i、确定协整向量的非线性机制转移位置 d_i 以及估计协整向量 $\beta^{(1)}$，$\beta^{(2)}$。欧阳志刚（2012）详细讨论了两机制面板协整模型中协整向量的非线性检验方法，并详细介绍了相应的参数 γ_i，d_i 和协整向量的估计方法②。本文借鉴该文方法。另外，根据欧阳志刚（2014）的推导，协整向量的机制转移意味着对应协整 VAR 系统的机制转移，其对应的 VECM 也相应发生机制转移。因此，使用欧阳志刚（2012）的方法确定模型（2-35）中协整向量的机制转移就可确定面板 VECM［模型（2-35）］存在机制转移，并且模型（2-35）的非线性 γ_i，d_i 是由协整向量的机制转移所确定。②一旦检验发现机制转移，确定了 γ_i，d_i 与协整向量 $\beta^{(1)}$，$\beta^{(2)}$，就可以使用典型相关方法检验模型（2-35）的共同周期。共同周期的具体检验方法如下：

定义 $T^{(j)} \times p$ 的矩阵 $W_{i,1}^{(j)} = \Delta Y_i^{(j)} = (\Delta y_{i,1}^{(j)}, \ldots, \Delta y_{i,T^{(j)}}^{(j)})'$，$Y_{i,-1}^{(j)} =$

---

① 具体说明，详见埃克等人（Hecq et al.，2006）。
② 本文考虑只有一个协整向量的情形，即 $r_i = 1$。目前还没有适当的方法估计和检验非线性面板数据中多个协整向量。

$(y_{i,0}^{(j)},...,y_{i,T^{(j)}-1}^{(j)})'$,$j = 1,2$,$i = 1,...,N$,$T^{(1)} + T^{(2)} = T$。$Z_{i,1}^{(j)} = \Delta Y_i^{(j)*}$,其中 $\Delta Y_i^{*(j)}$ 是 $\Delta Y_i^{(j)}$ 对 $Y_{i,-1}^{(j)}\beta_i^{(j)}$ 的多元回归的残差。$T^{(j)} \times p(k-1)$ 矩阵 $Z_{i,2}^{(j)} = (\Delta Y_{i,-1}^{*(j)}...\Delta Y_{i,-k+1}^{*(j)})$,$T^{(j)} \times (p(k-1)+r)$ 矩阵 $W_{i,2}^{(j)} = [Z_{i,2}^{(j)}, Y_{i,-1}^{(j)}\beta_i^{(j)}]$。在强降秩结构共同周期(SF)的假定下,检验统计量为:

$$SF^{(j)} = \sum_{i=1}^{N}(-T^{(j)}\sum_{l=1}^{s}\log(1-\lambda_l^j)), \quad s = 1,...,p-r;i = 1,...,N \tag{2-37}$$

这里,$0 \leq \lambda_{i,1} \leq \lambda_{i,2} \leq ... \leq \lambda_{i,n-r}$ 是矩阵 $[(W_{i,1}^{(j)})'W_{i,1}^{(j)}]^{-1/2}(W_{i,1}^{(j)})'W_{i,2}^{(j)}$ $[(W_{i,2}^{(j)})'W_{i,2}^{(j)}]^{-1/2}$ 按照从小到大排列的特征值。在协整向量个数和协整向量已知的前提下,原假设成立条件时 SF 的渐进分布为 χ^2 分布,其自由度为 $\sum_{i=1}^{N}[s_i(p(k-1)+r_i)-s_i(p-s_i)]$[①]。

在 WF 的降秩结构中,检验原假设的似然比统计量为:

$$\xi_{WF}^{(j)} = \sum_{i=1}^{N}(-T^{(j)}\sum_{l=1}^{s}\log(1-\hat{\lambda}_l^j)), \quad s = 1,...,p-1;i = 1,...,N \tag{2-38}$$

这里,$0 \leq \hat{\lambda}_{i,1} \leq \hat{\lambda}_{i,2} \leq ... \leq \hat{\lambda}_{i,n-1}$ 是矩阵 $[(Z_{i,1}^{(j)})'Z_{i,1}^{(j)}]^{-1/2}(Z_{i,1}^{(j)})'Z_{i,2}^{(j)}$ $[(Z_{i,2}^{(j)})'Z_{i,2}^{(j)}]^{-1/2}$ 按照从小到大排列的特征值。在原假设下,统计量 ξ_{WF} 渐进分布为 χ^2 分布,其自由度为 $\sum_{i=1}^{N}[s_i(p(k-1))-s_i(p-s_i)]$。

前述分析表明,SF 结构中共同周期的数量最多可达到 $p-r$,在 WF 结构中共同周期的数量最多可达到 $p-1$。如果协整空间的秩大于 1,WF 结构中共同周期的数量就可能大于 SF 结构中共同周期的数量,这就给我们构造 SF 对 WF 检验统计量带来困难。为有效处理这一问题,本文采用埃克等人(Hecq et al.,2006)的建议。记 SF 和 WF 结构下原假设不被拒

[①] 见瓦希德和恩格尔(Vahid and Engle,1993),该自由度事实上是存在共同周期与不存在共同周期时约束条件的个数。

绝的最大共同周期数量分别为 S_{SF}^* 和 S_{WF}^*，根据前述应有 $S_{WF}^* \geq S_{SF}^*$。区分 SF 和 WF 的检验统计量就为：

$$\xi_{SW}^{(j)} = \sum_{i=1}^{N} \left(-T^{(j)} \sum_{l=1}^{s} \log\left(\frac{1-\lambda_l^j}{1-\hat{\lambda}_l^j}\right) \right), \quad i = 1,..,N \qquad (2-39)$$

这里，λ_l^j 和 $\tilde{\lambda}_l^j$ 如前所定义。在这个 SF 对 WF 的检验统计量中，原假设为 SF 结构，备择假设为 WF 结构。在计算统计量 ξ_{WF} 的过程中，共同周期数量 s 的取值范围设定为 $s = \max(1, s_{WF}^* - r + 1), \ldots, \min(p-r, s_{WF}^*)$。在原假设下，$\xi_{WF}$ 渐进分布为 χ^2 分布，其自由度就是 ξ_{WF} 与 ξ_{SF} 的自由度之差 $\sum_{i=1}^{N} r_i s$。

三、蒙特卡洛仿真实验

前文讨论了非线性面板 VECM 模型中非线性共同周期的检验方法，在有限样本下，这些检验统计量是否有优良的统计性质？这一点在应用研究中特别重要。本文使用蒙特卡洛仿真实验对此进行分析。仿真实验数据的生成过程中，本文首先设定一个 $p=3, r=1, s=2$ 同质的两机制面板 VECM 模型。我们将三个变量分别记为 C_{it}，I_{it} 和 Y_{it}。

（一）同质面板数据的仿真实验结果

$$\begin{bmatrix} \Delta C_{it} \\ \Delta I_{it} \\ \Delta Y_{it} \end{bmatrix} = \left(\begin{bmatrix} 0.2 & 0.1 & 0.1 \\ 0.8 & 0.4 & 0.4 \\ 0.4 & 0.2 & 0.2 \end{bmatrix} \begin{bmatrix} \Delta C_{it-1} \\ \Delta I_{it-1} \\ \Delta Y_{it-1} \end{bmatrix} + \alpha_i^{(1)} \beta_i^{(1)\prime} \begin{bmatrix} C_{it-1} \\ I_{it-1} \\ Y_{it-1} \end{bmatrix} \right) I(q_{i,t-d} \leq \gamma_i) +$$

$$\left(\begin{bmatrix} 0.1 & 0.2 & 0.2 \\ 0.5 & 1 & 1 \\ 0.2 & 0.4 & 0.4 \end{bmatrix} \begin{bmatrix} \Delta C_{it-1} \\ \Delta I_{it-1} \\ \Delta Y_{it-1} \end{bmatrix} + \alpha_i^{(2)} \beta_i^{(2)\prime} \begin{bmatrix} C_{it-1} \\ I_{it-1} \\ Y_{it-1} \end{bmatrix} \right) I(q_{i,t-d} > \gamma_i) + \begin{bmatrix} u_{1t} \\ u_{2t} \\ u_{3t} \end{bmatrix}$$

$$(2-40)$$

这里，$u_{it}:N\left(\begin{bmatrix}0\\0\\0\end{bmatrix},\begin{bmatrix}1.0 & 0.6 & 0.6\\0.6 & 1.0 & 0.6\\0.6 & 0.6 & 1.0\end{bmatrix}\right)$，$[\alpha_i^{(1)} \quad \alpha_i^{(2)}] = \begin{bmatrix}-0.1 & -0.1\\-0.4 & -0.5\\-0.2 & -0.2\end{bmatrix}$，

$\begin{bmatrix}\beta_i^{(1)}\\\beta_i^{(2)}\end{bmatrix} = \begin{bmatrix}0 & 1 & -1\\1 & 0 & 1\end{bmatrix}$，$\hat{\beta}^{(1)\prime} = \begin{bmatrix}1 & -0.25 & 0\\1 & 0 & -0.5\end{bmatrix}$，$\hat{\beta}^{(2)\prime} = \begin{bmatrix}1 & 0 & -0.5\\1 & -0.2 & 0\end{bmatrix}$。

在上述同质面板数据生成过程中，阈值变量 $q_{i,t-d}$ 选择为 ΔY_{it-1}，阈值参数 γ_i 在 $[-0.5, 0.5]$ 的均匀分布中随机抽取。随机误差项协方差矩阵的非主对角线元素为 0.6，表明在同一截面内的三个变量之间存在相关性。为避免数据生成过程中的初始值效应，每个横截面生成 T+50 个数据，其中前 50 个数据被剔除掉。共同特征向量 $\hat{\beta}^{(1)}$ 和 $\hat{\beta}^{(2)}$ 都是 3×2 矩阵，意味着存在两个线性组合能够褪去系统中变量的短期动态，即存在两个共同周期。可以看出，模型(2-40)数据生成过程所揭示的共同周期是强降秩结构共同周期(SF)，共同周期检验统计量的有限样本性质如下：

表 2-5 检验统计量的拒绝频率(SF 结构)

			机制 I			机制 II		
			$\xi_{SF}^{(1)}$	$\xi_F^{(1)}$	$\xi_S^{(1)}$	$\xi_{SF}^{(2)}$	$\xi_F^{(2)}$	$\xi_S^{(2)}$
N=1	T=100	$s \geq 1$	0.83	0.87	17.8	0.54	0.03	17.7
		$s \geq 2$	9.45	7.05	6.76	9.22	6.23	6.02
		$s \geq 3$	100	97.8	100	99.1	99.9	100
	T=200	$s \geq 1$	0.45	0.85	6.29	0.30	0.01	6.20
		$s \geq 2$	6.78	6.13	4.34	6.54	5.16	5.45
		$s \geq 3$	100	99.8	98.8	99.6	99.9	98.7
N=5	T=100	$s \geq 1$	1.65	1.06	11.2	0.12	0.61	10.1
		$s \geq 2$	6.23	6.78	4.24	6.45	6.16	5.27
		$s \geq 3$	100	100	100	100	100	100
	T=200	$s \geq 1$	0.14	0.44	9.11	0.08	0.07	9.18
		$s \geq 2$	6.06	6.29	4.96	5.98	5.79	5.28
		$s \geq 3$	100	100	99.6	100	100	99.8

続表

			机制Ⅰ			机制Ⅱ		
			$\xi_{SF}^{(1)}$	$\xi_{F}^{(1)}$	$\xi_{S}^{(1)}$	$\xi_{SF}^{(2)}$	$\xi_{F}^{(2)}$	$\xi_{S}^{(2)}$
N = 10	T = 100	$s \geq 1$	0.13	0.22	9.00	0.07	0.06	8.70
		$s \geq 2$	5.48	5.87	4.25	5.34	5.91	4.25
		$s \geq 3$	100	100	100	100	100	100
	T = 200	$s \geq 1$	0.11	0.20	8.74	0.06	0.05	8.15
		$s \geq 2$	4.84	4.69	4.61	4.32	4.16	4.98
		$s \geq 3$	100	100	100	100	100	100
N = 20	T = 100	$s \geq 1$	0.11	0.16	8.34	0.08	0.07	8.61
		$s \geq 2$	5.04	4.98	4.25	5.13	5.75	4.71
		$s \geq 3$	100	100	100	100	100	100
	T = 200	$s \geq 1$	0.10	0.14	7.89	0.08	0.11	7.86
		$s \geq 2$	4.67	4.78	4.52	4.71	4.66	4.65
		$s \geq 3$	100	100	100	100	100	100

注:拒绝频率是按照卡方分布临界值,在5%的名义显著性水平下,重复10000次仿真实验计算得到(下同)。

在表2-5的每一种情形下,本文都进行了10000次重复抽样,横截面的数量分别为1,5,10,20,时间序列长度分别为100,200。由于本文的抽样数据设定为两个共同周期,$s \geq 1$和$s \geq 2$所对应的结果是不同统计量的实际显著性水平。

从表2-5的结果看,不同情形下各种检验统计量都表现了较高的检验功效,例如,当N=1,T=100,两个机制中三种统计量的检验势都在95%以上,由此表明这些统计量能够较好地甄别备择假设。从实际显著性水平的计算结果看,ξ_{SF}和ξ_{WF}统计量在样本容量较小的情形下都表现出相对较大的水平扭曲,例当N=1,T=100,$s \geq 2$时,这两个统计量对应的拒绝频率分别9.45%,7.05%。相对于5%的名义显著性水平,分别向上扭曲了4.45%(=9.45%-5.0%)和2.05%(=7.05%-5.0%)。随着横截面数量的增加,ξ_{SF}和ξ_{WF}统计量的水平扭曲程度也显著下降了,例如,$N=20,T=200,s\geq 2$ 时,$\xi_{SF}^{(2)}$ 和 $\xi_{WF}^{(2)}$ 的拒绝频率分别为4.71%和4.66%,都只表现出较小幅度的向下扭曲。

ξ_{SW} 统计量与 ξ_{SF} 和 ξ_{WF} 略有不同,它的水平扭曲表现出另一种情形。首先,当共同周期数量符合原假设,但设定错误时($s\geq 1$),ξ_{SW} 在不同样本容量都表现出较大的水平扭曲,例如,$N=5,T=200,s\geq 1$ 时,$\xi_{SW}^{(2)}$ 的拒绝频率为9.18%,向上扭曲了4.18%。当共同周期数量假设正确时($s\geq 2$),在不同样本情形下 ξ_{SW} 统计量都表现出较小的水平扭曲,例如,$N=5,T=200,s\geq 2$ 时,$\xi_{SW}^{(2)}$ 的拒绝频率为5.28%,向上扭曲了0.28%。其次,随着样本容量的逐渐增加,ξ_{SW} 统计量的水平扭曲程度也随之逐步下降,例如 $N=20,T=200,s\geq 2$ 时,$\xi_{SW}^{(2)}$ 的拒绝频率为4.65%,仅向下扭曲了0.35%。

表2-6 检验统计量的拒绝频率(WF结构)

			机制Ⅰ			机制Ⅱ		
			$\xi_{SF}^{(1)}$	$\xi_{WF}^{(1)}$	$\xi_{SW}^{(1)}$	$\xi_{SF}^{(2)}$	$\xi_{WF}^{(2)}$	$\xi_{SW}^{(2)}$
N=1	T=100	$s\geq 1$	10.4	11.1	26.6	10.5	11.2	28.2
		$s\geq 2$	99.2	9.29	100	97.5	9.46	97.4
		$s\geq 3$	100	99.9	100	100	99.4	100
	T=200	$s\geq 1$	4.74	10.3	20.4	4.81	10.4	21.5
		$s\geq 2$	91.6	8.74	99.4	92.7	8.93	99.1
		$s\geq 3$	95.5	98.2	100	96.4	98.5	100
N=5	T=100	$s\geq 1$	9.85	10.1	20.12	8.51	10.2	20.1
		$s\geq 2$	86.9	7.14	89.5	100	7.22	99.6
		$s\geq 3$	100	100	100	100	100	100
	T=200	$s\geq 1$	4.36	9.01	19.8	7.68	9.25	20.8
		$s\geq 2$	100	5.01	93.7	100	5.59	100
		$s\geq 3$	100	100	100	100	100	100

续表

			机制Ⅰ			机制Ⅱ		
			$\xi_{SF}^{(1)}$	$\xi_{WF}^{(1)}$	$\xi_{SW}^{(1)}$	$\xi_{SF}^{(2)}$	$\xi_{WF}^{(2)}$	$\xi_{SW}^{(2)}$
N = 10	T = 100	$s \geq 1$	7.71	8.06	19.1	7.14	8.51	20.1
		$s \geq 2$	100	6.23	85.3	100	6.98	87.4
		$s \geq 3$	100	100	100	100	100	100
	T = 200	$s \geq 1$	0.04	7.12	20.6	0.05	7.10	21.8
		$s \geq 2$	100	4.86	87.6	99.2	5.08	86.9
		$s \geq 3$	100	100	100	100	100	100
N = 20	T = 100	$s \geq 1$	6.79	6.01	19.1	6.21	6.61	19.0
		$s \geq 2$	100	3.64	87.9	100	3.95	91.9
		$s \geq 3$	100	100	100	100	100	100
	T = 200	$s \geq 1$	0.02	6.12	22.1	0.03	6.14	20.0
		$s \geq 2$	100	3.42	92.4	100	3.64	97.2
		$s \geq 3$	100	100	100	100	100	100

为生成弱降秩结构共同周期数据,我们将模型(2-40)中的协整向量分别设为 $\beta_i^{(1)} = [0.5 \quad 1 \quad -1]$,$\beta_i^{(2)} = [1 \quad -0.5 \quad -1]$,其余参数仍然保持不变。10000次重复抽样的仿真实验结果见表2-6。

相对于表2-5,表2-6的结果出现明显变化。首先,对于 ξ_{SF} 统计量,不同样本情形下 $s \geq 2$ 所对应的拒绝频率都非常高,而不同样本情形下 $s \geq 1$ 所对应的拒绝频率不是很高,这就表明如果仅使用 ξ_{SF} 统计量进行假设检验,就有可能会接受 $s \geq 1$ 的原假设而拒绝 $s \geq 2$ 的原假设。而我们的数据生成过程是包含两个共同周期,因此,对于弱降秩结构共同周期数据,ξ_{SF} 统计量是不适用的。其次,对于 ξ_{WF} 统计量,不同样本情形下都表现了较好的有限样本性质。例如,在不同样本容量下,$s \geq 1$ 和 $s \geq 2$ 所对应 ξ_{WF} 的拒绝频率都比较小,而 $s \geq 3$ 所对应 ξ_{WF} 的拒绝频率都很高。这就表明,在弱降秩结构共同周期数据中,ξ_{WF} 统计量能够较好地识别原假设和备选假设。当样本容量较小,特别是时间序列长度较短时,ξ_{WF} 统计量的水平扭曲还是相对较大。例如,在 T=100 时,N=1,$s \geq 2$ 情形下所对应的 $\xi_{WF}^{(1)}$ 的拒绝频率为 9.29%,随着横截面数量和时间序列长度增加,当样本容量变为 N=20,T=200 时,$s \geq 2$ 所对应的 $\xi_{WF}^{(1)}$ 的拒绝频率下降为 3.42%,实现了较小程度的水平扭曲。再次,对于 ξ_{SW} 统计量,不同样本情形下,$s \geq 1$ 和 $s \geq 2$ 所对应的 ξ_{SW} 统计量的拒绝频率都较高,例如,N=20,T=200 时,$s \geq 1$ 所对应的 $\xi_{SW}^{(1)}$ 拒绝频率为 22.1%,$s \geq 2$ 所对应的 $\xi_{SW}^{(1)}$ 拒绝频率为 92.4%。

(二) 异质面板数据的仿真实验结果

表 2-7,2-8 分别报告了异质面板数据模型中 ξ_{SF},ξ_{WF} 和 ξ_{SW} 统计量的有限样本性质。本文数据生成过程的横截面异质性包括 Γ_i,Π_i 的异质性,也包括 α_i,β_i,γ_i 以及共同特征向量 $\hat{\beta}_i$ 的异质性。以 N=2 的 SF 结构数据为例,第一个横截面的数据生成仍然按照模型(2-40)生成。第二个横截面的数据生成过程如下:

$$\begin{bmatrix} \Delta C_{it} \\ \Delta I_{it} \\ \Delta Y_{it} \end{bmatrix} = \left(\begin{bmatrix} 0.1 & 0.05 & 0.05 \\ 0.2 & 0.1 & 0.1 \\ 0.4 & 0.2 & 0.2 \end{bmatrix} \begin{bmatrix} \Delta C_{it-1} \\ \Delta I_{it-1} \\ \Delta Y_{it-1} \end{bmatrix} + \alpha_i^{(1)} \beta_i^{(1)'} \begin{bmatrix} C_{it-1} \\ I_{it-1} \\ Y_{it-1} \end{bmatrix} \right) I(q_{i,t-d} \leq \gamma_i) + \left(\begin{bmatrix} 0.2 & 0.2 & 0.2 \\ 0.5 & 0.5 & 0.5 \\ 0.2 & 0.4 & 0.4 \end{bmatrix} \begin{bmatrix} \Delta C_{it-1} \\ \Delta I_{it-1} \\ \Delta Y_{it-1} \end{bmatrix} + \alpha_i^{(2)} \beta_i^{(2)'} \begin{bmatrix} C_{it-1} \\ I_{it-1} \\ Y_{it-1} \end{bmatrix} \right) I(q_{i,t-d} > \gamma_i) + \begin{bmatrix} u_{1t} \\ u_{2t} \\ u_{3t} \end{bmatrix}$$

(2-41)

这里,$u_{it} : N \left(\begin{bmatrix} 0 \\ 0 \\ 0 \end{bmatrix}, \begin{bmatrix} 1.0 & 0.5 & 0.5 \\ 0.5 & 1.0 & 0.5 \\ 0.5 & 0.5 & 1.0 \end{bmatrix} \right)$,$\begin{bmatrix} \alpha_i^{(1)} & \alpha_i^{(2)} \end{bmatrix} = \begin{bmatrix} -0.1 & -0.2 \\ -0.2 & -0.2 \\ -0.4 & -0.4 \end{bmatrix}$,

$\begin{bmatrix} \beta_i^{(1)} \\ \beta_i^{(2)} \end{bmatrix} = \begin{bmatrix} 0 & 1 & -1 \\ 1 & 0 & 1 \end{bmatrix}$,$\hat{\beta}^{(1)'} = \begin{bmatrix} 1 & -0.5 & 0 \\ 1 & 0 & -0.25 \end{bmatrix}$,$\hat{\beta}^{(2)'} = \begin{bmatrix} 1 & 0 & -0.5 \\ 1 & -0.4 & 0 \end{bmatrix}$,

阈值变量 $q_{i,t-d}$ 选择为 ΔY_{it-1}，阈值参数 γ_i 在 $[-0.5, 0.5]$ 的均匀分布中随机抽取。10000次重复抽样的仿真实验结果见表2-7与表2-8。

表2-7 检验统计量的拒绝频率(SF结构)

			机制Ⅰ			机制Ⅱ		
			$\xi_{SF}^{(1)}$	$\xi_{WF}^{(1)}$	$\xi_{SW}^{(1)}$	$\xi_{SF}^{(2)}$	$\xi_{WF}^{(2)}$	$\xi_{SW}^{(2)}$
N=2	T=100	$s \geq 1$	0.24	0.30	18.7	0.20	0.34	16.5
		$s \geq 2$	12.7	12.8	5.84	11.1	12.11	6.04
		$s \geq 3$	100	100	100	100	100	100
	T=200	$s \geq 1$	0.02	12.7	10.1	0.18	10.1	7.89
		$s \geq 2$	11.5	11.9	5.85	10.8	10.6	5.51
		$s \geq 3$	100	100	100	100	100	99.9
N=5	T=100	$s \geq 1$	0.14	0.03	11.45	0.18	0.03	10.2
		$s \geq 2$	11.2	11.8	4.67	11.05	11.0	5.13
		$s \geq 3$	100	100	100	100	100	100
	T=200	$s \geq 1$	0.10	0.04	9.75	0.15	0.03	9.24
		$s \geq 2$	10.4	12.0	5.10	10.5	12.1	5.36
		$s \geq 3$	100	100	99.6	100	100	100
N=10	T=100	$s \geq 1$	0.43	0.20	9.16	0.45	0.24	8.67
		$s \geq 2$	9.17	9.56	4.84	9.25	9.43	5.12
		$s \geq 3$	100	100	100	100	100	100
	T=200	$s \geq 1$	0.31	0.25	8.57	0.32	0.27	8.08
		$s \geq 2$	8.78	8.32	4.77	8.86	8.51	5.12
		$s \geq 3$	100	100	100	100	100	100
N=20	T=100	$s \geq 1$	0.52	0.85	7.84	0.24	0.23	7.56
		$s \geq 2$	9.40	8.75	4.68	7.95	8.35	4.98
		$s \geq 3$	100	100	100	100	100	100
	T=200	$s \geq 1$	0.54	0.11	7.54	0.18	0.09	7.84
		$s \geq 2$	8.12	8.69	4.87	7.84	8.24	5.14
		$s \geq 3$	100	100	100	100	100	100

从表2-7可以看出，对于异质面板数据的SF结构共同周期，ξ_{SF}统计量在 $s \geq 2$ 时都有一定程度的向上扭曲，特别是在样本容量较小时的

扭曲程度较大,例如当 N = 2, T = 100, $s \geq 2$ 时, $\xi_{SF}^{(1)}$ 的拒绝频率为 12.7%,具有较大幅度的扭曲。当样本增加到 N = 20, T = 200 时, $s \geq 2$ 所对应的 $\xi_{SF}^{(1)}$ 拒绝频率虽有显著下降(8.12%),但还有一定程度的扭曲。另一方面, ξ_{SF} 统计量在 $s \geq 1$ 时的拒绝频率都很低,而在 $s \geq 3$ 时的拒绝频率都很高。结合不同情形下 $s \geq 1, s \geq 2, s \geq 3$ 的结果,可以说明,当面对 SF 结构共同周期时, ξ_{SF} 统计量能较准确地检验共同周期并判断共同周期的数量。

从表 2-7 还可以看出 ξ_{WF} 统计量的有限样本性质与 ξ_{SF} 统计量的有限样本性质基本相似,例如,N = 5, T = 100, $s \geq 2$ 时, ξ_{SF} 和 ξ_{WF} 统计量的拒绝频率为 11.2% 和 11.8%,没有显著差异。这一结果也正好说明,仅使用于 ξ_{WF} 和 ξ_{SF} 还无法在 SF 和 WF 之间作出准确判断,需要借助 ξ_{SW} 统计量。表 2-7 中所报告的 ξ_{SW} 统计量展现了较好的有限样本性质。可以看到,在不同的样本情形下, ξ_{SW} 统计量的实际显著性水平与名义显著性水平都相差不大。例如,在样本容量较小,N = 2, T = 100, $s \geq 2$ 时, $\xi_{SW}^{(2)}$ 所对应的实际显著性水平为 6.04%,与 5% 的名义显著性水平差异较小。并且,随着样本容量的逐步增加, $\xi_{SW}^{(2)}$ 对应的实际显著性水平与名义显著性水平的差异逐步降低。

表 2-8 检验统计量的拒绝频率(WF 结构)

			机制 I			机制 II		
			$\xi_{SF}^{(1)}$	$\xi_{WF}^{(1)}$	$\xi_{SW}^{(1)}$	$\xi_{SF}^{(2)}$	$\xi_{WF}^{(2)}$	$\xi_{SW}^{(2)}$
N = 2	T = 100	$s \geq 1$	10.8	10.12	14.2	10.7	10.10	13.6
		$s \geq 2$	99.5	6.49	99.5	100	6.69	99.6
		$s \geq 3$	100	100	100	100	100	100
	T = 200	$s \geq 1$	10.6	10.1	12.48	1.51	10.4	11.9
		$s \geq 2$	100	6.56	100	100	6.16	100
		$s \geq 3$	100	100	100	100	100	100

续表

			机制 I			机制 II		
			$\xi_{SF}^{(1)}$	$\xi_{WF}^{(1)}$	$\xi_{SW}^{(1)}$	$\xi_{SF}^{(2)}$	$\xi_{WF}^{(2)}$	$\xi_{SW}^{(2)}$
N=5	T=100	$s \geq 1$	12.9	10.12	11.75	12.5	10.14	11.2
		$s \geq 2$	99.9	6.04	100	99.9	6.65	100
		$s \geq 3$	100	100	100	100	100	100
	T=200	$s \geq 1$	2.39	9.00	10.6	2.64	10.2	10.8
		$s \geq 2$	100	5.43	100	100	5.13	100
		$s \geq 3$	100	100	100	100	100	100
N=10	T=100	$s \geq 1$	11.4	9.01	9.95	12.2	9.07	9.94
		$s \geq 2$	99.9	3.57	100	99.9	3.27	99.9
		$s \geq 3$	100	100	100	100	100	100
	T=200	$s \geq 1$	5.59	7.01	9.45	5.62	7.01	9.84
		$s \geq 2$	100	3.84	100	100	3.21	100
		$s \geq 3$	100	100	100	100	100	100
N=20	T=100	$s \geq 1$	9.54	7.02	8.67	9.22	7.02	8.64
		$s \geq 2$	100	2.89	100	100	3.01	100
		$s \geq 3$	100	100	100	100	100	100
	T=200	$s \geq 1$	5.21	6.01	8.46	5.16	6.07	8.41
		$s \geq 2$	100	2.84	100	100	2.98	100
		$s \geq 3$	100	100	100	100	100	100

为获得弱降秩结构共同周期数据,我们改变了 $\alpha_i^{(j)}$ 的数据生成。对于每个横截面, $\alpha_i^{(j)}$ 的所有元素都在[-0.1 -0.5]的均匀分布中随机抽取,其余参数仍然与表2-7的数据生成过程相同。10000次重复抽样的仿真实验结果见表2-8。

与SF结构相比较, ξ_{SF} 和 ξ_{SW} 统计量在WF共同周期结构中的有限样本性质明显不同,具体表现在:当 $s \geq 2$ 时,不同情形下 ξ_{SF} 和 ξ_{SW} 统计量的拒绝频率接近100%。例如,N=2,T=200, $s \geq 2$ 时, $\xi_{SF}^{(2)}$ 和 $\xi_{SW}^{(2)}$ 的拒绝频率都是100%。对于 ξ_{WF} 统计量,各种情形下 $s \geq 1$ 时的拒绝频率略高于5%的名义显著性水平,在 $s \geq 2$ 时的拒绝频率略低于5%的名义显著性水平,但不同情形下ξ_{WF}统计量的检验势($s \geq 3$)都很高。例如,N=5,T=200时,$s \geq 1$,$s \geq 2$,$s \geq 3$的$\xi_{WF}^{(2)}$所对应的拒绝频率分别为10.2%,5.13%,100%。这就说明,在弱降秩结构共同周期中,在原假设成立时,ξ_{WF}的名义显著性水平接近实际显著性水平,特别是当共同周期数量正确设定时,名义显著性水平与实际显著性水平相差很小,但当原假设不成立时,ξ_{WF}统计量拒绝原假设的概率很高。

总之,表2-5至表2-8的结果说明,在两机制同质面板数据和异质面板数据模型中,ξ_{SF},ξ_{WF}和ξ_{SW}三个统计量能够较好地检验共同周期的存在,特别是能够较好地甄别弱降秩结构共同周期和强降秩结构共同周期,并能够较准确地判断共同周期的数量。

四、经济增长、消费和投资的共同周期检验

克恩等人(King et al.,1991)分别阐述了GDP、消费和投资的共同趋势与共同周期。近年来,随着经济发展水平的提高,中国步入经济结构转型期。经济结构转型可能改变了GDP、消费和投资之间的周期特征。本文选择华中地区的江西、湖北、湖南、安徽、河南五个省份的GDP(Y_{it})、消费(C_{it})和投资(I_{it})数据。样本期间选择为1978—2013年,三个变量全部用本地区消费价格指数转换为实际数据,并取自然对数。数据来源于《中国统计年鉴》。对上述变量使用面板单位根LLC统计量检验发现,这三个变量都是一阶差分平稳的单位根过程。

本文阈值变量q_i为人均实际GDP。根据发展经济学的相关理论,将阈值参数q_i的可能区间设定为[1500,2500],位置参数d的可能区间设定为[-1,-3]。由于本文选择了经济发展水平相近的华中地区五个省份的数据,因此,面板数据模型设定为固定效应的同质面板数据。首

先使用非线性最小二乘法对模型中的三个变量的协整关系进行估计,协整方程的结果为①:

$$\ln Y_{it} = \begin{cases} -2.63 + 1.00\ln(C_{it}) + 0.82\ln(I_{it}) + \hat{u}_{it} & q_{it-1} \leq 2050 \\ (-4.93)(5.44) \quad\quad (6.68) & \\ 1.02 + 1.31\ln(C_{it}) + 0.17\ln(I_{it}) + \hat{u}_{it} & q_{it-1} > 2050 \\ (4.15)(2.26) \quad\quad (5.12) & \end{cases} \quad (2-42)$$

根据模型(2-42)估计的位置参数 d 和阈值参数 γ,使用欧阳志刚(2012)提出的 Z_t^r 统计量检验华中地区五省的 GDP、消费和投资是否存在面板阈值协整关系,计算得到 Z_t^r 统计量值为 6.89,可在 5% 的显著性水平上拒绝不存在协整关系的原假设,表明模型(2-42)的估计结果就是含机制转移的面板协整关系的估计结果。从阈值参数的估计结果看,华中地区五省的 GDP、消费和投资的长期结构关系在人均实际 GDP 约为 2050 元的发展阶段开始发生机制转移。从人均实际 GDP 为 2050 元对应的时期来看,机制转移的时期大约发生在 21 世纪初期。从阈值协整向量的估计结果看,机制转移前后,GDP、消费和投资都保持了同向的长期变化关系,这就表明,刺激消费和增加投资始终对 GDP 的长期趋势产生正向推动作用,这一结论与经济理论和我国的经济实践相吻合。从消费和投资对 GDP 的重要性来看,机制转移以前,GDP 对消费的弹性为 1.00,对投资的弹性为 0.82,表明消费和投资增加 1%,分别能够给 GDP 带来 1.0% 和 0.82% 的增加,两者相差不大。机制转移以后,GDP 对消费的弹性增加到 1.31,对投资的弹性下降到 0.17,由此表明投资对 GDP 的拉动作用减弱了,消费对 GDP 的拉动作用加强了,因此,现阶段拉动 GDP 应着力刺激消费。

---

① 括号内数据为 t 统计量值,R^2 为 0.987。

基于上述结果,分别在两个机制中计算共同周期检验统计量 ξ_{SF},ξ_{WF},ξ_{SW}。由于本文选择了经济发展水平相似的五个省份,因此,这里选择同质面板数据的共同周期检验。结果见表 2-9。

表 2-9 共同周期检验统计量的计算结果

原假设	机制 I ($q_{it-1} \leq 2050$)						机制 II ($q_{it-1} > 2050$)					
	$\xi_{SF}^{(1)}$		$\xi_{WF}^{(1)}$		$\xi_{SW}^{(1)}$		$\xi_{SF}^{(2)}$		$\xi_{WF}^{(2)}$		$\xi_{SW}^{(2)}$	
	计算值	临界值	计算值	临界值	计算值	临界值	计算值	临界值	计算值	临界值	计算值	临界值
$s \geq 1$	22.1	37.7	21.7	31.4	9.5	11.1	17.5	37.7	21.5	31.4	9.9	11.1
$s \geq 2$	80.3	79.1	68.8	67.5	19.6	18.3	96.4	79.1	75.2	67.5	13.1	18.3
$s \geq 3$	117	124	102	113	29.2	25.0	105	124	107	113	21.8	25.0

注:表中临界值是5%显著性水平对应的临界值。

从机制 I 的检验结果看,原假设 $s \geq 2$ 时 $\xi_{SW}^{(1)}$ 统计量值大于对应5%的临界值,拒绝原假设,表明在 $q_{it-1} \leq 2050$ 时期,GDP、消费和投资之间是弱降秩结构共同周期。再从 $\xi_{WF}^{(1)}$ 统计量的计算结果看,$s \geq 2$ 时统计量值大于临界值,拒绝原假设,表明存在两个共同周期。因此,共同周期的检验结果表明,在经济发展水平较低的时期,华中地区五省的GDP、消费和投资之间存在弱降秩结构共同周期。弱降秩结构共同周期结果表明三个变量周期成分的同步性相对较弱。

从机制 II 的检验结果看,不同原假设下 $\xi_{SW}^{(2)}$ 统计量值都小于对应的临界值,不能拒绝原假设,表明在 $q_{it-1} > 2050$ 时期,GDP、消费和投资之间是强降秩结构共同周期。进一步地,根据 $\xi_{SF}^{(2)}$ 的检验结果,$s \geq 2$ 时统计量的计算值为96.4,大于对应5%的临界值79.1,拒绝原假设。由此表明,在经济发展水平较高的时期,华中地区五省的GDP、消费和投资之间存在两个共同周期,且共同周期特征为强降秩结构共同周期。强降秩结构共同周期结果表明GDP、消费和投资的周期成分的同步性相对较强,波动特征更为相近。

五、结论

经济变量的协同波动是应用经济研究中长期关注的热点领域,现有的共同周期检验方法一般基于线性时间序列数据的 VECM 模型展开。这就隐含地假定了整个样本期间内,经济变量的共同周期特征相同。这一假定与许多非线性研究的结论相违背。为放松这一假定并同时提高共同周期检验的有限样本性质,本文首先提出两机制非线性面板 VECM 模型,并将现有共同周期检验方法扩展至两机制面板 VECM 模型,提出非平稳面板数据的非线性共同周期检验方法。在检验过程中,本文根据共同周期的不同特征,将共同周期区分为强降秩结构共同周期和弱降秩结构共同周期,并分别提出强降秩结构共同周期检验统计量 ξ_{SF},弱降秩结构共同周期检验统计量 ξ_{WF},以及区分为强降秩结构和弱降秩结构的 ξ_{SW} 统计量。

本文研究表明,在两机制非线性面板 VECM 模型中,基于约束的 ξ_{SF},ξ_{WF} 和 ξ_{SW} 统计量的极限分布都是卡方分布。本文进一步设定仿真实验研究上述三个统计量的有限样本性。在仿真实验的数据生成过程中,我们分别设定同质面板 VECM 和异质面板 VECM,并且每一种面板 VECM 中都分别设定了强降秩结构和弱降秩结构。仿真实验表明,ξ_{SF},ξ_{WF} 和 ξ_{SW} 统计量的有限样本性质在同质面板数据和异质面板数据中没有显著差异。具体而言,ξ_{SW} 统计量具有较小的水平扭曲和很高的检验势,这就说明,使用 ξ_{SW} 能够较好地区分强降秩结构和弱降秩结构数据生成过程。在强降秩结构共同周期中,ξ_{SF} 和 ξ_{WF} 的有限样本性质基本相似,它们都表现出较小程度的水平扭曲和较高的检验势。在弱降秩结构共同周期中,ξ_{WF} 仍然表现出较小程度的水平扭曲和较高的检验势,而 ξ_{SF} 统计量的水平扭曲程度非常高。因此,ξ_{SF} 和 ξ_{WF} 各自具有良好的有限样本性质。

第三节 结构变化的共同趋势与共同周期的检验与分解

一、含结构变化的 VECM 模型

对于 I(1) 过程的 n×1 向量 X_t,含结构变化的 VAR(q) 可表述为:

$$\begin{cases} X_t = \Phi_{11} X_{t-1} + \ldots + \Phi_{1q} X_{t-q} + \varepsilon_{1t} & t < T \\ X_t = \Phi_{21} X_{t-1} + \ldots + \Phi_{2q} X_{t-q} + \varepsilon_{2t} & t \geq T \end{cases} \quad (2\text{-}43)$$

这里,T 表示内生结构变化点。根据欧阳志刚(2014)的推导,模型(2-43)可重新表述为:

$$\begin{cases} X_t = \rho_1 X_{t-1} + \varphi_1^1 \Delta X_{t-1} + \varphi_2^1 \Delta X_{t-2} + \ldots + \varphi_{p-1}^1 \Delta X_{t-q+1} + \varepsilon_{1t} & t < T \\ X_t = \rho_2 X_{t-1} + \varphi_1^2 \Delta X_{t-1} + \varphi_2^2 \Delta X_{t-2} + \ldots + \varphi_{p-1}^2 \Delta X_{t-q+1} + \varepsilon_{2t} & t \geq T \end{cases} \quad (2\text{-}44)$$

其中,$\rho_1 = (\Phi_{11} + \Phi_{12} + \ldots + \Phi_{1q})$,$\rho_2 = (\Phi_{21} + \Phi_{22} + \ldots + \Phi_{2q})$,$\varphi_v^i = -(\Phi_{iv} + \ldots + \Phi_{iq})$,$v = 1, 2, \ldots, q-1$,$i = 1, 2$。将模型(2-44)两边减去 X_{t-1},得到:

$$\Delta X_t = \begin{cases} \alpha_1 \beta_1 X_{t-1} + \sum_{i=1}^{q-1} \varphi_{1i} \Delta X_{t-i} + \varepsilon_{1t} & t < T \\ \alpha_2 \beta_2 X_{t-1} + \sum_{i=1}^{q-1} \varphi_{2i} \Delta X_{t-i} + \varepsilon_{2t} & t \geq T \end{cases} \quad (2\text{-}45)$$

这里,$\alpha_1 \beta_2 = \rho_1 - I_n = -(I_n - \Phi_{11} - \ldots - \Phi_{1q})$,$\alpha_2 \beta_2 = \rho_2 - I_n = -(I_n - \Phi_{21} - \ldots - \Phi_{2q})$。模型(2-45)是包含结构变化的向量误差校正模型

(VECM),其中 α_1, α_2 为调节参数,β_1, β_2 为协整向量。如果 $\alpha_1\beta_1$ 和 $\alpha_2\beta_2$ 都是非零矩阵,则结构变化前后的 X_t 就存在协整关系(待检验)。协整关系的存在表明 X_t 各变量之间具有长期均衡关系,这就意味着各变量的长期趋势成分存在线性相关,由此体现 X_t 的长期趋势成分的"共同"特征,基于此分解得到的经济增长与通货膨胀的共同趋势就体现它们之间的长期均衡。进一步地,由于模型(2-45)所表示的结构变化前后的调节参数和协整向量都发生变化,由此意味着 X 所包含变量的共同趋势也发生了结构变化,这正是长期结构关系的变化。

二、共同趋势的定义与检验方法

由协整理论可知,存在协整关系就表明存在共同趋势。因此,检验 X_t 的共同趋势转变为检验 X_t 存在协整关系,检验 X_t 共同趋势发生结构变化就是检验 X_t 的协整关系是否发生结构变化。本项目对此的估计和检验包括:①检验 X_t 各变量是否为单位根过程。②由上述模型的表述可知,模型(2-45)中协整向量和调节参数的结构变化源自模型(2-43)的结构变化,因此,根据欧阳志刚(2014)的研究,协整向量和调节参数的结构变化是由模型(2-43)确定。本项目使用威泽(Weise,1999)所提出的 F 型统计量检验模型(2-43)的结构变化。③在结构变化已知的情形下,参考贾尔斯和戈德温(Giles and Godwin,2012)使用约翰森(Johansen,1991)的迹统计量检验 X_t 的协整关系。④一旦检验结果发现 X_t 存在协整关系,再使用约翰森(1991)的方法分别检验 $t < T$ 和 $t \geq T$ 对应的协整关系数量,并估计协整向量。⑤在获得结构变化点后,使用汉森和希(Hansen and Seo,2002)的方法估计模型(2-45)。

三、相依周期的定义与检验方法

协整检验确认了 X_t 中各变量的共同趋势及其相应的长期均衡关系,对于单位根变量 X_t 而言,褪去趋势成分后剩余的就是短期周期成分。瓦希德和恩格尔(Vahid and Engle,1993)认为如果一组单位根变量的短期周期成分存在线性相关就表明它们具有相依周期。瓦希德和恩格尔(Vahid and Engle,1993)将相依周期的检验扩展至 VECM 模型:对于模型(2-45)如果存在某个线性组合褪去了 ΔX_t 中各时间序列的序列相关特征,就意味着 X_t 中各变量的周期成分存在线性相关,此时称 X_t 的周期成分具有相依性[①]。埃克(Hecq,2009)针对两机制 VECM 提出相依周期的检验方法。本项目将埃克(2009)的基本检验思想扩展至模型(2-45),提出含结构变化的相依周期检验方法。模型(2-45)所表述的 X_t 具有结构变化的相依周期,是指以下两组条件中至少一组条件成立(条件1,2 和条件3,4)。对于 $t < T$ 时(简称结构变化前),如果存在 $(n \times s_1)$ 维矩阵 δ_1,使得条件1:$\delta_1' \alpha_1 \beta_1' = 0_{(s_1 \times n)}$ 和条件2:$\delta_1' \varphi_{1i} = 0_{(s_1 \times n)}$ 同时成立,就称结构变化前 X_t 存在 s_1 个相依周期。当 $t \geq T$ 时(简称结构变化后),如果存在 $(n \times s_2)$ 维矩阵 δ_2,使得条件3:$\delta_2' \alpha_2 \beta_2' = 0_{(s_2 \times n)}$ 和条件4:$\delta_2' \varphi_{2i} = 0_{(s_2 \times n)}$ 同时成立,就称结构变化后 X_t 存在 s_2 个相依周期。可以看出,这样定义的相依周期是指线性组合完全褪去了 ΔX_t 的序列相关,使之成为白噪音[②]。但根据瓦希德和恩格尔(Vahid and Engle,1997)的定义,如果某个线性组合降低了 ΔX_t 中各序列的序列相关阶数,也称

---

① 具体推导过程详见瓦希德和恩格尔(1993)。
② 可将模型(2-45)两边分别同乘以 δ_1,δ_2,便能清楚相依周期的含义。

X_t 存在相依周期。根据这一定义,仅需条件 2 或条件 4 成立,就意味着 X_t 存在相依周期。能够看出,前一种定义所表述的 X_t 周期成分的相依性更强,称为强相依周期(简记 SF),而后一种表述所定义的 X_t 周期成分的相依性较弱,称为弱相依周期(简记 WF)。

为实现相依周期存在性检验,以及实现 SF 对 WF 的检验,参照埃克(Hecq,2009)提出的相依周期检验方法,分别对模型(2-45)结构变化前和结构变化后的情形检验相依周期的存在和数量。以 t_1 和 r_1 表示结构变化前($t<T$)的样本容量和协整向量的数量,t_2 和 r_2 表示结构变化后的样本容量和协整向量的数量。以结构变化前为例,定义 $t_1 \times n$ 维的矩阵 $W_1 = \Delta X = (\Delta X_1, \ldots, \Delta X_{t_1-1})'$,$X_{-1} = (X_0, \ldots, X_{t_1-1})'$。$Z_1 = \Delta X^*$,其中 ΔX^* 是 ΔX 对 $X_{-1}\beta_1$ 的多元回归的残差。$t_1 \times n(q-1)$ 矩阵 $Z_2 = (\Delta X^*_{-1} \ldots \Delta X^*_{-q+1})$,$t_1 \times (n(q-1)+r_1)$ 矩阵 $W_2 = [Z_2, Y_{-1}\beta_1]$。当为 SF 相依周期时,存在 s_1 个相依周期的原假设为 $H_0^{SF}: rank(\delta) \geq s_1$,对应备择假设为 $H_1^{SF}: rank(\delta_1) < s_1$。检验统计量为[①]:

$$\xi_{SF} = -t_1 \sum_{i=1}^{s_1} \log(1-\lambda_i) : \chi^2_{s_1(7(q-1)+r_1)-s_1(n-s_1)} \quad s_1 = 1, \ldots, n-r_1$$

(2-46)

这里 λ_i 为矩阵 $(W_1'W_1)^{-1/2}W_1'W(W'W)^{-1}W'W_1(W_1'W_1)^{-1/2}$ 的特征根,且有 $0 \leq \lambda_1 \leq \ldots \leq \lambda_{n-r_1} \leq 1$。在原假设下,统计量 ξ_{S_1} 服从自由度为 $s_1(n(q-1)+r_1)-s_1(n-s_1)$ 的 χ^2 分布,拒绝原假设表明结构变化前 X_t 至少存在 s_1 个相依周期。类似于 SF 结构,当相依周期为 WF 时,在原假设 $H_0^{WF}: rank(\delta) \geq s_1$ 下,至少 s_1 个相依周期的检验统计量为:

$$\xi_{WF} = -t_1 \sum_{i=1}^{s_1} \log(1-\hat{\lambda}_i) : \chi^2_{s_1(n(q-1))-s_1(n-s_1)} \quad s_1 = 1, \ldots, n-r_1$$

(2-47)

---

① 该统计量分布的推导见瓦希德和恩格尔(Vahid and Engle,1993)。

这里 $\hat{\lambda}_i$ 为矩阵 $(Z_1'Z_1)^{-1/2}Z_1'Z(Z'Z)^{-1}Z'Z_1(Z_1'Z_1)^{-1/2}$ 的特征根,并且 $0 \leq \hat{\lambda}_1 \leq \ldots \leq \hat{\lambda}_{n-r_1} \leq 1$。在原假设下,$\xi_{WF}$ 服从自由度为 $s_1(n(q-1)) - s_1(n-s_1)$ 的 χ^2 分布。容易理解,ξ_{WF} 与 ξ_{SF} 分布的自由度差正好是 WF 与 SF 约束数量的差异 r_1s_1。进一步,检验 SF 对 WF 的原假设是 H_0^{SW}:X 为 SF 相依周期,备择假设 H_1^{SW}:X 为 WF 相依周期。检验统计量为:

$$\xi_{SW} = -t_1 \sum_{i=1}^{s_1} \log(1-\lambda_i)/(1-\hat{\lambda}_i) : \chi^2_{(r_1s_1)}$$
$$s_1 = \max(1, s_1 - r_1 + 1) \ldots n - r_1 \tag{2-48}$$

ξ_{SW} 服从自由度为 r_1s_1 的 χ^2 分布。容易看出,统计量 ξ_{SF} 用于检验本项目条件 1 和条件 2 是否联合成立,统计量 ξ_{WF} 是检验条件 1 是否成立。因此,相对于 ξ_{SF},ξ_{WF} 是施加约束条件的检验,而统计量 ξ_{SW} 正好用于检验约束(条件 2)是否成立。由此可见,ξ_{SF},ξ_{WF} 和 ξ_{SW} 本质上是一系列嵌套约束检验。对于结构变化后的相依周期,按照上述方法类似进行检验。

四、含结构变化的共同趋势和相依周期的分解

首先基于前述对模型(2-45)的协整向量数量和协整向量的估计结果,使用汉森和希(Hansen and Seo, 2002)的方法估计调节参数 α_1,α_2,系数矩阵 φ_{1i},φ_{2i}。定义虚拟变量 $D_{1t} = 1, t < T$;$D_{2t} = 1, t \geq T$。在此基础上,记 $\Gamma_1(L) = (I_n - \varphi_{11}L - \ldots - \varphi_{1q-1}L^{q-1}) = \Gamma_1(1) + \Delta\Gamma_1^*(L)$,$\Gamma_1(1) = I_n - \varphi_{11} - \ldots - \varphi_{1q-1}$,$\Gamma_2(L) = I_n - \varphi_{21}L - \ldots - \varphi_{2q-1}L^{q-1} = \Gamma_2(1) + \Delta\Gamma_2^*(L)$,$\Gamma_2(1) = I_n - \varphi_{21} - \ldots - \varphi_{2q-1}$,$\Gamma_{1j}^* = \sum_{i=j+1}^{q-1}\Gamma_{1i}$,$\Gamma_{2j}^* = \sum_{i=j+1}^{q-1}\Gamma_{2i}$,$\Gamma_1^*(L) = \Gamma_{10}^* + \Gamma_{11}^*L + \ldots + \Gamma_{1q-2}^*L^{q-2}$,$\Gamma_2^*(L) = \Gamma_{20}^* + \Gamma_{21}^*L + \ldots + \Gamma_{2q-2}^*L^{q-2}$,$\pi_1 = (\Gamma_1(1) - \alpha_1\beta_1')^{-1}\alpha_1[\beta_1'(\Gamma_1(1) - \alpha_1\beta_1')^{-1}\alpha_1]^{-1}\beta_1'$,$\pi_2 = (\Gamma_2(1) - \alpha_2\beta_2')^{-1}\alpha_2[\beta_2'(\Gamma_2(1) - \alpha_2\beta_2')^{-1}\alpha_2]^{-1}\beta_2'$。

记 X_t 的共同趋势成分为 X_t^R,相依周期成分为 X_t^C。在存在共同趋势并且 $t<T$ 时为弱相依周期,$t \geq T$ 时为强相依周期的情形下,X_t 的分解结果为:

$$X_t^R = (I-\pi_1)(\Gamma_1(1)-\alpha_1\beta_1^{'})^{-1}\alpha_{1\perp}(\alpha_{1\perp}^{'}\alpha_{1\perp})^{-1}\alpha_{1\perp}^{'}\Gamma_1(L)D_{1t}X_t +$$
$$(I-\pi_2)(\Gamma_2(1)-\alpha_2\beta_2^{'})^{-1}\alpha_{2\perp}(\alpha_{2\perp}^{'}\alpha_{2\perp})^{-1}\alpha_{2\perp}^{'}\Gamma_2(L)D_{2t}X_t$$
(2-49)

$$X_t^C = X_t - X_t^R \tag{2-50}$$

第四节 内生结构变化持久冲击与短期冲击的分解

贡萨洛和吴(Gonzalo and Ng,2001)在 VECM 框架下推导了持久冲击和短期冲击的分解方法,本项目参考该方法,提出含结构变化的持久冲击和短期冲击的分解方法。内生结构变化 VECM 模型对应移动平均表达式为:

$$\Delta X_t = \begin{cases} C_1(L)\varepsilon_{1t} & t < T \\ C_2(L)\varepsilon_{2t} & t \geq T \end{cases} \tag{2-51}$$

这里,系数矩阵 C_1,C_2 可由相应的诱导型 VAR 模型系数计算得到。基于模型(2-51)可以计算各种随机冲击(ε_{1t} 或 ε_{2t})对 ΔX_t 的动态效应,但各种随机冲击既可能形成持久效应也能形成短期效应[1],模型(2-51)无法对此区分。参考贡萨洛和吴(2001)的方法,持久冲击和短期冲击

---

[1] 例如,货币冲击如果仅限于流通领域,其对经济增长的影响是短期的;如果货币冲击进入实体经济,例如货币政策的定向调控改变特定企业的投资或就业,货币冲击对经济增长就有可能形成持久效应。

的分解方法如下:由前述模型(2-45)构造矩阵 $G_1 = (\alpha_{1\perp}', \beta_1')'$,$G_2 = (\alpha_{2\perp}', \beta_2')'$,其中 $\alpha_{1\perp}'$ 为 $(n-r_1) \times n$ 维矩阵,$\alpha_{2\perp}'$ 为 $(n-r_2) \times n$ 维矩阵。由协整理论可知,VECM 中的调节参数反映的是协整关系对变量短期变化的调整,其正交补($\alpha_{1\perp}'$ 或 $\alpha_{2\perp}'$)所隐含的是,$\alpha_{1\perp}'$ 或 $\alpha_{2\perp}'$ 提取了 X_t 各变量中不受协整关系所调节的随机冲击的长期成分,剔除的是各变量随机冲击的短期成分,因此 $\alpha_{1\perp}'\varepsilon_{1t}$,$\alpha_{2\perp}'\varepsilon_{2t}$ 提取的是对 X_t 具有持久效应的持久冲击,它们形成结构变化前后 X_t 中的趋势。因此对 X_t 的持久性冲击分解结果是 $ur_t = D_{1t}(\alpha_{1\perp}'\varepsilon_{1t}) + D_{2t}(\alpha_{2\perp}'\varepsilon_{2t})$,相对应地,$D_{1t}(\beta_1'\varepsilon_{1t}) + D_{2t}(\beta_2'\varepsilon_{2t})$ 构成 X_t 中的短期周期成分,因此 X_t 的短期随机冲击的分解结果就是 $uc_t = D_{1t}(\beta_1'\varepsilon_{1t}) + D_{2t}(\beta_2'\varepsilon_{2t})$。进一步记 $u_t = (ur_t, uc_t)'$,上述分解过程可表述为:

$$\Delta X_t = D_{1t}(C_1(L)G_1^{-1}G_1\varepsilon_{1t}) + D_{2t}(C_2(L)G_2^{-1}G_2\varepsilon_{2t}) = A(L)u_t$$
$$= \begin{bmatrix} B_{11} & B_{12} \\ B_{21} & B_{22} \end{bmatrix} \begin{bmatrix} ur_t \\ uc_t \end{bmatrix} \tag{2-52}$$

容易看出,模型(2-52)中等号右边前 $(n-r)$ 行是持久冲击对 X_t 的持久效应,后 r 行是短期冲击对 X_t 的短期效应。由于短期冲击对 X_t 的累积效应为零,因此,$B_{12}(1) = 0$,$B_{22}(1) = 0$。这样分解的随机冲击 u_t 的各系列之间可能存在相关性,因此,需要对 u_t 进行正交变换。为此,以 H 表示 u_t 的协方差矩阵的 Cholesky 分解的下三角矩阵,对 u_t 进行正交变换后的结果就是 $\eta_t = (H_1^{-1}D_1 + H_2^{-1}D_2)u_t$。这样,模型(2-52)变换为:

$$\Delta X_t = D_{1t}(C_1(L)G_1^{-1}H_1H_1^{-1}G_1\varepsilon_{1t}) + D_{2t}(C_2(L)G_2^{-1}H_2H_2^{-1}G_2\varepsilon_{2t})$$
$$= A^*(L)\eta_t \tag{2-53}$$

由模型(2-53),$\sum_{j=0}^{l} A_j^*$ 的前 $(n-r)$ 行就是持久性冲击的效应,

后 r 行就是短期冲击的效应。由于我们习惯解释 X_t 如何随着持久冲击和短期冲击而变化,而模型(2-53)只能直接解释持久冲击和短期冲击对 ΔX_t 的影响。为获得习惯的解释,依据吕特克波尔和赖默斯(Lutkepohl and Reimers,1992)的方法构造脉冲响应函数的形式:

$$\Phi_l = \begin{Bmatrix} \sum_{j=0}^{l} C_{1j}, & l = 1,2,\dots, & t < T \\ \sum_{j=0}^{l} C_{2j}, & l = 1,2,\dots, & t \geq T \end{Bmatrix} \quad (2-54)$$

一旦我们获得 Φ_l,模型(2-54)转化为:

$$\begin{aligned} X_t &= D_{1t}(\Phi_1(L) G_1^{-1} H_1 H_1^{-1} G_1 \varepsilon_{1t}) + D_{2t}(\Phi_2(L) G_2^{-1} H_2 H_2^{-1} G_2 \varepsilon_{2t}) \\ &= \Theta(L) \eta_t \end{aligned} \quad (2-55)$$

这样,系数矩阵 Θ_l 就度量了正交的持久冲击和短期冲击对 X_t 的动态效应,因此,基于模型(2-55)可以获得脉冲响应函数和方差分解的结果。

第三章 中国经济增长的趋势与周期波动的国际协同

第一节 引言

改革开放 40 多年来,中国经济与国际经济逐步接轨,特别是在 2001 年中国成功加入 WTO 后,国际经济波动对中国经济的影响越来越大,中国与国际经济波动的协同性也大幅度提高。这些事实意味着,来自于国际经济的外部冲击很可能是影响中国经济波动的重要因素。如果中国经济强烈地受到国际经济冲击的影响,那么,中国当前保增长的宏观经济政策就不能仅仅关注国内宏观经济的运行态势,还必须同时兼顾国际经济冲击的变化及其对中国的影响,否则宏观经济调控政策可能无效。由此而提出的问题是:中国经济与国际经济是否存在显著的协同波动?中国经济波动的国际协同来源于何种冲击?国际共同冲击、外国冲击如何影响中国经济增长的趋势与周期?出于对上述问题的研究动机,本章将使用共同趋势与共同周期的分解和检验方法,揭示中国经济与国际经济波动的协同性,在此基础上,本章进而使用非线性因子模型,分解中国经济增长的趋势成分和周期成分所受到的国际共同冲击、外国冲击,并刻画国际共同冲击、外国冲击对中国经济波动的影响。基于上述结果,揭示当前中国经济增长面临的国际环境和中国经济增长的未来趋势。

随着国际贸易和跨国投资的快速发展,各国经济往来日益密切,经济全球化和区域经济一体化逐步加深,各国经济波动的相互影响、协同变化的趋势越来越明显。基于这种现实,斯托克曼等人(Stockman et al.,1995)将 RBC 理论扩展至多国模型,提出国际经济周期理论,以此研究国家间经济波动的协同性及其原因。其基本思想是,国家间经济波动协同的来源是国际共同冲击以及外国冲击的溢出效应。国际共同冲击是对所有国家都有作用的随机冲击,例如世界石油价格的冲击和全球需求冲击等。外国冲击产生于其他国家内部,如一国税收制度发生重大改变而形成的冲击。外国冲击不仅对该国经济产生作用,外国冲击还通过贸易、投资等传导渠道对与之有密切经贸联系的其他国家产生冲击效应,而其他国家的经济波动又会进一步通过贸易、投资等传导渠道影响到更多的国家。这种经济波动的传导效应被称为溢出效应。国际经济波动的协同正是国际共同冲击和外国冲击溢出效应的联合作用的结果。

基于上述基本思想,国际经济周期的经验研究主要集中于回答三个问题:国际经济波动协同是否存在,国际经济波动协同的原因以及国际经济波动协同的传导渠道。早期的文献主要是检验国际经济波动的协同,以此回答国际经济周期的存在。卡诺瓦和德拉斯(Canova and Dellas,1993)的研究表明,国家间的主要宏观经济变量表现出很强的正相关,经济波动的协同特征明显。安布勒等人(Ambler et al.,2004)对 19 个工业国家的数据进行研究后发现,国家间的经济周期呈现弱的正相关,即使是在金融市场一体化的现阶段,国家间的经济周期也没有显著协同。达瓦斯和萨帕里(Darvas and Szapáry,2007)使用动态因子模型研究了欧盟国家经济周期的共同特征,发现这些国家 GDP 的周期波动具有显著的协同性。

国际经济周期所关注的三大问题实质上是紧密关联、密不可分的,因此,近期相关研究虽然有所侧重地对国际经济周期形成的原因进行分析,但一般都是同时与其他问题结合在一起,而不仅仅限于对某一个问题进行讨论。诺尔宾和施拉根豪夫(Norrbin and Schlagenhauf,1996)将行业产出的波动来源分解为国际共同冲击、国别冲击和行业冲击,并发现国别冲击是产出波动的主要因素[①]。克拉克和茜恩(Clark and Shin,1999)使用因子 VAR 模型研究了国内和国家间经济周期形成的原因,结果表明国家间的共同冲击对国际经济周期波动的贡献较小,国别冲击对国际经济周期的形成具有重要作用。斯托克和沃森(Stock and Watson,2005b)使用结构 VAR 模型,研究 G7 国家受到的国际共同冲击、外国冲击以及国内冲击对本国经济波动的影响,发现除日本外,G7 国家经济的波动随国际冲击幅度的下降而下降,G7 国家的经济周期表现出明显的协同性。科塞特等人(Koseet et al.,2008)使用动态因子模型估计了 G7 国家宏观经济变量的共同冲击和国别冲击,发现共同冲击是形成 G7 国家宏观经济变量协同波动的最重要因素,相对于布雷顿森林体系时期,全球化时期国际经济周期的协同性提高了。巴利亚诺和莫拉纳(Bagliano and Morana,2010)基于因子结构 VAR 模型的研究发现,共同的国际冲击、共同的传导渠道以及国别冲击形成了 G7 国家经济周期的协同,共同的国际冲击与本国冲击对国际经济周期协同的形成相对更为重要。

上述文献考察的国际共同冲击、本国冲击、外国冲击对本国的动态

---

① 国别冲击又称为国家特质冲击,包括本国冲击和外国冲击。

冲击效应都是线性的,也就是说,无论是国际经济繁荣时期还是国际经济衰退时期,国际共同冲击、国家特质冲击在各国之间的传导都没有发生显著的变化。这一结论与国际经济实践可能明显不符。例如,在国际经济衰退时期,各国为维护本国经济增长,一般倾向于采取贸易保护政策,减少从国外的商品进口,维持本国的就业率。近期,美国、欧盟、印度等经济体频繁对中国出口商品实施的反倾销、反补贴就是典型事例。在这种情形下,国际商品流动受到抑制,国际冲击和外国冲击对本国经济的动态冲击效应发生变化,国际经济波动的协同性也随之发生改变。一些学者对此展开了研究,迪博尔德和鲁德布施(Diebold and Rudebusch,1996)认为在经济"好"的时期和"坏"的时期,经济周期协同可能发生转换,基于此,他们使用马尔科夫机制转移的动态因子模型分析了经济周期的非线性协同效应。亨利等人(Henry et al.,2002)使用非线性 ARMA 模型研究发现,美国和加拿大的经济增长率具有协同性,随机冲击对经济增长的动态效应随着经济衰退程度的不同而有非对称性。葛房和斯特拉坎(Gefang and Strachan,2010)以经济增长为阈值变量,使用平滑机制转移的 VAR 模型研究了美国、德国、法国的冲击对英国的影响,发现这些国家的经济波动具有协同性。在不同经济周期阶段,外国冲击对英国经济增长具有非线性效应。但亨利等人(2002)、葛房和斯特拉坎(2010)的模型不能区分经济波动的国际协同是来自于国际共同冲击还是外国冲击。基于此,本章将使用动态因子模型扩展葛房和斯特拉坎(2010)的模型,研究不同经济周期阶段,国际共同冲击、外国冲击对中国经济增长的非线性动态效应。

国内学者对国际经济周期协同进行了富有成效的研究:彭斯达和陈继勇(2009)选取一组主要宏观经济变量,使用 HP 滤波和相关系数的方法度量了中美两国经济周期的协同性,发现中美两国经济周期在现阶段的协同性较弱,但显示出逐渐增强的趋势。袁富华等人(2009)在对中国、美国、日本和欧盟的研究中发现,存在两种力量左右着中国经济与世界经济的联动,一种是日益扩大的对外经济联系具有使中国经济波动收敛于世界经济波动的倾向,一种是国内特殊的投资和消费模式具有使中国经济波动脱钩于世界经济波动的倾向。程惠芳和岑丽君(2010)首先使用同步化指数度量了中国与 27 个贸易伙伴国家的相关性,以此衡量国际经济周期的协同性,并发现双边贸易强度、FDI 强度、产业结构相似性与 GDP 周期协动性呈显著正相关关系。类似地,李磊等人(2011)度量了中国与 OECD 国家经济周期的同步性,并发现双边贸易强度、金融与投资开放度、产业结构的相似程度都将显著地增加中国同 OECD 国家的经济周期同步性。张兵和李翠莲(2011)使用因子分析和聚类分析,讨论了金砖四国通货膨胀的周期协同性,发现金砖四国通胀的周期协同很大程度来自于世界通胀波动的冲击和发展中大国因素的综合作用。

  从上述解析可以看出,当前国际文献主要是基于因子模型,研究国际共同冲击、国别冲击对国际经济波动协同的影响。这些研究中一般是以经济增长率度量经济波动,如蒙福特等人(Monfort et al.,2003)。由于经济增长率是周期成分增长率和趋势成分增长率的叠加,因此,这种度量方法就将经济增长的周期波动协同和趋势波动协同混在一起,而区分经济增长中的趋势波动和周期波动具有重要的宏观经济政策意义。另一种度量方法是把 GDP 滤波后的周期成分看成是经济波动,如斯托克和沃森(Stock and Watson,1998),这种方法仅考虑经济增长周期成分的协同而把趋势成分丢弃不管,并且,现有文献在使用滤波方法分解 GDP 的过程中仅是分别对单个国家进行计算。如果国家间存在经济波动协同,则对国家间 GDP 进行的趋势与周期的分解就应该在具有协同关系的基础上进行分解,否则就有可能导致周期分解结果的偏差。从国内文献看,既有研究主要还是对中国与国际经济周期协同的存在性展开探讨,而对于中国与国际经济周期协同性是源自国际共同冲击还是源自外国冲击的溢出效应,还少有文献涉及(袁富华等人[2009]除外)。本章将使用共同趋势与共同周期的方法检验中国经济波动的国际协同,并在共同趋势和共同周期的约束下,对各国GDP进行趋势和周期分解,基于此,分别对GDP的趋势成分与周期成分建立非线性因子VAR模型,以此研究国际共同冲击、外国冲击以及本国冲击对中国经济增长的趋势成分和周期成分产生的效应。因此,相对于现有文献,本章的创新主要体现在三个方面:首先,本章是使用共同趋势和共同周期检验国际经济协同,这种方法可以区分中国经济增长的国际经济协同是周期成分协同还是趋势成分协同。其次,本章进行的趋势与周期分解是在国际经济协同的约束下展开的,这一方法更吻合现实。最后,本章在非线性框架下,揭示不同国际经济周期阶段,国际共同冲击、国别冲击对中国经济波动的动态效应。

第二节 国际经济增长的共同趋势与共同周期的检验与分解

如果各国GDP是具有单位根特征的随机变量,那么GDP中就含有趋势成分与周期成分。趋势成分包括确定性趋势与随机趋势。确定性趋势是由投入要素的增长、技术进步和经济结构升级等因素所导致的经济增长,反映一国经济增长的长期确定性趋势,其基本特征是随时间推延而持续增加,因此,GDP中的确定性趋势主要取决于本国因素,国家间经济增长的协同是指随机趋势和周期成分的协同[①]。由于随机趋势和周期成分分别形成 GDP 中的长期成分和短期成分,因此区分 GDP 中的随机趋势和周期成分,对于认知 GDP 的波动特征,对于有针对性的宏观经济政策的制定具有重要意义。基于此,本章首先检验各国 GDP 的随机趋势和周期成分是否协同,进而在随机趋势和周期成分协同的约束下分解各国 GDP 中的随机趋势和周期成分。

一、共同趋势和共同周期的检验方法

假定 y_t 为褪去确定性趋势的 n 维 $I(1)$ 变量,对应平稳向量 Δy_t 有如下的 Wold 表述:

$$\Delta y_t = C(L)\varepsilon_t \tag{3-1}$$

这里 $C(L)$ 为滞后算子 L 的矩阵多项式,由多项式分解表达式 $C(L) = C(1) + \Delta C^*(L)$,模型(1)可等价写成 $\Delta y_t = C(1)\varepsilon_t + \Delta C^*(L)\varepsilon_t$。瓦希德和恩格尔(Vahid and Engle,1993)对此进一步整理得到:

$$y_t = C(1)\sum_{s=0}^{\infty}\varepsilon_{t-s} + C^*(L)\varepsilon_t \tag{3-2}$$

模型(3-2)右边第一项为 y_t 的随机趋势,第二项为周期成分。若矩阵 $C(1)$ 为满秩 n,则模型(3-2)右边第一项为 n 个独立的随机游走,意味着 y_t 没有共同随机趋势。反之,若矩阵 $C(1)$ 的秩小于 n,表明 y_t 存

[①] 对中国而言,GDP 的确定性趋势主要是由劳动力供给、资本积累和制度变迁带来的增长,这些因素主要由中国内部决定,受到国际冲击的影响相对较小。因此,本章研究中没有考虑确定性趋势的国际协同。另外,来自于国际的共同需求冲击和共同供给冲击,以及国外的需求冲击和供给冲击,既可能对中国经济增长的随机趋势带来影响,也可能对中国经济增长的短期周期形成影响。基于上述,本章主要讨论 GDP 中随机趋势和周期成分的国际协同。

在协整关系,亦即能够对 y_t 的 n 个随机趋势施加线性约束,由此意味着 y_t 具有共同随机趋势。类似地,对于周期成分,若矩阵 $C^*(L)$ 为满秩,则 y_t 的周期成分不相关,若矩阵 $C^*(L)$ 的秩小于 n,则意味着存在某些线性组合能够褪去 y_t 周期成分的序列相关,由此表明周期成分具有共同性[①],独立的线性组合(线性约束)的个数就是共同周期的数量。埃克等人(Hecq et al.,2000)将上述针对 $C(1)$ 和 $C^*(L)$ 的约束检验转移至向量误差校正模型(VECM):

$$\Delta y_t = \sum_{i=1}^{p-1} \Gamma_i \Delta y_{t-i} + \alpha \beta' y_{t-1} + u_t \qquad (3-3)$$

这里,如果 y_t 不存在协整关系,$\alpha\beta$ 为零矩阵,否则,$\alpha\beta$ 的秩为 $r < n$(r 也是 $C(1)$ 的秩)。这就对 y_t 施加了协整约束(共同随机趋势约束),此时 α 为调节向量,β 为协整向量。因此,检验 y_t 的共同趋势就是检验 y_t 是否存在协整关系。对于模型(3-3),如果存在 $n \times s$ 矩阵 δ,并对模型(3-3)两边乘 δ',使得等式 $\delta'\Gamma_j^* = 0_{(s \times n)}$,$(j = 1...p-1)$ 和 $\delta'\alpha\beta' = 0_{(s \times n)}$ 同时成立。则意味着存在 s 个独立的线性组合褪去 Δy_t 的序列相关,并使 Δy_t 成为白噪音,此时表明 Δy_t 存在序列相关共同特征,由此意味着 y_t 的周期成分具有共同性(Hecq,2000)。因此检验 y_t 的共同周期就是检验矩阵 δ 是否存在,而 δ 的秩 s 就为共同周期的数量,δ 称为共同特征向量。检验共同周期的统计量如下:

$$C(s) = -(T - p - 1) \sum_{i=1}^{s} \log(1 - \lambda_i^2) \qquad (3-4)$$

其中 λ_i($i = 1,\cdots,s$)为 Δy_t 与变量($\Delta y_{t-1},\cdots,\Delta y_{t-p},\beta' y_{t-1}$)之间最小的 s 个典型相关系数。原假设为 Δy_t 至少存在 s 个共同周期,在原假设下,$C(s)$ 服从自由度为 $s[n(p-1)+r+s]$ 的 χ^2 分布。

---

① 因为是时间序列的周期成分,所以存在序列相关。一定的线性组合褪去了周期成分中的序列相关,意味着 y_t 中各元素的周期成分存在线性相关,由此称共同周期。这种情形下 Δy_t 的序列相关称为共同序列相关。

二、共同趋势与共同周期的分解方法

经由上述检验,若表明单位根向量 y_t 存在共同趋势和共同周期,埃克等人(Hecq et al.,2000)提出了多变量的共同趋势和共同周期的分解方法。具体如下,首先使用约翰森的方法确定模型(3-3)中协整向量数量 r ,估计协整向量 β 和调节参数 α ,以及模型(3-3)的其余参数。由于共同特征向量 δ 不唯一,从而共同周期的分解结果不唯一。为获得唯一的共同周期分解结果,类似于协整向量的标准化,埃克等人(Hecq et al.,2006)对 δ 进行正则变换,使其含有 s 维单位矩阵,记为 $\delta' = (I_s, \rho)$,其中 ρ 为 $s \times (n-s)$ 维矩阵。将 (I_s, ρ) 乘以模型(3-3),从而得到拟结构误差修正模型:

$$\begin{pmatrix} I_s & \rho \\ 0_{(n-s)\times s} & I_{n-s} \end{pmatrix} \Delta y_t = \begin{pmatrix} 0_{s\times n} & \cdots & 0_{s\times n} & 0_{s\times r} \\ \Gamma_1^* & \cdots & \Gamma_{p-1}^* & \alpha^* \end{pmatrix} \begin{pmatrix} \Delta y_{t-1} \\ \vdots \\ \Delta y_{t-p+1} \\ \hat{\beta}' y_{t-1} \end{pmatrix} + \begin{pmatrix} I_s & \rho \\ 0_{(n-s)\times s} & I_{n-s} \end{pmatrix} \varepsilon_t$$

(3-5)

相对于模型(3-3),模型(3-5)中协整关系保持不变,但由于施加了共同周期约束,模型(3-5)的调节参数和滞后项系数发生改变。因此,基于模型(3-5)的估计结果,就可得到在共同趋势与共同周期约束下的趋势与周期分解方法。为表述方便,将模型(3-5)改写为模型(3-6):

$$\Delta y_t = \gamma \beta' y_{t-1} + \sum_{j=1}^{p-1} \Pi_j \Delta y_{t-j} + \varepsilon_t \tag{3-6}$$

记 $P = [\Pi(1) - \gamma\beta']^{-1} \gamma \{\beta' [\Pi(1) - \gamma\beta']^{-1} \gamma\}^{-1} \beta'$,共同周期 $c_t =$

$Py_t - (I-P)\left[\Pi(1) - \gamma\beta'\right]^{-1}\sum_{j=0}^{p-1}\tilde{\Pi}_j\Delta y_{t-j}$,共同趋势的分解结果就为 $tr = y - c$,这里,$\Pi(1) = I - \Pi_1 - \cdots - \Pi_{p-1}$,$\tilde{\Pi}_j = \sum_{i=j+1}^{p-1}\Pi_i$。

三、国际经济增长的共同趋势与共同周期的检验与分解结果

(一) 数据说明

国际经济增长波动的协同是通过国家间的贸易、投资等渠道的传导效应,为此,本章样本选择中国、美国、日本、欧盟、韩国、印度、俄罗斯七个经济体。这样选择的原因如下:首先,中国、美国、欧盟、日本四个经济体是当今最大的经济体,GDP 总量将近世界 GDP 的 70%,因此,这四个经济体的波动代表了国际经济波动。其次,美国、日本、欧盟代表西方发达国家,韩国代表新兴工业化国家,印度、俄罗斯同属金砖国家,代表了新兴经济体[①]。再次,这六个经济体都是中国的主要贸易伙伴国(地区),因此,来自这六大经济体的随机冲击将对中国经济波动产生显著影响。此外,中国在加入 WTO 后与国际经济联系的紧密程度明显大于以前,为此,本章样本期间选择 2001Q1—2012Q4,数据来源于中经网。由于在中经网中,没有欧盟总量 GDP 数据,因此,我们选择六个经济体(除中国)以 2005 年为基期的 GDP 指数,以此度量经济增长。对于中国,本章首先用 CPI 指数将名义季度 GDP 换算为实际 GDP,然后用 X11 方法褪去季节趋势,再将其换算为以 2005 年为基期的 GDP 指数。选择 GDP 指数的另一个好处是,不用在不同货币单位间进行汇率换算,这样就可消除因汇率换算而带来的度量偏误。

通过观察上述七个经济体取自然对数的 GDP 指数,发现它们都有明显的确定性趋势,再对它们做 ADF 单位根检验,结果表明它们都是含

[①] 因为没有发现巴西 GDP 指数具有单位根性质,所以样本中没有选择巴西。

有确定性趋势的 I(1) 单位根过程。由于经济增长的确定性趋势一般不存在协同波动，为此，分别用取自然对数的 GDP 指数对截距项和时间趋势项做回归，再将回归残差分别记为 $ze, me, oe, re, he, ie, ee$。变量 $ze, me, oe, re, he, ie, ee$ 就度量了中国、美国、欧盟、日本、韩国、印度、俄罗斯七个经济体的经济增长中褪去确定性趋势的部分，换言之，它们是包含经济增长中随机趋势和周期成分的变量。

(二) 国际经济增长共同趋势与共同周期的检验结果

为实现共同趋势与共同周期的检验，记 $y = (ze, me, oe, re, he, ie, ee)'$。首先对 y 估计 VAR(p)，选择最优滞后期 p=3。基于此，对 y 进行 Johansen 协整检验，结果见表 3-1：

表 3-1　共同趋势的协整检验

原假设	迹统计量值	5%临界值	结论
无协整关系	215.9	125.6	拒绝
至多存在 1 个协整关系	137.3	95.7	拒绝
至多存在 2 个协整关系	92.1	69.8	拒绝
至多存在 3 个协整关系	49.6	47.8	拒绝
至多存在 4 个协整关系	29.4	29.8	接受

表 3-1 中迹统计量检验表明，y 存在 4 个协整向量，即 $r = 4$。这就说明样本中的七个经济体的经济增长具有共同随机趋势。本章进而基于模型(3-4)检验共同周期的数量，统计量 $C(s)$ 的计算值见表 3-2。

表 3-2　共同周期的检验

原假设	统计量 C(s)值	5%临界值	结论
H_{01}：至少存在 1 个共同周期	10.1	28.9	接受
H_{02}：至少存在 2 个共同周期	32.1	53.4	接受
H_{03}：至少存在 3 个共同周期	68.5	79.1	接受
H_{03}：至少存在 4 个共同周期	121.2	101.9	拒绝

由表3-2结果可知,原假设H_{01},H_{02},H_{03}对应的检验统计量值都小于5%临界值,不能拒绝原假设,原假设H_{04}对应统计量值为121.2,大于5%临界值,拒绝原假设,表明y_t之间存在3个共同周期。表3-1,3-2的综合检验结果证实了中国经济与国际经济存在协同关系,这种协同关系不仅包含经济增长的趋势成分协同,还包含周期成分的协同。由此意味着中国加强与主要贸易伙伴国家的经济贸易合作,有利于推动双边经济增长,特别是积极吸收发达国家(地区)高技术含量的投资,将有利于促进中国经济的长期持续发展。

(三)国际经济增长共同趋势和共同周期分解结果

为实现共同趋势与共同周期的分解,本章使用极大似然方法估计模型(3-5),再将其转化为模型(3-6)的表述形式,基于此分解各国样本期内经济增长的共同趋势与共同周期,结果见图3-1,3-2。

图3-1 经济增长中共同周期分解结果

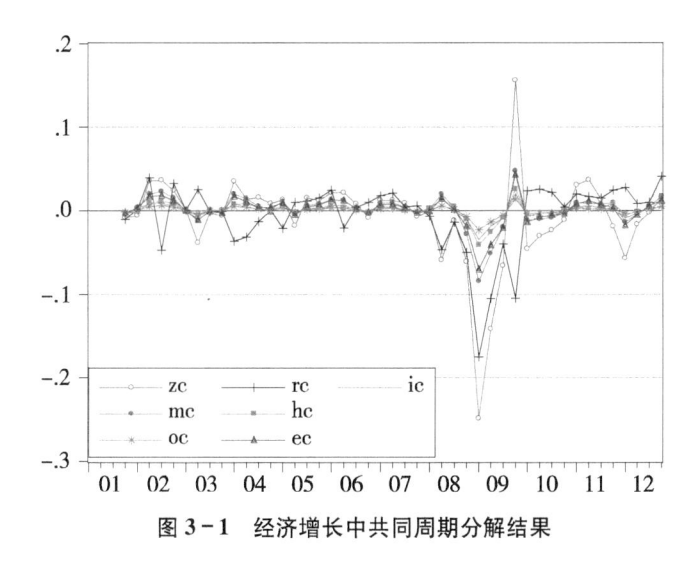

图3-1中zc,mc,oc,rc,hc,ec,ic分别为中国、美国、欧盟、日本、韩国、俄罗斯和印度的经济增长中共同周期的分解结果。从整体看,七个

经济体的周期成分具有较为显著的协同性。例如，2002年各经济体的周期成分都有一轮短暂的小幅回升过程。2003年下半年后，各经济体的周期成分小幅回落后再次反弹，但日本的周期成分反弹相对滞后，且持续时间较长，在2004年底才回升为正值。2008年后，受全球金融危机的影响，七个经济体的周期成分都有显著的下降过程，随后中国经济增长周期成分受宽松货币政策和财政政策的刺激而快速回升，但其他经济体周期成分的回升幅度相对较小，特别是日本的回升持续时间较长。2011年后，中国在金融危机时期刺激增长的财政政策和货币政策的短期效果发挥殆尽，周期成分快速回落，与此同时，其余经济体也出现下降趋势。为避免宏观经济二次探底，各经济体在2012年都采取了宽松的货币政策和财政政策，在这些政策的刺激下，七个经济体的周期成分在2012年底都出现了回升反弹的迹象，但幅度还是相对较小。

为进一步考察七个经济体周期成分的协同波动程度，本章计算了七个经济体周期成分的皮尔逊相关系数，可以发现，中国周期成分与美国、欧盟、韩国、俄罗斯和印度的相关程度都较高，其中与美国和韩国的相关程度分别达到0.93,0.89。但中国与日本的周期成分相关程度相对较低，只有0.45。这就说明，虽然从整体看，中国与其余六个经济体的周期成分具有显著的波动协同性，但协同程度不尽相同。从波动协同步调看，中国周期成分与其余经济体多数时期为同步协调，仅部分时期呈现不一致。例如2005年后，中国和其他经济体周期成分都在正值区间波动，呈现高度协同性，但2008年上半年，其他经济体的周期成分仍在正值区间波动，而中国的周期成分先行下降[1]。先行下降的原因是2007年中国实施的紧缩性货币政策和2008年初的冰雪灾害。另外，从

---

[1] 这种协同步调不一致的共同周期又被称为相依周期。

经济周期成分运行的稳定性看,中国的波动幅度高于其他经济体。中国经济增长周期成分的这种波动特征隐含着中国经济周期受到国际经济冲击的影响,同时在很大程度上主要是受到国内特质冲击的影响。

图 3-2 经济增长中共同趋势分解结果

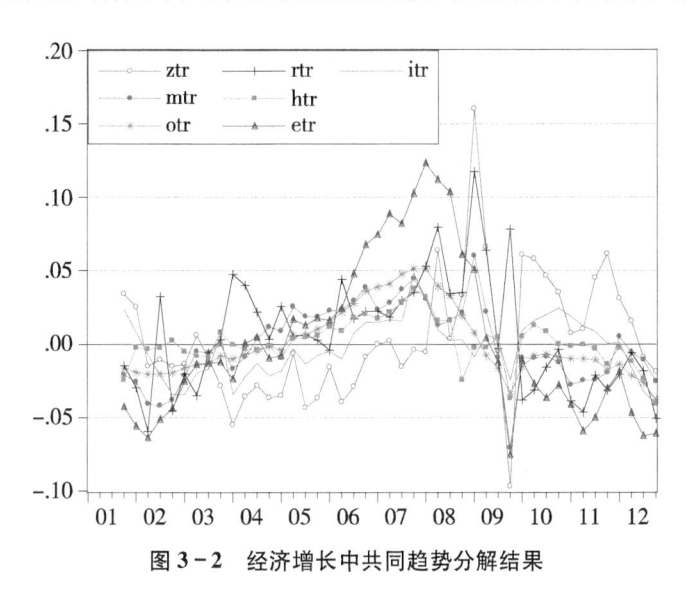

图 3-2 中 ztr,mtr,otr,rtr,htr,etr,itr 分别为中国、美国、欧盟、日本、韩国、俄罗斯和印度的经济增长中共同趋势的分解结果。从图 3-2 中能够清晰看出,2001—2002 年各经济体的趋势成分都有一轮小幅度回落,2003 年至 2008 年,各经济体的趋势成分都在波动中向上攀升。受全球金融危机的冲击,从 2008 年下半年开始各经济体的趋势成分都有一波较大幅度的下滑。这一结果表明,在全球金融危机前,中国与其余经济体之间的协同性较高。2009 年后,中国的 4 万亿投资加上相伴随的宽松货币政策,使得中国的趋势成分在下降通道中快速反弹并较大幅度连续上行,其他经济体的趋势成分虽然也有一定程度上行,但幅度不大,没有明显步出下滑的通道。从 2011 年下半年开始,中国的

趋势成分再次较大幅度下滑,其余经济体的趋势成分也都拐向下行通道中。

上述有关共同趋势、共同周期的分解结果说明,2011年末,中国经济增长的下行包含着周期成分和趋势成分的下行,但趋势成分的下滑更为明显。中国经济增长趋势成分与国际经济增长趋势成分的联合下行,意味着未来一定时期内中国与国际经济增长的下行具有长期性。

第三节　中国经济波动的国际协同之源
——国际共同冲击、国别冲击的分解

一、非线性动态因子模型的构建

国际经济周期理论强调波动是来源于随机冲击,中国经济波动的国际协同既可能来源于国际共同冲击,也可能来源于外国冲击对中国经济的溢出效应。为研究国际共同冲击、外国冲击对中国经济波动协同的影响,本章首先需要分解国际共同冲击、外国冲击。为此,借鉴斯托克和沃森(Stock and Watson,2005a)的动态因子模型:

$$x_t = \Lambda F_t + D(L)x_{t-1} + v_t \tag{3-7}$$

$$F_t = \Phi(L)F_{t-1} + \eta_t \tag{3-8}$$

这里,x_t是7×1向量,它表示前文分解得到的共同周期变量,或者表示共同趋势的一阶差分[①],F_t是l维不可观察的x_t的共同因子,Λ

---

① 因子模型中要求变量是平稳的,共同趋势是I(1)单位根过程,因此,这里使用差分形式。

是 $7×l$ 维的因子载荷矩阵,v_t 是国别冲击,η_t 是 l 维的共同冲击。容易看出,模型(3-8)中的共同冲击形成了 x_t 的共同因子 F_t,模型(3-7)表明共同冲击对各国经济波动都产生影响,但由于矩阵 Λ 每列的系数各不相同,表明共同冲击对不同国家的影响不尽相同。国别冲击 v_t 通过模型(3-7)的动态反馈,不仅影响本国的经济波动,还对其他国家经济波动产生影响,这正是溢出效应。但模型(3-7),(3-8)是线性动态因子表述,其隐含的意义是:在不同时期,国际共同冲击、外国冲击对中国的动态效应都是相同的,这一隐含的假定也许与经济实践不符。从近年来中国与国际经济的经济实践看,20 世纪末至 21 世纪初遭受亚洲金融危机,2004—2007 年间国际经济繁荣、经济快速增长,2008 年爆发全球经济危机,2010 年国际经济短暂复苏,随后而来的是欧洲债务危机。国际经济的频繁波动以及"好"的和"坏"的经济状态的交替出现,将改变国际贸易和投资联系,从而使得国际共同冲击、外国冲击对中国经济的动态效应,可能随国际经济"好"和"坏"状态的交替出现而发生非线性改变[①]。为准确刻画这种非线性特征,本章借鉴葛房和斯特拉坎(Gefang and Strachan,2010)的机制转移模型,扩展斯托克和沃森(Stock and Watson,2005a)的模型,提出非线性动态因子模型:

$$x_t = \Lambda_1 F_t + D_1(L)x_{t-1} + (\Lambda_1 F_t + D_1(L)x_{t-1}) \times f_1(z_{t-1},\lambda_1,c) + v_t \qquad (3-9)$$

$$F_t = \Phi_1(L)F_{t-1} + \Phi_2(L)F_{t-1} \times f_2(z_{t-1},\lambda_2,c) + \eta_t \qquad (3-10)$$

这里,向量 x 分别为前述的共同周期或经过一阶差分后的共同趋势。$f_1(.)$,$f_2(.)$ 为机制转移函数,z_{t-1} 为阈值变量,λ_1,λ_2 为决定机制转移速度的光滑参数,c 为阈值。常用机制转移函数的有逻辑函数 $f(z_{t-1},$

[①] 迪博尔德和鲁德布施(Diebold and Rudebusch,1996)从不同的经济理论分析了产生这种非线性转变的原因。

$\gamma,c) = (1 + \exp(-\gamma(z_{t-1} - c)))^{-1}$ 和指数函数 $f(z_{t-1},\gamma,c) = (1 - \exp(-\gamma(z_{t-1} - c)^2)$。机制转移函数的值主要取决于阈值变量 z_{t-1} 和阈值参数 c 的相对大小。例如,在逻辑函数中,当 $z_{t-1} \to -\infty$,转移函数 $f_1(.) = 0$,此时称为低机制,模型(3-9)就退化为线性模型(3-7);当 $z_{t-1} \to +\infty, f_1(.) = 1$,此时称为高机制,模型(3-9)转为 $x_t = (\Lambda_1 + \Lambda_2)F_t + (D_1(L) + D_2(L))x_{t-1} + v_t$;当 $f(.) > 0$ 且 $f(.) < 1$ 时,模型(3-9)的动态形式在两机制之间平滑转换。

容易看出,由于引入了机制转移函数,模型(3-9),(3-10)所刻画的国际共同冲击、国别冲击对经济增长的动态效应具有非线性机制转移特征。迪博尔德和鲁德布施(Diebold and Rudebusch,1996)与葛房和斯特拉坎(Gefang and Strachan,2010)的分析表明,非线性机制转移是随着经济增长速度的高、低或经济状态的"好"、"坏"(经济周期)而转换。为此,参照葛房和斯特拉坎(2010)的研究,以世界经济增长率(g)作为阈值变量[①]。

二、动态因子模型的非线性检验方法

国际共同冲击、国别冲击对经济增长的动态效应是否随世界经济周期阶段的不同而具有显著的非线性转换,对此的准确回答应基于严格的检验。为此,我们首先检验非线性的存在。根据迪克等人(Dijk et al.,2002)的研究,模型(3-9),(3-10)的非线性检验是基于转移函数的三阶泰勒展开式,也就是将指数函数和逻辑函数分别在原点进行三

[①] 世界经济增长率的数据来自 2002—2011 年的《国际统计年鉴》,但该年鉴只公布了年度数据,无法获得季度数据,为此,本章使用本年度增长率代替该年度的季度增长率。2011 年和 2012 年的世界经济增长率数据来自世界银行。

阶泰勒展开,并将泰勒展开式作为转移函数的近似式代入模型,然后进行检验。经代换后的模型(3-9)变化为①:

$$x_t = \Lambda_1 F_t + D_1(L)x_{t-1} + \varphi_1 F_t z_{t-1} + \psi_1(L)x_{t-1}z_{t-1} + \varphi_2 F_t z_{t-1}^2$$
$$+ \psi_2(L)x_{t-1}z_{t-1}^2 + \varphi_3 F_t z_{t-1}^3 + \psi_3(L)x_{t-1}z_{t-1}^3 + \xi_t \quad (3-11)$$

为表述方便,令 $\pi_h = (\varphi_i, \psi_i)'$, $h = 1, 2, 3$。检验非线性的原假设 $H_0: \pi_1 = \pi_2 = \pi_3 = 0$。一旦拒绝原假设,就说明国际共同冲击、国别冲击对经济增长的动态效应随世界经济周期阶段的变化而具有非线性,由此表明,模型(3-9)的非线性设定是适宜的,但还需要进一步确定非线性转换函数的形式,即确定模型(3-9)中的转移函数是逻辑函数还是指数函数。为此,根据萨兰蒂斯(Sarantis, 2001)的研究,针对模型(3-11)分别设定原假设 $H_{01}: \pi_3 = 0$, $H_{02}: \pi_2 = 0 | \pi_3 = 0$, $H_{03}: \pi_1 = 0 | \pi_2 = 0, \pi_3 = 0$,并对这些原假设作序贯检验。不难看出,这一检验具有递归性,即不拒绝 H_{01} 和 H_{03},而拒绝 H_{02},表明模型(3-9)的 $f_1(.)$ 为指数函数,否则 $f_1(.)$ 为逻辑函数。为方便表述,令 $x_j = (x_{j1}, \ldots, x_{jT})'$,$x = (x_1', \ldots, x_N')'$,$N = 7$。$m_{jt} = (F_{jt}', x_{j,1t-1}')'$,$z_j = (z_{j1}', \ldots, z_{jT}')'$,$z = (z_1', \ldots, z_N')'$。$\omega_{jt} = (m_{jt}'z_{jt-1}^1, \ldots, m_{jt}'z_{jt-1}^3)'$,$\omega_j = (\omega_{j1}', \ldots, \omega_{jT}')'$,$\omega = (\omega_1', \ldots, \omega_N')'$。$\beta_0^* = (\Lambda_1, D_1)'$,$\beta_1^* = (\varphi_1, \psi_1)'$,$\beta_2^* = (\varphi_2, \psi_2)'$,$\beta_3^* = (\varphi_3, \psi_3)'$,$\beta = (\beta_1^{*'}, \beta_2^{*'}, \beta_3^{*'})'$。模型(3-11)可等价表述为:

$$x = z\beta_0^* + \omega\beta + \xi \quad (3-12)$$

基于模型(3-12),冈萨雷斯等人(Gonzalez et al., 2005)提出实现上述检验的 LM 检验统计量:

$$LM = \hat{\xi}'\omega\hat{\Sigma}^{-1}\omega'\hat{\xi} \quad (3-13)$$

在模型(3-13)中,$\hat{\xi}$ 为原假设下估计的残差,$\hat{\Sigma}$ 为误差项方差协

---

① 为简化表述,这里以模型(3-9)为例进行说明,模型(3-10)的检验方法与此类似。

差矩阵的近似一致性估计。在检验过程中,分别将前述 H_0, H_{01}, H_{02}, H_{03} 代入模型(3-12)进行估计与检验。当原假设成立时,由模型(3-13)定义的 LM 统计量服从 χ^2 分布,其自由度对应原假设中约束的个数。例如,当检验 H_0 时,约束个数为 $3(l+N)$,其余依此类推。

三、动态因子模型的非线性检验结果

由于本章包含的经济体相对较多,而样本长度相对较短。若使用三阶泰勒展开式代替非线性转移函数[即模型(3-11)],将会使得估计参数过多而导致自由度太小,为此,参照威泽(Weise,1999)的研究,本章使用二阶泰勒展开式代替转移函数,这样,模型(3-11)中含 z_{t-1}^3 的项就会消除,对应的约束检验也相应改变①。进一步,为实现上述序贯检验,必须首先获得模型(3-9)的共同因子估计结果。为此,本章首先使用主成分方法获得共同因子 F 的估计结果②,然后用 OLS 估计模型(3-11),基于此实现对模型(3-9)的非线性检验和转移函数形式检验。类似地,可以使用相同的方法获得模型(3-10)的非线性检验和转移函数形式检验。

---

① 能够这样做,除了样本外,还有其他重要的原因:第一,这里仅需要检验模型(3-9),(3-10)是否存在非线性,而不是要估计模型。第二,根据转移函数的性质,若是逻辑函数,则一阶展开式和三阶展开式对应系数不为零,而二阶展开式对应系数为零;若是指数函数,则一阶展开式和三阶展开式对应系数为零,而二阶展开式对应系数不为零。因此,若不拒绝表 3-3 中 $H_0 1$ 而拒绝 $H_0 1$,就有强烈的证据表明逻辑函数更合适。第三,从逻辑函数和指数函数的变化特征看,指数函数具有对称性,如果使用指数函数就意味着在世界经济繁荣时期和萧条时期,模型(3-9),(3-10)的动态特征相似。而逻辑函数能够揭示在世界经济繁荣时期和萧条时期,模型(3-9),(3-10)的动态特征的显著差异。因此,逻辑函数更吻合经济理论。

② 斯托克和沃森(Stock and Watson,2009)的分析表明,即使在非线性动态因子模型中,使用主成分方法得到的共同因子估计结果仍具有一致性。

表 3-3　模型的非线性检验结果

		原假设	LM 统计量值	结论
共同周期	模型(3-9)	$H_0^{'}:\pi_1=\pi_2=0$	27.8*	拒绝
		$H_{01}^{'}:\pi_2=0$	9.45	接受
		$H_{02}^{'}:\pi_1=0\mid\pi_2=0$	16.5*	拒绝
	模型(3-10)	$H_0^{'}:\pi_1=\pi_2=0$	30.2*	拒绝
		$H_{01}^{'}:\pi_2=0$	5.74	接受
		$H_{02}^{'}:\pi_1=0\mid\pi_2=0$	14.9**	拒绝
共同趋势	模型(3-9)	$H_0^{'}:\pi_1=\pi_2=0$	32.4*	拒绝
		$H_{01}^{'}:\pi_2=0$	15.68**	拒绝
		$H_{02}^{'}:\pi_1=0\mid\pi_2=0$	19.3*	拒绝
	模型(3-10)	$H_0^{'}:\pi_1=\pi_2=0$	30.8*	拒绝
		$H_{01}^{'}:\pi_2=0$	8.02	接受
		$H_{02}^{'}:\pi_1=0\mid\pi_2=0$	16.8*	拒绝

注:*表示在5%显著性水平拒绝,**表示在10%显著性水平拒绝。

从表 3-3 的结果看,无论是共同周期数据还是共同趋势数据所对应的模型,都可以在 5% 的显著性水平拒绝 $H_0^{'}$,由此表明模型(3-9),(3-10)具有非线性。本章还需要进一步检验非线性函数形式。具体来看,在共同周期数据的模型中,模型(3-9)和模型(3-10)检验 $H_{01}^{'}$ 的统计量为 9.45,5.74,不能拒绝原假设,而模型(3-9)和模型(3-10)检验 $H_{02}^{'}$ 的统计量为 16.5,14.9,分别能在 5% 和 10% 的显著性水平拒绝原假设。因此,综合考虑 $H_{01}^{'}$,$H_{02}^{'}$ 的检验结果,可以判断共同周期数据对应的模型(3-9),(3-10)的非线性函数为逻辑函数。在共同趋势数据的模型中,模型(3-9)和模型(3-10)检验 $H_{01}^{'}$ 的统计量为 15.68,8.02,由此表明,模型(3-9)可以在 10% 的显著性水平拒绝 $H_{01}^{'}$,模型(3-10)不能拒绝原假设 $H_{01}^{'}$。对应模型(3-9)和模型(3-10)检验 $H_{02}^{'}$ 的统计量为 19.3 和 16.8,都能在 5% 的显著性水平拒绝假设 $H_{02}^{'}$。因此,综合考虑 $H_{01}^{'}$,$H_{02}^{'}$ 的检验结果,可以判断共同趋势数据对应的模型(3-9),(3-10)的非线性函数也为逻辑函数。上述检验结果也吻合了迪博尔德和鲁德布施(Diebold and Rudebusch,1996)等提出的经济理论分析。

在上述序贯检验中,本章假定了模型只有一个机制转移函数,亦即国际共同冲击、国别冲击对经济增长的非线性动态效应仅用一个非线性转移函数就能充分刻画。如果在样本期内存在复杂的机制转换或多个结构突变,以至于本章模型(3-9),(3-10)的设定不足以刻画国际共同冲击、国别冲击对经济增长的复杂的非线性动态效应。这种情形下,模型(3-9),(3-10)的残差中将仍然含有残余非线性成分。为检验模型(3-9),(3-10)是否存在非线性残余,本章使用艾特海姆和特拉斯维尔塔(Eitrheim and Teräsvirta,1996)提出的非线性残余检验方法进行检验。艾特海姆和特拉斯维尔塔(1996)的检验思想类似前述对H_0的约束检验,具体步骤为:①收集模型(3-9),(3-10)估计的参差;②将估计的残差替换模型(3-9),(3-10)中的左边变量;③设定原假设H_0:不存在非线性残余,并使用F统计量检验原假设是否成立。共同周期中模型(3-9),(3-10)的F统计量的值分别为1.21,0.98;共同趋势中模型(3-9),(3-10)的F统计量的值分别为0.87,1.06,分别小于各自所对应的5%显著性水平的临界值,因此,不能拒绝模型中的残差没有非线性残余的原假设。由此表明,模型(3-9),(3-10)的设定充分拟合了国际共同冲击、国别特质冲击对经济增长的非线性动态效应。

四、共同因子的分解结果

本章首先使用主成分分析分别估计共同周期和共同趋势中的共同

因子,发现共同周期中只有一个共同因子,而共同趋势中含有 3 个共同因子。在获得共同因子的估计结果后,本章再基于样本期内世界经济增长率,设定阈值参数的格点搜索区间为[2.0%,5.5%],在每一个格点上使用非线性最小二乘法估计模型(3-9),(3-10)。能够最小残差平方和的估计结果就为待估计的结果。共同周期模型估计的阈值参数为3.8%,$\hat{\lambda}_1 = 1.46$,$\hat{\lambda}_2 = 0.39$。共同趋势模型估计的阈值参数为4.0%,$\hat{\lambda}_1 = 3.15$,$\hat{\lambda}_2 = 0.41$。基于模型(3-9),(3-10)的估计结果再获得国际共同冲击 η_t,国家冲击 v_t 的估计结果[①]。

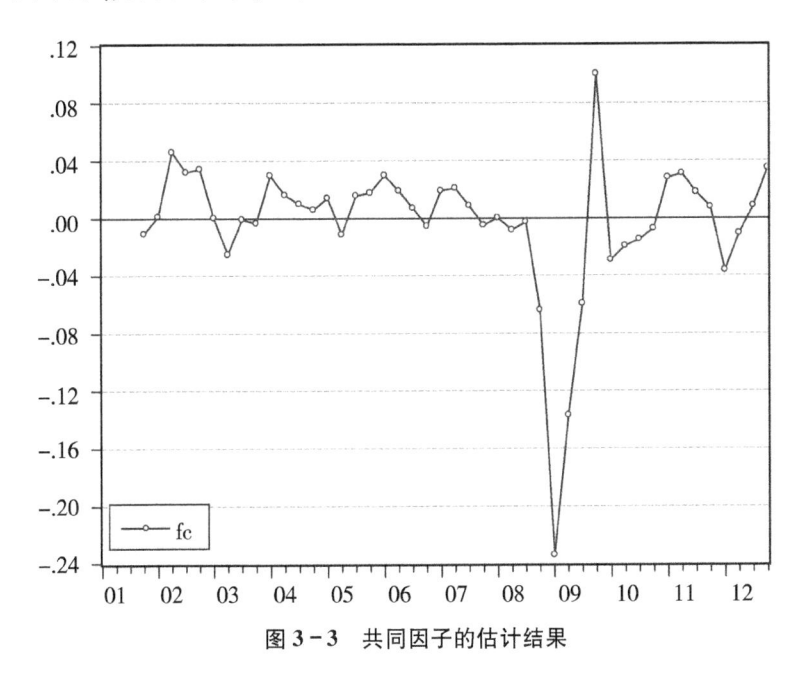

图 3-3 共同因子的估计结果

[①] 由于模型(3-9),(3-10)系数的估计结果在本章没有直观的重要经济含义,为节省篇幅,这里没有报告。

图 3-4　共同因子的估计结果

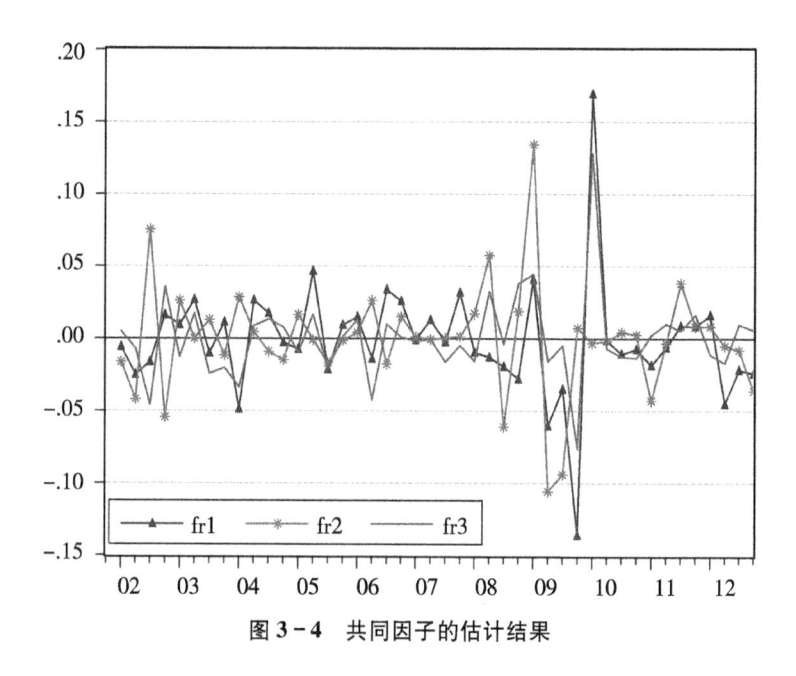

fc 是从七个经济体的周期成分中分解得到的共同因子，fr1，fr2，fr3 是从七个经济体的趋势成分中分解得到的共同因子。由于 fc 是经济增长中的短期共同因子，fr1，fr2，fr3 是经济增长所对应的长期共同因子，因此，根据 AS-AD 模型和实际经济背景，fc 的快速上升是对应全球总需求冲击的连续正向作用时期，而 fr1，fr2，fr3 的较大幅度下降则是对应石油价格和其他原材料价格大幅度上升带来对经济增长负向共同冲击的时期。从共同周期和共同趋势所对应的共同因子的整体波动特征看，2002—2003 年，共同因子在零线上下反复波动。但在 2004—2007 年，fc 和 fr1，fr2，fr3 虽有部分时期为负值，但整体是在正值区间运行。正是 2004—2007 年的正向共同因子带动了这一时期国际经济的快速增长。从 2008 年开始，fc 和 fr1，fr2，fr3 都有一轮较大幅度的快速下降过程。由此说明由美国次贷危机引发的全球金融危

机,从 2008 年开始对国际经济增长的周期和趋势都形成负向影响。在世界各国为应对金融危机纷纷采取刺激增长的政策影响下,共同趋势和共同周期中的共同因子都快速反弹,但从反弹持续时间看,平均而言,持续时间都不长。特别是趋势成分中的共同因子,2011 年以后出现连续下滑的趋势,这一结果直观地说明了欧洲债务危机以及全球复苏乏力,将对国际经济的长期增长形成实质性的负面影响,全球经济的全面复苏还要经历较长时间。

五、国际共同冲击、国别冲击的估计结果

近年来,国际石油价格、国际农产品价格以及国际大宗商品价格呈现大幅度的起落波动,这些商品价格的波动以及全球生产率的变化将形成国际共同供给冲击,并对各国经济产生冲击效应。与此同时,一些主要经济体由于自身原因在近期爆发了经济危机,如美国经济危机以及欧洲债务危机。这些经济危机的爆发冲击了中国的对外贸易和国际投资,最终对中国经济形成负向的供给冲击和需求冲击。此外,近年来中国内部也频繁遭遇各种随机冲击,如 2007 年下半年开始的猪肉价格和农产品价格的上涨、2008 年的冰雪灾害、2009 年开始的 4 万亿投资冲击等等。这些国内、国际随机冲击叠加在一起,对中国的经济运行形成复杂影响,导致中国经济历经多次高增长与低增长的反复轮换。因此,准确刻画上述各种随机冲击在近期的波动特征,并揭示上述各种随机冲击对中国经济增长的动态效应,对于中国当前保增长的宏观经济政策有重要现实意义。国际共同冲击、国别冲击的估计结果如下:

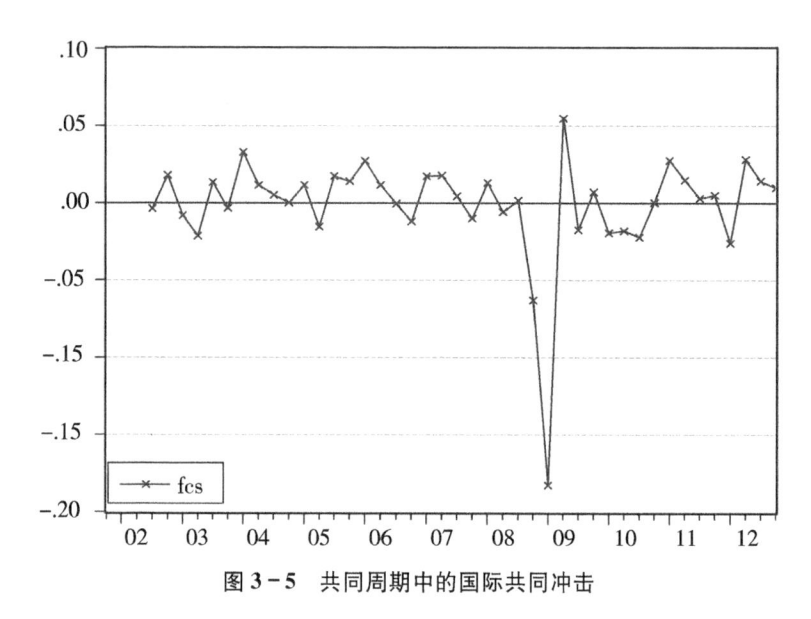

图 3-5 共同周期中的国际共同冲击

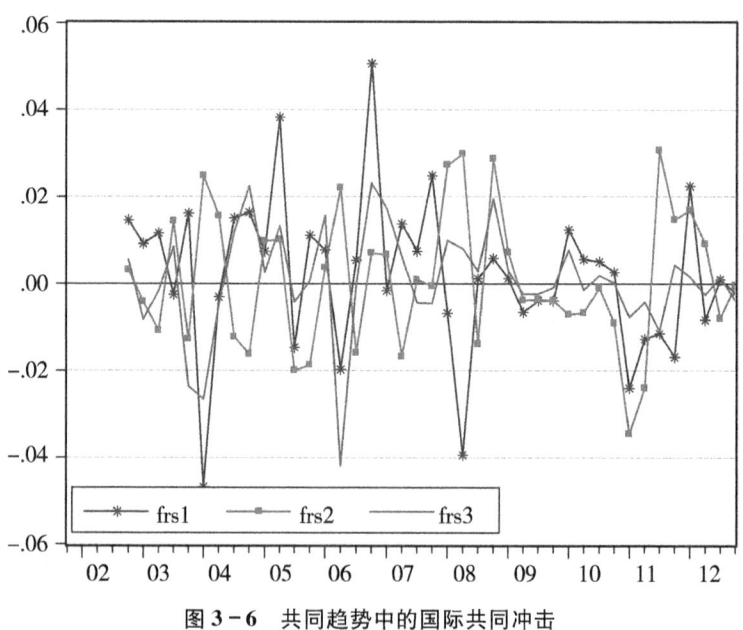

图 3-6 共同趋势中的国际共同冲击

这里，fcs 和 frs1，frs2，frs3 分别为共同周期和共同趋势所对应的国际共同冲击。从其波动特征看，2002—2006 年，图 3-5 和图 3-6 中的国际共同冲击都在零线上下循环波动，但平均而言，fcs，frs1，frs3 为正值，frs2 约为零，这就表明在这一时期，国际经济短期波动遭遇了共同的正向冲击。2007 年，受国际总需求扩张的刺激，fcs 前期持续为正但在下半年开始下滑，另一方面，受国际油价及原材料价格上涨的影响，共同趋势中的国际共同冲击出现一定程度的下降。2008—2009 年，由于美国次贷危机引发的全球金融危机，国际共同冲击都有一轮大幅度的下降过程，由此说明全球金融危机从长期和短期两个方面影响国际经济的波动。但从共同冲击下落的持续时间来看，fcs 在 2008 年底大幅度回落后快速反弹，而 frs1，frs2，frs3 一直持续到 2010 年底。由此说明，全球金融危机对世界经济的负面影响具有长期性、持久性。由于美国经济的艰难复苏、欧洲债务危机的持续发酵、国际石油价格和国际大宗商品价格的大幅度波动，导致 2011 年底的 fcs，frs1，frs2 都有一轮下降过程。2012 年后，无论是共同周期中的国际共同冲击，还是共同趋势中的国际共同冲击，都没有明显好转的迹象。上述结果表明，当前国际经济增长速度的下滑不可避免，且这种下滑还具有长期趋势。由此意味着，国际经济增长的复苏应从供给和需求两个方面着手进行刺激，而当前此起彼伏的国际贸易摩擦不利于国际经济的复苏。2012 年国际油价和大宗商品价格的下跌将对国际经济的反弹带来正向冲击。另外，共同冲击分别累积形成共同因子，对比共同冲击和共同因子的估计结果，可以发现，它们在不同时期的波动特征基本一致，例如，2010 年下半年后，frs1，frs2，frs3 为连续负向冲击，对应的 fr1，fr2，fr3 由正值快速下降为负值。共同冲击和共同因子的结果相互吻合，也印证了本章结果较准确地刻画了现实。

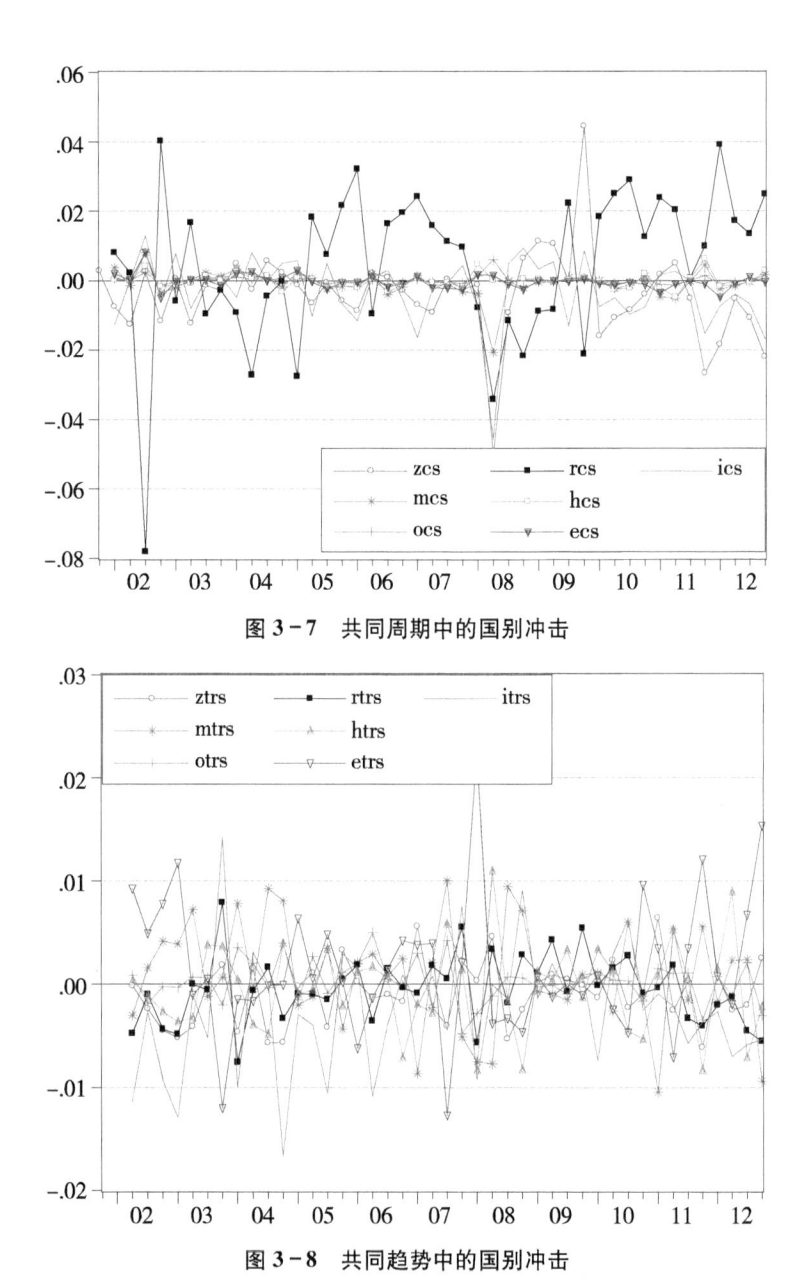

图 3-7 共同周期中的国别冲击

图 3-8 共同趋势中的国别冲击

图 3-7 和图 3-8 分别报告了共同周期和共同趋势中的国别冲击。从国别冲击波动的规律看,它们显得较为杂乱,这正表现了各个国家的不同"特质"。具体来看,在共同周期中的国别冲击中,中国、美国和日本的国别冲击(zcs,mcs,rcs)在 2008 年下半年都有较大幅度的下落过程,特别是美国冲击(mcs)在 2007 年就开始下落为负值,这正好对应了美国次贷危机爆发的时期。中国冲击(zcs)也在 2007 年就开始下滑,下滑的原因是这一时期我国为避免经济过热而采取的紧缩性货币政策带来的总需求下降。从现阶段看,主要是受 2010 年底开始的紧缩性货币政策和房地产调控的影响,2011 年中国的总需求下滑,对应的中国冲击(zcs)快速下降为负值,并且一直持续到 2012 年底。在 2012 年的其他经济体中,俄罗斯冲击(ecs)和印度冲击(ics)都较大幅度转为负向,美国冲击、韩国冲击(hcs)、欧盟冲击(ocs)为较小幅度负向,只有日本冲击(rcs)相对较大幅度为正。这就说明,从短期经济波动看,新兴经济体都进入新一轮下滑,美国和欧盟短期经济有复苏迹象,而日本受宽松货币政策的刺激,经济增长短期成分中出现回升态势。

从共同趋势中的国别冲击看,在全球金融危机期间,各经济体的国别冲击都有一轮下调过程,这一结果正好印证了图 3-2 中共同趋势的分解结果,即各国经济增长的趋势成分在全球金融危机期间都出现下滑。从当前来看,中国冲击(ztrs)在 2010 年开始下降,并在 2012 年出现负值。其他经济体中,美国、欧盟、日本、韩国、印度的国别冲击在 2012 年底都转变为负值,唯有俄罗斯保持一定幅度正值。这就意味着,如果没有较大幅度的正向国际冲击,未来一定时期内国际经济增长速度会不可避免地下行,特别是对于以外向型经济为主的中国,下降幅度可能相对较大。

上述国际共同冲击、外国冲击与本国冲击的估计结果较准确地刻画了当前中国经济增长所面临的较为艰难的国内、国际基本环境。

第四节 国际共同冲击、本国冲击、外国冲击对中国经济波动的动态效应

一、非线性广义脉冲响应函数的设定与估计

国际经济波动的协同,其发生过程是由全球共同冲击而导致的各国经济共同波动,或者是某国的特质冲击经过国际传导而在全球的扩散效应。因此,生成国际经济波动协同的随机冲击,包括共同冲击与国别冲击(也称特质冲击)。前文对随机冲击的分解结果使我们直观认识了中国当前所面临的各种随机冲击,进一步地,本章将使用广义脉冲响应函数更深入地认识中国近期所受到的各种随机冲击对中国经济波动的动态影响。

本章定义如下脉冲响应函数。对于非线性模型(3-9),(3-10),设 t 期的冲击强度为 $u_t(=v_t,\eta_t)'$,以 t 期以前的历史信息 ω_{t-1} 为条件,通过模型(3-9),(3-10)可以估计未来 $t+n$ 期的条件期望 $E[X_{t+n}|u_t,\omega_{t-1}]$,其中 $X_{t+n}=(x_{t+n},F_{t+n})'$。于是,对于 t 期特定的冲击 u_t,它对 X 在 $t+n$ 期所产生的效应(即 GIRF)定义为:

$$GIRF(n,u_t,\omega_t) = E[X_{t+n}|u_t,\omega_{t-1}] - E[X_{t+n}|\omega_{t-1}] \quad (3-14)$$

取 $n=0,1,\cdots$,通过模型(3-14)可计算不同经济状态下 t 期的冲击 u_t 对 X 当期以及后续若干期所产生的冲击效应。基于库普等人(Koop et al.,1996)的建议,本章使用如下的方法计算 GIRF:

1.从模型(3-9),(3-10)的残差中回置抽取样本容量为(1+n)的

Bootstrap 样本,从模型(3-9)抽取的残差记为($e_0^{(1)}, e_1^{(1)},\ldots,e_n^{(1)}$),从模型(3-10)抽取的残差记为($v_0^{(1)}, v_1^{(1)},\ldots,v_n^{(1)}$)。其中上标(1)表示第一次抽取的 Bootstrap 新息样本,下同。

2.选取一个特定的时期 t,其历史信息为 ω_{t-1}。基于历史信息,利用步骤1抽取的样本作为第 t 至 $t+n$ 期的新息值,分别代入估计的模型(3-9),(3-10)计算 X 从第 t 期至 $t+n$ 期的模拟值,记为 ($X_t^{(1)}|\omega_{t-1}$, $X_{t+1}^{(1)}|\omega_{t-1},\ldots,X_{t+n}^{(1)}|\omega_{t-1}$)。

3.根据研究目的,基于模型(3-9),(3-10)分别设定国际共同冲击 η_t,国别冲击 v_t[①]。以 ($v_t, e_1^{(1)},\ldots,e_n^{(1)}$) 作为模型(3-9)第 t 期至 $t+n$ 期的新息值,以 ($\eta_t, v_1^{(1)},\ldots,v_n^{(1)}$) 作为模型(3-10)第 t 期至 $t+n$ 期的新息值。根据历史信息,由估计的模型(3-9),(3-10)可以计算 X_t 从第 t 期至 $t+n$ 期的具体模拟数值,分别为:($X_t^{(1)}|(u_t,\omega_{t-1})$, $X_{t+1}^{(1)}|(u_t,\omega_{t-1}),\ldots,X_{t+n}^{(1)}|(u_t,\omega_{t-1})$)。

特别说明,在步骤2,3的计算中,若计算国别冲击对中国经济增长的动态效应,则仅需使用模型(3-9)和对应的新息值;若计算国际共同冲击对中国经济增长的动态效应,则使用模型(3-9),(3-10)和两模型对应的新息值。例如,为计算国际共同冲击 frs1 对中国经济波动的动态效应,设定模型(3-10)第一个方程的随机误差项为1个标准单位,模型(3-10)其余方程随机误差项值从($v_1^{(1)},\ldots,v_n^{(1)}$)中对应抽取,模型(3-9)随机误差项值从($e_1^{(1)},\ldots,e_n^{(1)}$)对应抽取。

4.重复1至3步骤 N(=10000)次,分别得到步骤2和步骤3的 X_t 模拟值,计算这两个模拟值的平均值。其中步骤2得到的 X_t 平均值收

---

① 本章设定 η_t, v_t 的冲击强度为模型(3-9),(3-10)回归残差的1单位标准差。

敛于 $E[X_{t+n}|\omega_{t-1}]$,步骤 3 得到的 X_t 平均值则收敛于 $E[X_{t+n}|u_t,\omega_{t-1}]$。将其代入(3-14),得到 GIRF。

二、国际共同冲击、本国冲击、外国冲击对中国经济波动脉冲效应的估计结果

由本章模型(3-9),(3-10)的设定可以看出,国际共同冲击、国别冲击对中国经济波动的动态冲击效应随国际经济增长率的变化而改变。为准确揭示国际共同冲击、国别冲击对当前中国经济增长的冲击效应,本章将冲击特定的时期 t 设为 2012Q1。这样,本章就计算了当前国际经济形势和当前国际经济增长率时期,国际共同冲击、国别冲击对中国经济增长的冲击效应。

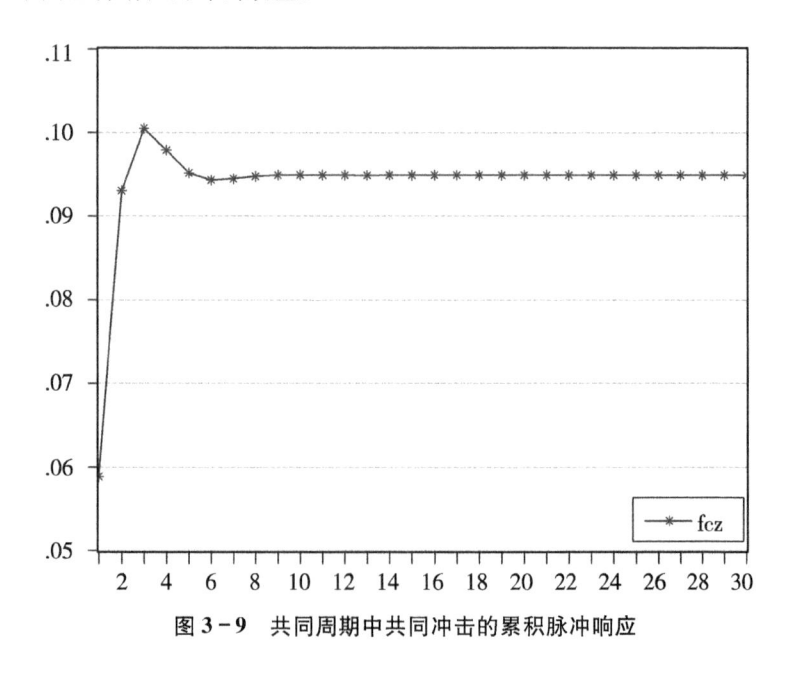

图 3-9 共同周期中共同冲击的累积脉冲响应

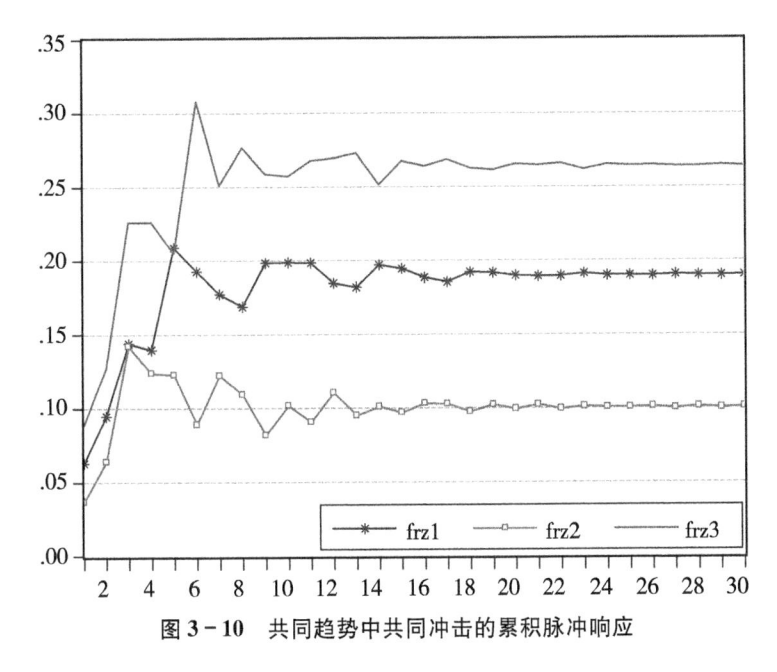

图 3-10 共同趋势中共同冲击的累积脉冲响应

图 3-9 中的 fcz 是共同周期对应的共同冲击对中国经济周期成分的累积脉冲效应。可以看出,周期成分中的共同冲击对中国经济增长的累积效应 fcz 在初期呈现快速递增趋势,经过 6 期后就基本稳定在 0.095 附近。这就说明,周期成分中的共同冲击对中国经济增长冲击效应的持续时间较短。结合图 3-5 共同周期中共同冲击的估计结果,2011 年下半年的小幅度负向国际共同冲击 fcs 对中国周期的动态效应会很快消失,2012 年小幅度的正向冲击 fcs 将对中国 2013 年经济增长的周期成分形成正向冲击。

图 3-10 中,frz1,frz2,frz3 分别是共同趋势中对应的共同冲击 frs1,frs2,frs3 对中国经济增长趋势成分的累积动态效应。从冲击效应的幅度看,frs3 的累积效应最大,frz1 次之,frz2 的累积效应最小。从冲击持续的时间看,frz1,frz2,frz3 的动态波动大约在 2 年后基本稳定。因此,

共同趋势中的共同冲击比共同周期中的共同冲击效应持续的时间更长。结合图3-6中共同冲击的估计结果,三种共同冲击在2011年上半年的较大幅度下滑将对中国经济增长中的趋势形成较大且持续时间较长的负向效应。2012年底三种共同冲击frs1,frs3都小幅为负,将对中国未来一定时期经济增长的趋势成分带来一定程度的负向影响。2011年和2012年三种共同冲击效应叠加形成对中国2013年经济增长趋势的影响,这一影响将是负向的。由于fcz对应经济增长的短期成分,frz1,frz2,frz3对应经济增长的趋势成分。由此说明,受国际共同冲击的影响,未来一定时期内,中国经济增长趋势成分处于下降趋势中,周期成分可能会有小幅上升。

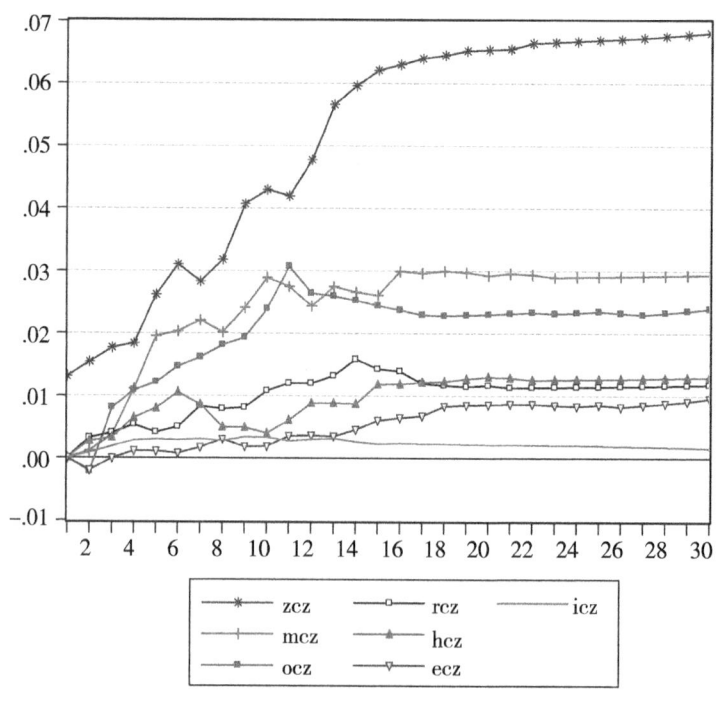

图3-11 周期成分的国别冲击对中国的累积脉冲效应

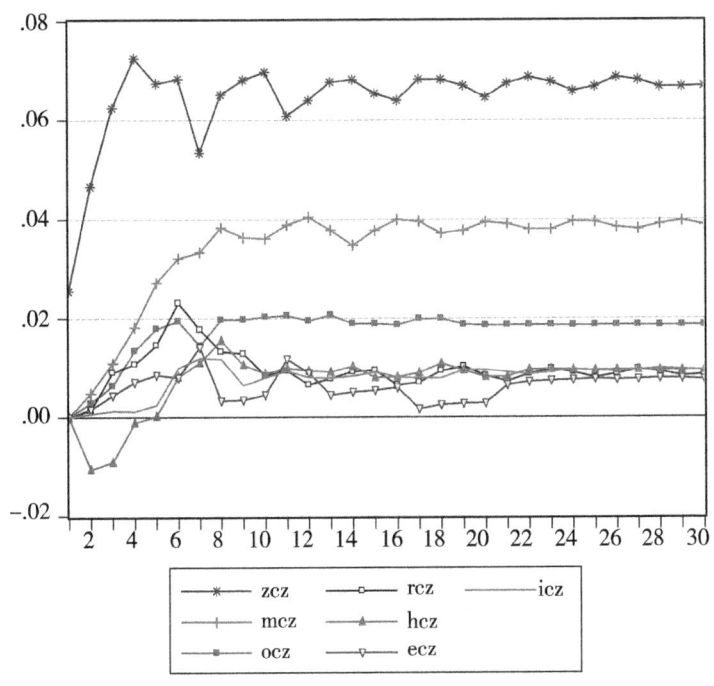

图 3-12　趋势成分的国别冲击对中国的累积脉冲效应

图 3-11 中的 zcz,mcz,ocz,rcz,hcz,ecz,icz 分别表示共同周期成分中的中国冲击、美国冲击、欧盟冲击、日本冲击、韩国冲击、俄罗斯冲击和印度冲击对中国经济增长周期成分的累积脉冲效应。可以看出,中国冲击的累积效应最大,例如,滞后 1 期中国冲击的累积效应为 0.013,在经过约 4 年后,中国冲击的累积效应稳定在 0.068 附近。美国和欧盟的冲击对中国经济增长周期成分累积效应的波动特征较为相似,且相对较大。俄罗斯、韩国和日本的冲击对中国的累积效应相对较小,印度冲击的累积效应最小。例如,在经过约 4 年后,美国冲击、欧盟冲击的累积效应为 0.03,0.024,韩国冲击和日本冲击的累积效应为 0.013,0.012,印度冲击的累积效应只有 0.002。结合图 3-7 国别冲击的估计结

果,2012年除日本冲击外,其他各经济体的冲击都平均为负值,这就表明,2013年及以后一段时期内,受国别冲击的综合影响,中国的周期成分应处于下行通道中。

图3-12中的zrz,mrz,orz,rrz,hrz,erz,irz分别表示共同趋势成分中的国家特质冲击对中国经济增长趋势成分的累积动态效应。从图中可以看出,各个经济体的冲击对中国经济增长趋势成分的累积效应长期为正,特别地,中国冲击和美国冲击的累积效应相对较大,在经过12期以后,zrz,mrz分别约为0.07,0.04。此外,欧盟冲击也有较大累积效应。例如,经过3年后,欧盟冲击对中国经济增长趋势成分的累积效应(orz)约为0.02。其余经济体的累积效应差异不大且都较小,例如,经过3年后,俄罗斯冲击的累积效应(erz)约为0.008。结合图3-8国别冲击的估计结果,除韩国和俄罗斯外,其余经济体的国别冲击平均都为负值。由于中国、美国和欧盟对应的特质冲击累积效应相对较大,这就说明,2013年及未来一定时期内,中国经济增长的趋势成分将有一定幅度的下降。

综合上述可以发现,无论是共同周期模型还是共同趋势模型,国际共同冲击、外国冲击和本国冲击都对中国经济波动具有明显的动态冲击效应,这就意味着中国经济波动的国际协同既是国际共同冲击作用的结果,也是外国冲击对中国溢出效应的作用结果。从共同周期和共同趋势的国别冲击效应的幅度看,中国冲击的效应明显高于其他经济体,由此说明,中国内部因素对中国经济波动的影响相对更为重要。进一步地,综合前述对2012年随机冲击的估计结果,以及2012年随机冲击对中国经济增长的累积冲击效应,可以得出结论,如果2013年没有较大幅度的正向冲击,2013年中国经济增长的趋势成分和周期成分都将进入下行通道中。这就说明,保增长是中国当前宏观经济的最主要目标。

第五节 结 论

国际共同冲击、外国冲击不仅影响中国经济增长的随机趋势成分,也影响中国经济增长的短期周期成分,因此,中国经济增长波动的国际协同就包含周期成分和趋势成分的国际协同。本章使用共同趋势、共同周期方法检验了中国经济波动的国际协同,并进而在共同趋势与共同周期的约束下分解中国、美国、欧盟、日本、韩国、俄罗斯、印度经济增长的趋势与周期成分。在此基础上,本章针对经济增长的周期成分和趋势成分,分别设定非线性因子 VAR 模型,研究国际共同冲击、本国冲击、外国冲击对中国经济波动的影响。上述研究结论基本准确地刻画了中国经济波动国际协同的特征,揭示了当前中国经济增长面临的国内、国际冲击及未来的发展趋势,直观地描述了本国冲击、国际共同冲击和外国冲击对中国经济波动的动态冲击效应。上述结论可概述为:

1.样本中七个经济体的经济增长具有共同趋势与共同周期,共同趋势与共同周期的存在表明中国经济波动具有国际协同特征。由此说明,中国已经融入国际经济一体化,中国经济的稳定持续发展离不开国际经济的大环境,同时,中国经济的快速发展也将对国际经济的稳定和增长作出重要贡献。进一步,对国际经济增长的共同趋势和共同周期的分解表明,七个经济体的周期成分在 2012 年底都出现了小幅度的回升反弹迹象,但随机趋势成分都明显处于下降趋势中。国际经济增长的下降趋势对中国保增长将带来不利影响。

2.共同周期中的共同因子在 2012 年底略有上升,但幅度较小,共同趋势中的共同因子在 2012 年呈现较大幅度下降趋势。这就说明,2012

年及未来一定时期内,国际经济增长的趋势处于下降通道中,由此将带动中国经济增长的下行。另一方面,在共同周期所对应的国别冲击中,2012年各经济体都面临不同幅度负向冲击(除日本外),在共同趋势所对应的国别冲击中,2012年底各经济体也都出现明显的负向趋势(除俄罗斯外)。上述国际共同冲击和国别冲击的估计结果说明,2013年中国经济处在非常不利的国际、国内环境中,且这种不利环境还有持续甚至恶化的趋势,这给中国当前保增长的宏观经济政策操作带来特别大的困难。由此也说明,世界经济仍十分疲弱,这些将进一步深化贸易保护主义,深化主权债务危机,将使得中国面临更加严峻的外部环境。面对经济增速持续下行,2012年5月以来中国政府陆续出台了一系列"稳增长"举措,例如,推动更多基础设施投资、对节能产品提供补贴、扶持小微企业发展等。这些措施将给中国经济带来正向冲击,中国经济近期有可能步入触底反弹的回升轨道中。

3.国际共同冲击对中国经济增长的周期成分和趋势成分有明显的正向冲击效应。在国别冲击中,中国冲击对本国经济增长的冲击效应最大,美国冲击、欧盟冲击对中国经济增长的累积冲击效应相对较大,其余经济体的效应相对较小。由此表明,中国经济波动的国际协同既有外国冲击对本国的溢出效应,也有国际共同冲击的作用。中国当前保增长目标的实现一方面取决于国内货币政策、财政政策的合理实施,另一方面还依赖于美国、欧盟等与中国有重要贸易往来国家和地区的经济发展形势。由此也意味着,当前欧盟经济的恶化和美国经济复苏的乏力将成为中国经济增速放缓的重要原因。

第四章 双轮驱动下中国经济增长的共同趋势与相依周期

第一节 引言

趋势经济增长率是制定可持续经济增长目标的基础,准确估算趋势经济增长率可避免因政策目标不合理而导致经济出现大幅度的波动。新常态以来,中国经济的"三期叠加"导致趋势增速进入换挡下行期,且没有明显的趋稳态势。中国政府为此尝试转换经济增长的动力机制,提出了以经济结构调整为核心的供给侧改革,经济政策的发力点也从需求侧转向供给侧,从而让"三驾马车"的驱动模式切换到供给侧和需求侧联合推动的双轮驱动模式。由此而提出的问题是:如何度量双轮驱动下中国经济增长的趋势增长率?供给侧结构改革的本质是通过驱动力的结构转换而提高全要素生产率和有效供给能力,实现经济稳定持续增长,但推进供给侧结构性改革并不意味着放弃需求管理政策。需求管理通过适度扩大总需求,使经济保持在合理区间运行,为供给侧改革营造良好的宏观环境。供给侧改革则着眼于解决经济持续增长的长期问题,因此,供给侧与需求侧是一脉相承、相辅相成的。通过供给侧结构性改革,矫正供需结构错配和要素配置扭曲,解决有效供给不适应市场需求的变化,使供给侧和需求侧在更高的水平实现新的平衡。这就意味着,需求侧和供给侧是经济增长的两个方面,它们相互影响、相互作用,共同推动经济增长。正如习近平总书记所指出的,"放弃需求侧谈供给侧或放弃供给侧谈需求侧都是片面的,二者不是非此即彼、一去一存的替代关系,而是要相互配合、协调推进"。这就表明,研究中国经济增长的长期趋势与短期周期必须充分考虑供给侧与需求侧的相互配合和协调推进,仅仅顾及其中任何一个方面都是片面的。本章将兼顾需求侧和供给侧的影响,在供给侧和需求侧双轮驱动下研究经济增长的长期共同趋势和短期相依周期,进而在存在共同趋势和相依周期的约束下,揭示供给侧和需求侧驱动力的相互影响及其对经济增长的动态效应。可以看出,本章的研究对于新常态下大力推进的供给侧和需求侧改革,保持经济的平稳均衡增长具有显著的理论和实践意义。

经济增长及其波动是宏观经济研究中的一个经久不衰的课题。当经济增长速度下滑,出现实际增长速度低于潜在增长率时,经济学家总是从消费、投资和出口等需求侧寻找原因。这种想法是基于凯恩斯理论,该理论认为经济增速下行是由需求方的因素所造成,其基本逻辑是边际消费倾向递减、流动性偏好以及对资本未来收益预期下降这三个心理因素导致有效需求不足,从而出现生产过剩和经济增长缓慢。现代凯恩斯主义则将经济衰退解释为由于价格和工资粘性,当经济受到外部冲击时,资源配置不会在短期内迅速回到均衡状态。此时政府需要通过总需求管理政策缓冲外部冲击,从而使得经济快速回复到均衡位置。典型的事例是全球金融危机时期,世界主要经济体普遍性实施了宽松的财政政策和货币政策。除此以外,宏观经济学另一个主流观点是从供给侧解释经济减速或经济波动,代表性的理论包括萨伊定律、供给学派和经济增长理论。萨伊定律认为实际经济增长由生产要素投入和技术水平决定,社会生产的产品能够创造需求。只要对生产不加干涉,就不会发生普遍过剩,因为在自由竞争的市场经济条件下,竞争将会很快使得各种商品供求一致。因此,尽管萨伊定律在一定意义上从供给的角度来研究了经济波动,但相对忽视了需求侧的作用。与萨伊定律一样,供给学派也强调经济的供给方面,也认为供给会自动创造需求,因而其政策建议是从供给侧着力推动经济发展,基本途径就是减税、增加投资和减少政府对经济的干预。典型例子是里根时期将供给经济学作为美国的国策。经济增长理论则致力于从供给侧研究长期经济增长的动力机制,其间经历了从古典增长理论到现代增长理论的漫长过程。在新古典增长理论中,经济增长过程被视为要素的积累过程,并强调劳动和资本积累在经济增长中的重要性。内生增长理论则强调了技术进步对长期增长的重要性(Romer,1986;Lucas,1988;Grossman and Helpman,1991)。上述经济理论分别从需求侧和供给侧探讨了经济增长的决定因素,关注的是一个问题的两个不同方面,但却都相对忽视了经济增长的需求侧和供给侧之间是如何相互依赖、相互影响的。从最近的理论发展看,演化经济增长理论已经尝试将需求侧分析和供给侧分析有机结合起来(黄凯南,2015)。该理论着重讨论了技术进步、制度和消费偏好的相互演化及其对经济增长的影响。类似地,最近提出来的"萨伊逆否命题"则阐述了需求侧对供给侧产生持久性的影响,该命题认为持续的短期需求不足必然会引起长期供给能力减弱,导致潜在经济增速下滑[①]。

面对2010年后中国经济增长速度的连续下滑,经济学家为寻找中国经济减速的根源进行了广泛而有益的研究。这些研究大致可以分为

---

① 中国人民大学宏观经济分析与预测课题组:2015,《当前中国宏观经济政策必须注重解决的几个问题》,《经济研究参考》第66期。

两个方面,一是从需求侧寻找原因,一是从供给侧寻找原因。需求侧方面的研究主要包括:刘瑞翔和安同良(2011)认为消费、投资和出口是社会总需求的重要组成部分,它们通过各产业部门间的技术经济联系和产业波及效应,对国民经济各产业部门产生直接或间接的生产诱发作用,进而影响整个国民经济增长的速度和质量。林(Lin,2011)从金融危机后净出口大幅度缩减的视角解释了本轮经济增速的下降。王少平和杨洋(2017)从需求侧的消费、投资和净出口解释经济增速的放缓。尽管从需求侧寻找中国经济结构下行的研究获得许多有益的结论,但对于新常态时期的相关研究,从供给侧方面进行解释居于主导地位。蔡昉(2016)认为新常态以来的经济减速,不是需求侧导致的,主要是供给侧导致的,是人口结构转变和经济发展阶段变化的结果。蔡昉(2010)、陆旸和蔡昉(2014)系统地从人口红利减退的角度解释中国经济增速的结构性下行。白重恩和张琼(2015)也认为人口老龄化趋势加剧以及难以为继的高储蓄率与高投资率,使得以要素投入为支撑的高速增长模式陷入窘境。中国经济增长前沿课题组(2012,2013,2014)总结导致当前经济减速的主要因素是:人口结构变化和劳动力拐点的出现、长期增长函数要素弹性参数逆转、经济结构服务化趋势、自主创新机制尚未形成、资源环境因素使得粗放型生产模式不能继续等等。李扬和张晓晶(2015)将经济结构性减速的原因归结为四个方面,分别是要素供给效率的下降、资源配置效率的下降、创新能力的不足和资源环境的约束。龚刚(2016)从发展经济学中的刘易斯拐点、库兹涅茨曲线和中等收入陷阱等拐点理论解释中国经济增速的结构性下行,这些理论本质是从人口、收入分配等经济结构方面进行解释。

经济学家还对近期中国的趋势增长率展开了广泛的实证研究,这些研究一般是在国际文献中有关经济增长的趋势与周期分解方法的基础上展开。从现有文献看,趋势与周期的分解方法主要包括两类:生产函数分解法和统计分解方法(Osman,2011;Andrei and Paun,2014)[①]。使用生产函数分解法的研究主要包括巴格利等人(Baghli et al.,2006)、普罗耶蒂等人(Proietti et al.,2007)、多林和拉扎尔(2014)等。生产函数法是基于经济增长理论和潜在产出的概念,将非工资引致失业率情形下的产出计算为潜在产出,并把潜在产出作为经济增长的长期趋势成分。它具有两个明显的优点:首先,具有坚实的理论基础,能够对估计的长期趋势提供充分的经济学解释,因此被学术界广泛使用(Rünstler,2002;Cahn and Arthur,2010)。其次,生产函数法能够识别影响趋势产出的结构性投入要素,并计算各种投入要素对趋势产出的贡献。生产函数法也具有一定的缺陷:首先,生产函数形式必须预先确定,而生产函数形式是由经济中的技术水平决定,在经济理论和实践中是未知的。其次,使用生产函数法估算潜在产出必须预先计算投入要素的潜在值或均衡值,而潜在值或均衡值的估计方法众多且不同方法估计的结果差异较大(Canova,1998)。再次,该方法对数据要求较高。由于数据限制,大多数发达国家使用生产函数法,发展中国家较少使用(中国人民银行营业管理部课题组,2011)。统计分解方法包含了多种方法,其基本特征是以数据说话的方式对数据进行分解,可以将其分成两大类:第一类是以确定性趋势作为经济增长的长期趋势估计;第二类是将确定性趋势和随机趋势作为经济增长的长期趋势估计。第一类主要包括时间趋势法、HP 滤波法等。时间趋势法是将实际 GDP 中的确定性趋势作为经济增长的长期趋势。HP 滤波法是通过最小化波动方差的途径分解 GDP 的趋势成分,本质上也是以确定性趋势作为经济增

[①] 也有一些文献使用 DSGE 模型估计潜在趋势增长率,但模型初始值设定对结果的影响很大,结果不稳健(Blanchard and Gali,2007),因而使用相对较少,本章没有介绍。

长的长期趋势。第二类方法是以现代计量经济学发展起来的单位根理论为基础,将实际GDP分解为确定性趋势、随机趋势和周期成分。这类方法包括贝弗里奇-纳尔逊(Beveridge-Nelson,1981)提出的BN方法及其后续发展、不可观测成分法等。统计分解方法的共同缺陷就是缺少经济理论的支持,因而在经济解释上略显不足(Lemoine et al.,2010)。为给统计分解方法一个合理的经济学解释,根据实际经济周期理论,如果技术进步是以不变的速度增长,当经济处于平衡增长路径时,实际产出、消费、投资的增长率均等于技术进步增长率,此时实际产出的趋势成分是时间的线性函数。这就意味着实际产出存在着确定性趋势,并且产出、消费、投资存在共同的确定性趋势。由于技术进步是带漂移的随机游走过程(King et al.,1988),这种情形下,实际产出中的趋势成分存在着确定性趋势和随机趋势,并且产出、消费、投资存在共同的确定性趋势和随机趋势。从计量经济学的角度看,这就意味着这些变量存在协整关系。正是基于这一思想,克恩等人(King et al.,1991)提出一种对模型中各变量施加协整关系约束的分解方法(简称KPSW),他们使用该方法分解了实际GDP、消费、投资等宏观变量的共同趋势。KPSW方法因其较好的经济含义和统计意义而被后续研究者接受(Centoni et al.,2007;Lettau and Ludvigson,2013)。埃克等人(Hecq et al.,2006)提出的共同趋势和相依周期分解法是KPSW的一个发展,它不仅在KPSW的基础上考虑了模型中变量之间的长期共同趋势,而且还考虑了模型中变量之间短期周期成分的相依性。顾和李(Gu and Lee,2007)使用该方法分解了韩国GDP、消费、投资和出口的共同趋势与相依周期。

  国内学者借鉴了国际文献中的生产函数法和统计分解方法,从供给侧或需求侧对新常态以来的趋势经济增长率展开了系统研究。在需求侧的研究中,杨子荣等人(2015)构建空间杜宾模型,对新常态下中国东部、中部和西部地区经济增长的驱动要素进行实证研究,发现不同地区的主要驱动力有所不同,固定资产投资、政府财政支出和出口仍是中国经济增长的重要动力来源。王少平和杨洋(2017)使用 KPSW 方法,从需求侧分解研究了经济增长、消费、投资和出口的共同趋势,发现 2010—2014 年期间趋势经济增长率为 7.85%。在供给侧的研究中,蔡昉和陆旸(2013)以资本回报率为解释变量,以不包含国家预算在内的全社会投资增长率为被解释变量建立计量模型,测算到 2011—2015 年期间,中国潜在经济增长率为 7.19%。中国经济增长前沿课题组(2012)基于生产函数,对中国潜在经济增长率和减速通道构筑情景分析发现,2016—2020 年的潜在经济增长率为 5.7%— 6.6%。中国经济增长前沿课题组(2013)基于生产函数核算框架,通过拓展增长核算分解方法,发现 2013—2018 年中国潜在经济增长率为 6.5%。陆旸和蔡昉(2014)在生产函数中加入人力资本变量,发现 2011—2015 年中国潜在经济增长率下降至 7.75%,2016—2020 年潜在经济增长率进一步下降至 6.7%。张军等人(2016)基于收敛假说的研究发现 2015 年的潜在经济增长率约为 8%,2015—2035 年人均 GDP 增长潜力为 6.02%。

可以看出,基于生产函数法估算中国长期趋势经济增长率的文献是依据潜在产出的定义,从供给侧进行分解,这无疑是重要的,但同样值得重视的是经济增长中需求侧的影响。经济中的总需求对应的是有支付能力的需求,尽管供给能力充裕,但超过需求边界的约束就会形成产能过剩。因此,忽视总需求对实际产出的边界限制,仅从供给的角度研究中国当前或未来一定时期的趋势增长率,还有明显不足。同样地,仅从需求侧分解经济增长的趋势成分,就忽视了对经济增长具有长期持续影响的供给侧驱动力,从而难以评价各种投入要素以及技术进步对经济增长的贡献,因而在政策意义上有所欠缺。进一步地,现有分解的文献都忽视了经济增长的供给侧和需求侧的相互影响。正如萨伊逆否命题和经济增长演化理论所论述的,经济增长的供给侧和需求侧之间存在相互影响,揭示这种相互影响对于新常态下保持中高速经济增长的宏观调控政策具有重要的意义。基于上述,本章将在统一框架下纳入供给侧和需求侧的双轮驱动,分解经济增长的共同趋势和相依周期,并研究供给侧驱动力和需求侧驱动力的相互影响。

本章的贡献体现如下:首先,在供给侧和需求侧的双轮驱动下,分解GDP的长期趋势与短期周期,这种研究方法不仅显著改进了既有文献仅从供给侧或需求侧分解GDP长期趋势的做法,而且在具体分解过程中综合考虑了供给侧驱动力、需求侧驱动力之间长期和短期的相互关联。其次,在共同趋势和相依周期的约束下揭示供给侧和需求侧驱动力的相互影响,该结果对当前供给侧和需求侧的双轮驱动改革具有参考价值。

第二节 基本理论与研究方法

一、供给侧和需求侧对经济增长的影响

宏观经济学中重要的分析工具AS-AD模型系统阐述了总供给和总需求联合确定均衡产出的过程。AD曲线是从产品和货币两个市场的均衡条件推导出来的需求量和价格水平之间的关系,它一般是斜率为负、向右下方倾斜的曲线。AS曲线是从劳动市场均衡条件和生产函数推导出来的供给量和价格水平之间的关系,它一般是向右上方倾斜的曲线,其斜率随着产出的增加而递增。

图4-1 AS-AD曲线图

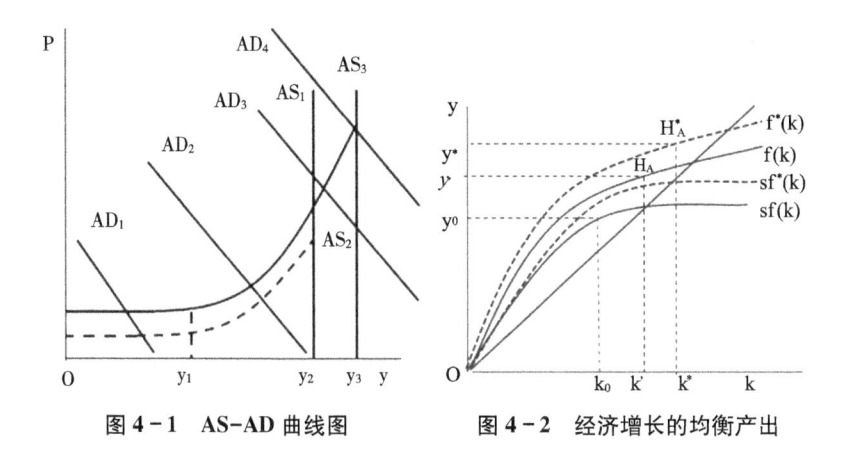

图4-2 经济增长的均衡产出

AS 曲线一般划分为三个阶段：经济萧条时期的水平阶段（凯恩斯阶段）、中间正斜率的常规阶段、潜在产出的垂直阶段（古典阶段）。这三个阶段分别对应图4-1中产出小于y_1，产出在y_1和y_2之间，以及潜在产出为y_2的阶段。在经济萧条时期，由于总需求不足导致产能没有得到充分利用，此时扩大总需求只会带来产出的上升，不影响通胀，需求管理政策最有效。当经济位于 AS 曲线的垂直阶段，此时产能已被充分利用，扩大总需求只能带来物价的上升，不能带来产出的增加。在 AS 曲线常规阶段，由于工资粘性导致常规 AS 曲线向右上方倾斜，此时扩大总需求会带来产出与物价的同时上升。从 AS 曲线的移动看，当面对技术进步、成本下降等外生冲击时，AS 曲线的凯恩斯阶段和常规阶段会发生移动，如图4-1中的虚线部分（AS_2），但古典阶段不会发生移动，因为古典阶段表明所有的生产要素都被充分使用。至于生产要素积累导致的长期增长则不在该分析框架内讨论，因此，AS-AD 曲线联合决定了均衡产出，它适用于短期均衡分析，但没有触及长期经济增长的问题，也没有更深入讨论供给侧和需求侧内部因素的相互影响。经济增长理论弥补了 AS-AD 模型的第一个不足，它系统探讨了长期经济增长的决定机制。图 4-2 是新古典增长模型的图形表述。当技术水平较低时,生产函数由曲线 f(k) 表示。如果人均资本在初始状态 k_0,随着经济的持续增长,人均资本和人均产量的不断提高,经济进入稳定状态 H_A,此时人均产出为 y'。由于生产函数曲线上的点是生产要素有效利用时的产出,因此 y' 是技术水平较低、人均资本为 k' 时的潜在产出,它相当于图 4-1 中 AS_1 曲线的垂直阶段 y_2。随着技术水平的提高,生产函数曲线上移为 $f^*(k)$,经济进入稳定状态 H_A^*,此时的潜在产出为 y^*,它相当于图 4-1 中 AS_3 曲线的垂直阶段 y_3。在这个更高技术水平条件下进行总需求管理,将总需求扩大到由 AD_4 代表的水平,宏观经济可以在更高产出水平实现新的均衡。因此,AS-AD 模型和经济增长模型联合起来就将需求侧的短期管理和供给侧的长期增长结合起来,论述了两者的相互配合与协调推进,共同推动经济增长。

二、供给侧与需求侧的相互影响

在新古典增长模型中,生产函数典型地设定为:$Y_t = A_t K_t^{1-\theta} L_t^\theta$。其中 Y 表示 GDP,K 表示资本存量,L 为劳动投入量。以全要素生产率 A_t 表示的技术进步被假定为按照固定比例增长。在这种技术进步的冲击下,以流量表示的宏观经济变量在稳态时有共同的增长率(A_t/θ),这就使得 GDP、消费、投资具有共同的确定性趋势。在克恩等人(King et al.,1988)的 RBC 模型中,全要素生产率 A_t 被假定为遵从带漂移的随机游走过程:$\log(A_t) = \mu_A + \log(A_{t-1}) + \xi_t$。其中 μ_A 表示生产率的平均增长率,ξ_t 为独立同分布的白噪音。技术冲击 ξ_t 激发了经济系统向新的稳态调整,资本存量偏离其稳态并重新累积到新的稳态值,同时,技术进步还会通过改变消费的时间偏好而对消费产生影响。因此,正向的生产率冲击提高了经济增长的长期路径并达到新的稳态。新的稳态时 GDP、消费、投资的共同增长率为[$(A_t+\xi_t)/\theta$],这就使得这些宏观变量的共同趋势中不仅含有共同确定性趋势(由 A_t 表示),还包括共同随机趋势(由 ξ_t 累积形成)。由于该模型中的技术进步使用的是全要素生产率冲击,因此,除劳动和资本之外能够提高产出水平的供给侧冲击都包含在技术冲击中,换言之,本章所讨论的产业结构升级、人力资本、制度变迁等都属于该模型中的技术进步,这就说明这些广义的技术进步对消费、偏好、投资、资本积累具有动态效应。

AS-AD 模型、经济增长模型和 RBC 模型分别从不同方面解释了供给侧与需求侧的相互影响过程,将这些影响综合在一个统一的分析框架内,需要一个复合的分析模型。鲁德布施和斯文松(Rudebusch and Svensson,1999)与伯南克等人(Bernanke et al.,2005)所使用的宏观经济模型经常被用于描述经济波动。他们的模型中包括总供给曲线、总需求曲线、潜在产出方程、货币政策方程和冲击方程等。本章借鉴该模型描述供给侧与需求侧的相互影响。

$$\begin{cases} \pi_t = \delta_1 \pi_{t-1} + \delta_2(y_t - y_t^n) + \varepsilon_{st} \\ y_t = \varphi_1 y_{t-1} - \varphi_2(R_t - \pi_t) + \varepsilon_{dt} \\ y_t^n = \log(A_t) + (1-\theta)k_t + \theta l_t + \eta_t \\ \log(A_t) = \mu_A + \log(A_{t-1}) + \xi_t \\ i_t = \alpha_1 y_t + \alpha_2 \pi_t + \alpha_3 R_t + \upsilon_t \\ c_t = \rho_1 y_t + \rho_2 R_t + u_t \\ R_t = \kappa_1 \pi_t + \kappa_2(y_t - y_t^n) + e_t \end{cases} \quad (4-1)$$

模型(4-1)中第一个方程是总供给曲线或菲利普斯曲线,它表示通货膨胀由后顾型预期通胀、产出缺口和供给冲击驱动。第二个方程是需求曲线或 IS 曲线,它表示实际产出由上期实际产出、实际利率和需求冲击驱动。第三个方程描述了潜在产出的形成,原文使用简单一阶自回归的方式,本章依照模型(4-1)使用新古典增长函数。第四个方程是 RBC 模型中对技术进步的描述,ξ_t 为技术冲击。第五个投资方程是依据新古典经济学的论述而设定,第六个消费方程是基于凯恩斯理论设定。这两个方程中的 v_t 和 u_t 分别表示投资冲击和消费冲击。第七个方程是描述央行货币政策的行为,它表示央行遵从泰勒规则调整基准利率,e_t 为货币政策冲击。求解这一线性结构模型,可以清晰发现供给侧与需求侧的相互影响。

$$\begin{cases}
\pi_t = \begin{Bmatrix} B\{\delta_2[\varphi_1 y_{t-1} - \log(A_{t-1})] + \delta_1(1+\kappa_2\varphi_2)\pi_{t-1} - \delta_2[\mu_A + \xi_t + (1-\theta)k_t + \theta l_t + \eta_t + \\ \varphi_2 e_t - \varepsilon_{dt}] + (1+\kappa_2\varphi_2)\varepsilon_{st} \end{Bmatrix} \\
y_t = B\begin{Bmatrix} \varphi_1 y_{t-1} + \varphi_2(\kappa_2 + \delta_2\kappa_1 - \delta_2)\log(A_{t-1}) + \delta_1\varphi_2(1-\kappa_1)\pi_{t-1} + \varphi_2(\kappa_2 + \delta_2\kappa_1 - \delta_2) \\ (\mu_A + \xi_t + (1-\theta)k_t + \theta l_t + \eta_t) + \varepsilon_{dt} \\ -\varphi_2 e_t + \varphi_2[(1-\kappa_1)(1-\varphi_2\delta_2) + B^{-1}\varphi_2\kappa_2]\varepsilon_{st} \end{Bmatrix} \\
R_t = B\begin{Bmatrix} (\kappa_2 + \delta_2\kappa_1)[\varphi_1 y_{t-1} - \log(A_{t-1})] + \delta_1(\kappa_1 + \delta_2\kappa_2)\pi_{t-1} - (\kappa_2 + \delta_2\kappa_1)(\mu_A + \xi_t + \\ (1-\theta)k_t + \theta l_t + \eta_t - \varepsilon_{dt}) \\ + (1-\varphi_2\delta_2)e_t + (\kappa_1 + \delta_2\kappa_2)\varepsilon_{st} \end{Bmatrix} \\
i_t = B\begin{Bmatrix} (\alpha_1\varphi_1 + \alpha_2\delta_2\varphi_1 + \alpha_3\varphi_1(\kappa_2 + \delta_2\kappa_1))y_{t-1} + [\alpha_1\varphi_2(\kappa_2 + \delta_2\kappa_1 - \delta_2) - \alpha_2\delta_2 \\ -\alpha_3(\kappa_2 + \delta_2\kappa_1)]\log(A_{t-1}) \\ + [\alpha_1\delta_1\varphi_2(1-\kappa_1) + \alpha_2\delta_1(1+\kappa_2\varphi_2) + \alpha_3\delta_1(\kappa_1 + \delta_2\kappa_2)]\pi_{t-1} \\ + [[\alpha_1\varphi_2(\kappa_2 + \delta_2\kappa_1 - \delta_2) - \alpha_2\delta_2 - \alpha_3(\kappa_2 + \delta_2\kappa_1)] \\ (\mu_A + \xi_t + (1-\theta)k_t + \theta l_t + \eta_t) + [\alpha_1 + \alpha_2\delta_2 + \alpha_3(\kappa_2 + \delta_2\kappa_1)] \\ \varepsilon_{dt} - [\alpha_1\varphi_2 + \alpha_2\varphi_2\varphi_2 - \alpha_3(1-\delta_2\varphi_2)]e_t \\ + [[\alpha_1\varphi_2[(1-\kappa_1)(1-\delta_2\varphi_2) + B^{-1}\kappa_2\varphi_2] + \alpha_2(1+\kappa_2\varphi_2) + \alpha_3 \\ (\kappa_1 + \kappa_2\varphi_2)]\varepsilon_{st} \end{Bmatrix} + v_t \\
c_t = B\begin{Bmatrix} (\rho_1\varphi_1 + \rho_2\varphi_1(\kappa_2 + \delta_2\kappa_1))y_{t-1} + [\rho_1\varphi_2(\kappa_2 + \delta_2\kappa_1 - \delta_2 - \rho_2(\kappa_2 + \delta_2\kappa_1))]\log(A_{t-1}) \\ + [\rho_1\delta_1\varphi_2(1-\kappa_1) + \rho_2\delta_1(\kappa_1 + \delta_2\kappa_2)]\pi_{t-1} \\ + [[\rho_1\varphi_2(\kappa_2 + \delta_2\kappa_1 - \delta_2) - \rho_2(\kappa_2 + \delta_2\kappa_1)](\mu_A + \xi_t + (1-\theta)k_t + \theta l_t + \eta_t) \\ + [\rho_1 + \rho_2(\kappa_2 + \delta_2\kappa_1)]\varepsilon_{dt} \\ - [\rho_1\varphi_2 - \rho_2(1-\delta_2\varphi_2)]e_t + [\rho_1\varphi_2[(1-\kappa_1)(1-\delta_2\varphi_2) + B^{-1}\kappa_2\varphi_2] + \rho_2(\kappa_1 \\ + \kappa_2\varphi_2)]\varepsilon_{st} \end{Bmatrix} \\
y_t^n = \mu_A + \log(A_{t-1}) + (1-\theta)k_t + \theta l_t + \xi_t + \eta_t \\
\log(A_t) = \mu_A + \log(A_{t-1}) + \xi_t
\end{cases} \quad (4-2)$$

这里 $B = (1 + \varphi_2\kappa_2 + (\kappa_1 - 1)\delta_2\varphi_2)^{-1}$。在这个宏观经济模型中,系统决定了七个内生变量,分别是 $\pi_t, y_t, R_t, i_t, c_t, y_t^n, \log(A_t)$,一个外生变量劳动($l_t$)。资本存量 k_t 虽然以外生变量的形式进入模型,但资本积累过程等于初始资本存量加上新增投资再减去资本折旧,因此资本积累过程因投资而内生于模型中。模型中外生冲击分别为:总需求冲击(ε_{dt})、总供给冲击(ε_{st})、潜在产出冲击(η_t)、技术冲击(ξ_t)、货币政策冲击(e_t)、消费冲击(u_t)和投资冲击(v_t)。在这些外生冲击的共同作用下,系统中内生变量之间互相影响、相互作用。具体而言,模型(4-2)第二个方程描述实际产出 y_t 的影响因素,这些因素包括供给侧的上一期的技术水平、资本存量和劳动投入、总供给冲击、潜在产出冲击、技术冲击,也包括需求侧的总需求冲击和货币政策冲击。需求侧的投资冲击是通过对资本存量的影响而影响产出。在潜在产出的决定方程中,对其直接影响包括供给侧的上一期的技术水平、技术冲击,需求侧的投资冲击、总需求冲击和货币政策冲击。投资 i_t 通过影响资本存量而间接对潜在产出形成影响。类似地,在消费和投资的方程中,既包括了需求侧的消费冲击、投资冲击和总需求冲击,也包括供给侧的技术进步冲击和总供给冲击。供给侧的资本存量主要取决于投资数量,因此,影响投资的外生冲击都对资本存量产生动态效应,这些外生冲击包括供给侧的冲击也包括需求侧的冲击。综合上述可以看出,实际产出和潜在产出的形成包含了供给侧和需求侧的因素,它们联合对实际产出和潜在产出形成直接或间接的影响,这就意味着供给侧驱动力和需求侧驱动力联合确定 y_t 和 y_t^n。此外,供给侧和需求侧的因素不仅共同影响了供给侧的资本存量,还共同影响了需求侧的消费和投资,这就表明供给侧和需求侧的驱动力存在相互作用和相互影响。

三、供给侧和需求侧驱动力的选择与模型设定

对于中国长期经济增长动力的研究,李富强等人(2008)、翁媛媛和高汝熹(2011)、张德荣(2013)、余泳泽(2015)、陆旸和蔡昉(2014)等从供给侧展开了广泛的讨论,普遍认为资本、劳动、人力资本、经济结构、制度变迁、技术进步等因素是中国长期经济增长的驱动力。根据这些文献,本章将经济增长供给侧的驱动力选择为:劳动投入(ld)、物质资本(zb)、人力资本(rz)、产业结构升级(cy)、制度变迁(zd)、技术进步(kj)。李雪松等人(2005)、刘瑞翔和安同良(2011)、王少平和杨洋(2017)等从需求侧的消费、投资和出口分析了中国经济增长的动力问题。基于此,本章的需求侧驱动力选择消费(xf)、投资(tz)和出口(ck)。这样,本章包含的变量可写为 $X = (xf, tz, ck, zb, kj, rz, cy, zd, ld, y)'$,其中 y 为 GDP。根据本章的分析,需求侧和供给侧的驱动力不仅各自影响经济增长,而且它们还相互作用,形成合力共同推动经济增长。因此,共同趋势与相依周期的分解方法适合于研究双轮驱动下经济增长的趋势与周期。埃克等人(Hecq et al.,2006)提出的共同趋势和相依周期的检验与分解方法是基于协整的向量误差校正模型(VECM),本章的 VECM 设定为:

$$\Delta X_t = \alpha_0 + \alpha\beta' X_{t-1} + \sum_{i=1}^{q-1} \varphi_i \Delta X_{t-i} + \varepsilon_t \qquad (4-3)$$

这里,β 和 α 分别为 $n \times r$ 的协整向量和调节参数矩阵,r 为协整向量的数量。如果 $\alpha\beta'$ 是非零矩阵,则表明 X_t 中的变量之间存在协整关系。协整关系的存在表明需求侧驱动力、供给侧驱动力和 GDP 之间具有长期均衡关系,由此意味着需求侧驱动力、供给侧驱动力和 GDP 的长期趋势成分是源于共同因子的驱动,从而使得这些变量的长期趋势

成分之间存在线性相关,由此表明这些变量的长期趋势成分具有"共同"的特征。这种共同特征不但说明需求侧和供给侧长期驱动 GDP,而且还意味着需求侧驱动力和供给侧驱动力之间存在相互影响,形成合力,共同驱动经济增长。因此,在这种长期共同趋势约束下分解的经济增长长期趋势,体现了需求侧和供给侧驱动力对经济增长的共同贡献。

调节参数矩阵 α 揭示了需求侧驱动力、供给侧驱动力在受到随机冲击的影响而偏离其均衡关系时向长期均衡路径回调的速度,因而它体现的是向长期均衡回复的短期动态特征。滞后项系数矩阵 φ_i 是 $n \times n$ 矩阵,它揭示了需求侧驱动力、供给侧驱动力的短期动态过程。可以理解,模型(4-3)的短期相依周期约束施加在调节参数矩阵和滞后项系数矩阵上(具体见后文)。这样,模型(4-3)就综合刻画了需求侧驱动力、供给侧驱动力和 GDP 的长期与短期的结构关系,根据这种结构特征就可以刻画双轮驱动下中国经济增长的长期趋势与短期周期,并进而揭示需求侧驱动力和供给侧驱动力的长期和短期的动态影响。

四、共同趋势和相依周期的检验方法

由协整理论可知,存在协整关系就表明存在共同趋势。因此,检验 X_t 的共同趋势转变为检验 X_t 是否存在协整关系。本章根据模型(4-3)检验共同趋势,具体包括:①检验 X_t 各变量是否为单位根过程;②使用约翰森(Johansen,1991)的迹统计量检验 X_t 的协整关系;③如果发现 X_t 存在协整关系,再使用约翰森(Johansen,1991)的方法估计协整向量 β 和调节参数矩阵 α 以及滞后项系数矩阵 φ_i。

瓦希德和恩格尔(Vahid and Engle,1993)将相依周期定义为:对于 n 维 $I(1)$ 变量 X_t,如果存在线性组合使得 ΔX_t 变成为白噪音,就表明 ΔX_t 具有序列相关共同特征,此时称 X_t 具有相依周期[①]。根据这一定义,对于模型(4-3),如果存在 $n \times s$ 矩阵 ζ,对模型(4-1)两边乘 ζ',使得等式 $\zeta'\varphi_i = 0_{(s \times n)}, (i = 1,\dots,q-1)$ 和 $\zeta'\alpha\beta' = 0_{(s \times n)}$ 同时成立。这就意味着存在 s 个独立的线性组合褪去 ΔX_t 的序列相关,并使 ΔX_t 成为白噪音,由此表明 X_t 的周期成分具有相依性(Hecq,2000)[②]。因此检验 X_t 的相依周期就是检验矩阵 ζ 是否存在,而 ζ 的秩 s 就是相依周期的数量,ζ 称为共同特征向量。检验统计量如下:

$$C(s) = -(T - q + 1) \sum_{i=1}^{s} \log(1 - \lambda_i) \qquad (4\text{-}4)$$

这里,λ_i ($i = 1,\dots,s$) 为 ΔX_t 与变量 $(\Delta X_{t-1},\dots,\Delta X_{t-q-1},\beta'X_{t-1})$ 之间最小的 s 个典型相关系数。原假设为 X_t 至少存在 s 个相依周期,备择假设为相依周期数量小于 s 个。在原假设下,$C(s)$ 服从自由度为 $s[n(q-1) + r + s]$ 的 χ^2 分布,其中 r 为模型(4-1)的协整关系数量。

五、共同趋势和相依周期的分解方法

经由上述检验,发现单位根向量 X_t 存在共同趋势和相依周期,埃克等人(Hecq et al.,2000)提出了共同趋势和相依周期约束下的趋势与周期

[①] 相依周期的本质含义是指存在某些线性组合,这些线性组合可以使 X_t 短期成分中的一些特征(比如自相关性、季节性等)消失,这就意味着 X_t 短期成分中的季节性或自相关性等特征具有共同性或相依性。由于我们通常将时间序列数据(如 GDP)褪去趋势成分后剩余的短期部分称为周期成分。因此,当一组时间序列数据的周期成分具有共同特征时,就称这组时间序列数据具有相依周期。

[②] 详细的推导和说明请参阅瓦希德和恩格尔(Vahid and Engle,1993)与埃克等人(Hecq et al.,2000)。

分解方法。在现有的分解方法中,共同特征向量 ζ 不是唯一的,从而相依周期的分解结果也不唯一。为获得唯一的相依周期分解结果,类似于协整向量的标准化处理,埃克等人(Hecq et al.,2006)对 ζ 进行正则化变换,使其含有 s 维单位矩阵,记为 $\zeta' = (I_s, \rho)$,其中 ρ 为 $s \times (n-s)$ 维矩阵。将 (I_s, ρ) 左乘以模型(4-3),从而得到拟结构误差修正模型:

$$\begin{pmatrix} I_s & \rho \\ 0_{(n-s)\times s} & I_{n-s} \end{pmatrix} \Delta X_t = \begin{pmatrix} 0_{s\times n} & \cdots & 0_{s\times n} & 0_{s\times r} \\ \Gamma_1 & \cdots & \Gamma_{q-1} & \alpha^* \end{pmatrix} \begin{pmatrix} \Delta X_{t-1} \\ \vdots \\ \Delta X_{t-q+1} \\ \hat{\beta}' X_{t-1} \end{pmatrix} + \begin{pmatrix} I_s & \rho \\ 0_{(n-s)\times s} & I_{n-s} \end{pmatrix} \varepsilon_t \quad (4-5)$$

相对于模型(4-3),模型(4-5)中的协整向量保持不变,这就意味着共同趋势不改变;但由于对模型施加了相依周期约束,所以模型(4-5)中的调节参数和滞后项系数发生改变。正是通过对 VECM 模型中调节参数和动态滞后项施加线性约束,从而实现对 X_t 中的短期周期成分施加线性约束(Vahid and Engle,1993),因此,模型(4-5)是同时施加了长期共同趋势约束和短期相依周期约束的拟误差校正模型。进一步地,这种共同趋势和相依周期不是独立的,趋势成分和周期成分还存在动态调节关系,这种调节关系由调节参数 α^* 体现。因此,基于模型(4-5)所获得的趋势和周期分解结果就是同时综合考虑 X_t 的长期趋势与短期周期关联的情形下得到的趋势与周期分解结果。为表述方便,将模型(4-5)写为模型(4-6):

$$\Delta X_t = \gamma \beta' X_{t-1} + \sum_{j=1}^{q-1} \Pi_j \Delta X_{t-j} + \varepsilon_t \quad (4-6)$$

记 $P = [\Pi(1) - \gamma\beta']^{-1} \gamma \{\beta' [\Pi(1) - \gamma\beta']^{-1} \gamma\}^{-1} \beta'$,$\Pi(1) = I - \Pi_1 - \cdots - \Pi_{q-1}$,根据埃克等人(Hecq et al.,2000,2006)的研究,X_t 的共同趋势分解结果为 $ytr = (I-P)(\Pi(1) - \gamma\beta')^{-1} \Pi(L) X_t$,相依周期分解结果为 $yc = PX_t - (I-P)[\Pi(1) - \gamma\beta']^{-1} \sum_{j=0}^{q-1} \Pi_j \Delta X_{t-j}$。

第三节　共同趋势和相依周期的检验与分解结果

一、数据说明和单位根检验

中国在1984年后才开始全面改革[①]，本章样本区间选择为1984—2014年。国内生产总值GDP、资本形成总额、从业人员数量、出口总额、最终消费等时间序列数据可通过整理历年《中国统计年鉴》和Wind数据库直接得到。国内生产总值是1978年的不变价格数据，资本形成总额、出口总额和最终消费使用1978年为基期的消费者价格指数换算为实际数据。1984—2001年的物质资本存量使用张军和章元（2003）的测算结果，2002—2014年的数据是使用张军和章元（2003）的方法计算得到的，固定折旧率取10%。现有文献测度人力资本的方法主要包括受教育年限总额法、平均受教育年限法、成人识字率法等。王小鲁和樊纲（2009）根据卢卡斯的人力资本概念，将其定义为人力资本质量取决于教育程度的有效劳动力，因此，他们测度的人力资本存量就等于受过一定教育的劳动力总量与他们受教育年限的乘积。本章使用该方法计算人力资本存量。技术进步是科技资本投入的产出，从供给侧的角度看，科技资本是一种投入要素，主要是R&D的投入。有关R&D资本化的测度方法主要有三种：Goldsmith方法、Griliches方法和BEA方法。杨林涛等人（2015）解析了

[①] 1984年10月中共中央召开十二届三中全会，通过了《关于经济体制改革的决定》，这标志着中国改革的重点由农村转向城市、由局部改革转向全面综合配套改革的新阶段。

这三种方法的基本原理,认为三种测度方法既各有特色,又有共同特征,不存在一种方法绝对优于其他方法。本章参考王小鲁和樊纲(2009)的研究,使用 Goldsmith 方法测度 R&D 资本化[①]。制度变迁的度量借鉴了王小鲁和樊纲(2009),他们以非国有经济在工业总产值中的比重作为市场化程度的近似替代指标,大多数实证研究文献都采用了这种方法,如邱晓华等人(2006)、李富强等人(2008)、翁媛媛和高汝熹(2011)。关于产业结构变迁的度量,有的文献使用第一产业增加值占三次产业增加值的比重表示(邱晓华等,2006),有的文献使用第三产业产值与第二产业产值之比表示(干春晖等,2011;柯善咨和赵曜,2014)。干春晖等人(2011)认为,第三产业产值与第二产业产值之比体现了产业结构高级化和服务化的倾向,这一点与新常态下产业结构的升级和发展方向相一致,因此本章使用第三产业产值与第二产业产值之比表示产业结构变化。

对上述变量分别取自然对数,使用 ADF, PP 对上述全部变量进行单位根检验,结果见表 4-1。

表 4-1 数据的单位根检验

变量	检验方程式	ADF	PP	结论
xf	c,t	−2.67(0.25)	−1.43(0.83)	I(1)
△xf	c	−3.39(0.02)	−3.20(0.03)	I(0)
tz	c,t	−2.96(0.16)	−2.29(0.43)	I(1)
△tz	c	−3.57(0.01)	−3.49(0.01)	I(0)
ck	c,t	−1.71(0.72)	−1.77(0.70)	I(1)
△ck	c	−5.68(0.00)	−5.69(0.00)	I(0)
zb	c,t	−3.01(0.12)	−0.29(0.98)	I(1)
△zb	c	−4.61(0.01)	−3.60(0.10)	I(0)

[①] 杨林涛等人(2015)使用三种方法测度了中国的 R&D 资本化,从他们的结果中可以发现,虽然三种方法度量的结果数值不同,但它们都有非常相似的变化轨迹,即有相似的变化特征。因此,在本章的实证研究中,三种度量的结果不会有显著差异。

续表

变量	检验方程式	ADF	PP	结论
kj	c,t	−1.14(0.69)	−0.41(0.98)	I(1)
△kj	c	−3.31(0.07)	−3.69(0.01)	I(0)
rz	c,t	−0.46(0.98)	−0.59(0.97)	I(1)
△rz	c	−2.71(0.08)	−2.77(0.10)	I(0)
cy	c	−2.30(0.18)	−2.18(0.21)	I(1)
△cy	—	−3.08(0.00)	−3.08(0.00)	I(0)
zd	c,t	−2.99(0.15)	−2.99(0.15)	I(1)
△zd	c	−4.83(0.00)	−4.83(0.00)	I(0)
ld	c,t	−1.68(0.74)	−1.66(0.74)	I(1)
△ld	c	−4.77(0.00)	−4.76(0.00)	I(0)
y	c,t	−2.20(0.48)	−2.44(0.35)	I(1)
△y	c	−3.68(0.01)	−3.15(0.03)	I(0)

注:括号内数据是对应统计检验的 p 值。c 表示检验方程中有漂移项,t 表示检验方程有时间趋势项。

从表4-1看,各变量水平值的ADF和PP结果都不能在5%和10%的显著性水平下拒绝原假设,因此所有变量的水平值都是单位根过程。对变量进行一阶差分后,所有变量的ADF检验结果都可在5%的显著性水平下拒绝单位根的原假设。在 PP 检验结果中,△rz 和△zb 的 PP 检验结果可在10%的显著性水平下拒绝单位根的原假设,其余差分后的变量都可在5%的显著性水平下拒绝单位根的原假设。综合上述可以判断,所有变量的水平值都是 I(1)过程。这种数据特征表明,需求侧驱动力、供给侧驱动力和GDP 都含有趋势和周期成分,共同趋势和相依周期方法适用于这种数据特征。

二、共同趋势与相依周期的检验结果

本章的目的是在双轮驱动下研究中国经济增长的趋势和短期周

期,因此,本章的检验和分解应该同时包括供给侧和需求侧的驱动力,但现有的文献都是从供给侧或需求侧进行研究(余泳泽,2015;刘瑞翔和安同良,2011)。为和现有研究一致,本章在研究双轮驱动的同时,也分别研究了供给侧和需求侧单轮驱动下经济增长的趋势与周期[①]。在需求侧的研究中,X_t包括y、xf、tz和ck。在供给侧的研究中,X_t包括y、zb、ld、rz、kj、cy和zd。对不同情形下的X_t估计VAR(q),综合AIC和SC准则选择滞后期,在此基础上对X_t进行Johansen协整检验,结果见表4-2:

表4-2 共同趋势的检验结果

双轮驱动下共同趋势的检验结果							
原假设	迹统计量	5%临界值	结论	原假设	迹统计量	5%临界值	结论
无协整关系	693.1	219.4	拒绝	至多存在5个协整关系	119.9	60.1	拒绝
至多存在1个协整关系	466.5	179.5	拒绝	至多存在6个协整关系	77.9	40.2	拒绝
至多存在2个协整关系	331.9	143.7	拒绝	至多存在7个协整关系	45.1	24.3	拒绝
至多存在3个协整关系	241.1	111.8	拒绝	至多存在8个协整关系	17.3	12.3	拒绝
至多存在4个协整关系	168.1	83.4	拒绝	至多存在9个协整关系	0.33	4.1	接受
需求侧的共同趋势检验结果				供给侧的共同趋势检验结果			
原假设	迹统计量	5%临界值	结论	原假设	迹统计量	5%临界值	结论
无协整关系	41.5	40.2	拒绝	无协整关系	242.9	111.8	拒绝
至多存在1个协整关系	19.9	24.3	拒绝	至多存在1个协整关系	170.2	83.9	拒绝

---

① 从供给侧分解是基于经济增长理论,从需求侧分解是基于实际经济周期理论。

续表

需求侧的共同趋势检验结果				供给侧的共同趋势检验结果			
原假设	迹统计量	5%临界值	结论	原假设	迹统计量	5%临界值	结论
至多存在2个协整关系	6.9	12.3	接受	至多存在2个协整关系	116.2	60.1	拒绝
至多存在3个协整关系	0.1	4.1	接受	至多存在3个协整关系	75.3	40.2	拒绝
NA	NA	NA	NA	至多存在4个协整关系	37.4	24.3	拒绝
NA	NA	NA	NA	至多存在5个协整关系	15.1	12.3	拒绝
NA	NA	NA	NA	至多存在6个协整关系	3.2	4.1	接受

根据Johansen协整检验的程序,检验步骤从无协整关系的原假设开始,如果拒绝原假设,则在原假设中逐一增加协整关系的个数,然后顺次进行检验。从表4-1看,双轮驱动下共同趋势的检验结果中,当原假设为无协整关系时,迹统计量值大于5%临界值,拒绝原假设;然后检验至多存在1个协整关系的原假设,同样可以在5%的显著性水平拒绝原假设。依次递推检验下去,直至原假设为至多存在9个协整关系时,迹统计量为0.33,小于5%显著性水平临界值4.1,不能拒绝原假设。因此,检验结果表明:需求侧驱动力、供给侧驱动力和GDP之间存在协整关系,且协整关系的数量为9个。这一结果说明,需求侧驱动力、供给侧驱动力和GDP之间存在共同趋势。共同趋势的存在意味着,需求侧和供给侧驱动力共同驱动GDP趋势,并且需求侧和供给侧驱动力之间还存在相互影响和长期均衡关系。表4-2还报告了供给侧或需求侧单轮驱动与GDP的共同趋势检验结果。从需求侧的检验结果看,GDP、消费、投资和出口之间存在2个协整关系,从供给侧的检验结果看,GDP

和供给侧的驱动力之间存在6个协整关系。上述检验结果说明,从单轮驱动看,供给侧和需求侧都是GDP的长期驱动力,从双轮驱动看,供给侧和需求侧还相互影响、相互作用,形成合力共同驱动GDP。由此说明,揭示中国GDP的长期运行趋势应该在供给侧和需求侧的双轮驱动下,综合考虑它们之间的长期关联和长期相互影响,仅从需求侧或供给侧的某一个方面分解GDP的长期趋势难以准确、全面地揭示中国GDP的运行趋势和特征。本章进而基于模型(4-3)检验相依周期,以此考察X_t所包含变量的短期周期成分是否存在相依性。统计量$C(s)$的计算值见表4-3。

表4-3 相依周期的检验结果

双轮驱动下相依周期的检验结果								
原假设	$C(s)$值	5%临界值	结论	原假设	$C(s)$值	5%临界值	结论
至少存在1个相依周期	20.1	31.4	接受	至少存在2个相依周期	74.6	55.76	拒绝
需求侧的相依周期检验结果				供给侧的相依周期检验结果			
原假设	$C(s)$值	5%临界值	结论	原假设	$C(s)$值	5%临界值	结论
至少存在1个相依周期	15.6	23.7	接受	至少存在1个相依周期	4.2	12.6	接受
至少存在2个相依周期	65.9	43.8	拒绝	至少存在2个相依周期	25.3	23.7	拒绝

相依周期的检验方式类似于协整检验,从相依周期数量s>=1开始,如果接受原假设,则依次增加相依周期的数量继续进行检验,直至拒绝原假设而接受备择假设为止。由表4-3看,双轮驱动下相依周期的检验结果中,至少存在1个相依周期的原假设下,相依周期检验统计量值为20.1,小于5%显著性水平的临界值31.4,不能拒绝原假设。在至少存在2个相依周期的原假设下,检验统计量值为74.6,大于对应的

5%显著性水平的临界值55.76,拒绝原假设,接受相依周期数量小于2的备择假设。综合上述两次检验结果,可以得到存在1个相依周期的结论,无须再继续检验下去就可确定s=1。另外,需求侧的相依周期检验结果和供给侧的相依周期检验结果都表明存在1个相依周期。表4-2和表4-3的检验结果证实了需求侧驱动力和供给侧驱动力与GDP之间不仅形成共同趋势,还形成相依周期。这就再次表明,要揭示中国经济的长期趋势增长和短期周期波动,应在共同趋势和相依周期的共同约束条件下,综合需求侧和供给侧的共同影响。

三、共同趋势与相依周期的分解结果

本章首先使用约翰森(Johansen,1991)的方法对模型(4-2)进行估计,由此获得协整向量β的估计,在此基础上,使用完全信息极大似然估计方法估计模型(4-4),获得拟误差校正模型的调节参数和滞后项系数,以及共同特征向量ζ的估计结果。其中协整向量β的估计结果见表4-4:

表4-4 协整向量的估计结果(括号内为t统计量值)

	xf	tz	ck	zb	kj	rz	cy	zd	ld	y
双轮驱动下的协整向量	1	0	0	0	0	0	0	0	0	-0.92(-178.6)
	0	1	0	0	0	0	0	0	0	-0.81(-62.8)
	0	0	1	0	0	0	0	0	0	-0.78(-4.2)
	0	0	0	1	0	0	0	0	0	-1.14(-70.4)
	0	0	0	0	1	0	0	0	0	-0.80(-23.3)
	0	0	0	0	0	1	0	0	0	-0.04(-1.5)
	0	0	0	0	0	0	1	0	0	-0.08(-6.1)
	0	0	0	0	0	0	0	1	0	-0.12(-12.1)
	0	0	0	0	0	0	0	0	1	-0.81(-16.2)

续表

	xf	tz	ck	zb	kj	rz	cy	zd	ld	y
供给侧的协整向量	NA	NA	NA	1	0	0	0	0	0	-1.38(-32.6)
	NA	NA	NA	0	1	0	0	0	0	-1.25(-20.8)
	NA	NA	NA	0	0	1	0	0	0	-0.47(-4.6)
	NA	NA	NA	0	1	0	1	0	0	-0.10(-6.0)
	NA	NA	NA	0	0	0	0	1	0	-0.08(-2.9)
	NA	NA	NA	0	0	0	0	0	1	-0.53(-6.5)
需求侧的协整向量	-0.60(-9.8)	-0.50(-8.5)	-0.11(-7.1)	NA	NA	NA	NA	NA	NA	1

协整向量揭示了变量之间的长期均衡关系,体现了变量间长期趋势的共同变化方向。由表4-4可以看出:在双轮驱动下,经济增长与所有的供给侧驱动力和需求侧驱动力都是正向关系,这一估计结果说明供给侧驱动力和需求侧驱动力都正向驱动了经济增长。具体来看,双轮驱动下对应的表4-4最后一列的估计值是经济增长与各驱动力长期弹性的估计结果,可以发现,所有的需求侧驱动力的长期弹性都是在5%的显著性水平上统计显著,这就表明三大需求都是拉动长期经济增长的重要因素。供给侧驱动力中,除人力资本外,其余驱动力的长期弹性也在5%的显著性水平上统计显著,由此说明,在中国长期经济增长的驱动过程中,这些因素是主要驱动力。人力资本是不可观察的变量,现有方法对其的度量都是间接的。本章基于人力资本的概念,使用中国经济研究文献中普遍认可的度量方法;但毕竟是间接度量,这种间接度量的结果是否充分刻画了人力资本真实的变化特征,目前还难以详尽检验。因此,本章发现的人力资本对经济增长长

期趋势贡献不显著可能是该变量度量不够精准的结果；也可能是人力资本与模型中其余驱动力高度相关，导致人力资本对经济增长的贡献会被"错误"地加在其他变量的系数上；或者两者兼而有之。从供给侧单轮驱动的估计结果可以发现，人力资本的弹性增加至0.47并且统计显著，这就表明人力资本对经济增长有较大的贡献。因此，双轮驱动结果中的人力资本对经济增长长期趋势贡献不显著很可能是人力资本与其余变量相关导致的。为印证这一判断，本章计算了人力资本与其余变量的简单相关系数，发现它和需求侧驱动力、物质资本存量和技术进步的相关系数都在0.90以上。表4-4中还分别报告了供给侧和需求侧单轮驱动下协整方程的估计结果，同样发现，需求侧驱动力和供给侧驱动力都是长期经济增长的正向显著驱动力。

为使共同特征向量具有唯一性，对 ζ 进行正则化处理，并将其植入向量误差校正模型(4-2)，获得拟向量误差校正模型(4-4)，然后使用完全信息极大似然估计方法估计模型(4-4)。根据模型(4-4)的结果获得拟误差校正模型(4-5)的估计结果。基于模型(4-5)可以获得 X 中各变量在共同趋势和相依周期约束下的趋势与周期的分解结果。出于比较分析的目的，本章同时使用郭庆旺和费俊雪(2004)的生产函数法来分解经济增长的趋势和周期。与之有所不同的是，本章的生产函数中除了就业量和资本存量外，还包括人力资本、技术进步、产业结构升级和制度变迁。此外，本章不是使用 HP 滤波方法而是使用 BN 分解法计算 NAWRU。图4-3报告了双轮驱动下和生产函数方法分解的经济周期结果，图4-4报告了这两种方法分解得到的实际 GDP 的趋势增长率。

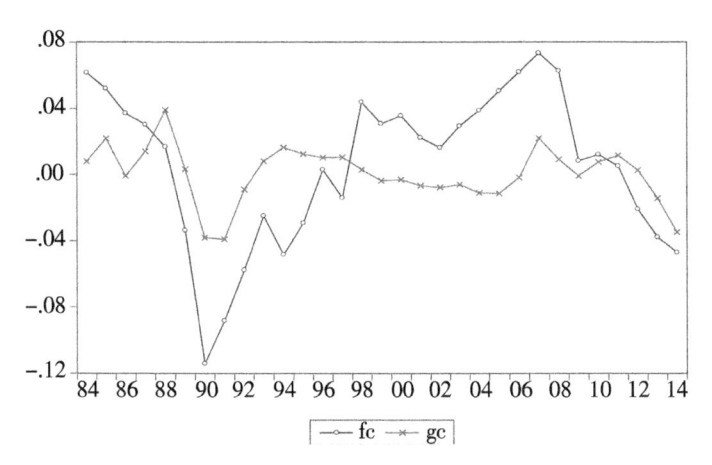

图 4-3　生产函数法与双轮驱动下的周期成分

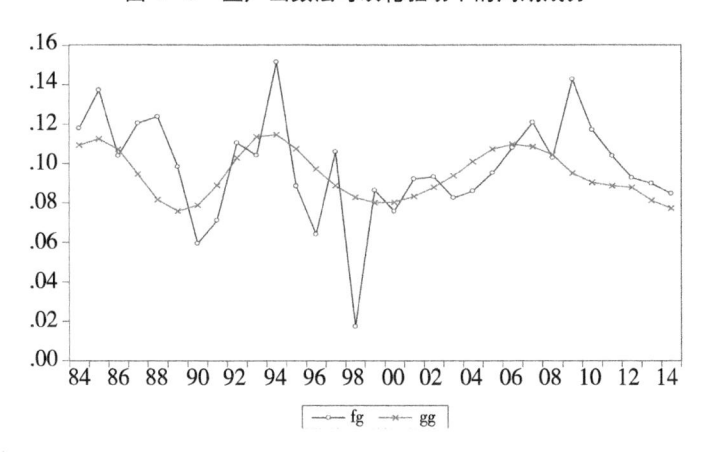

图 4-4　生产函数法与双轮驱动下的趋势增长率

图 4-3 中 fc 表示生产函数法分解的经济增长的周期成分,gc 为双轮驱动下经济增长的周期成分。图 4-4 中 fg 是生产函数法分解的趋势经济增长率,gg 为双轮驱动下的趋势经济增长率。对比这两种分解方法的结果,可以发现它们分解得到的趋势和周期具有大致相似的波动特征。例如,图 4-4 的趋势增长率中,fg 和 gg 在 1990 年前后以及 2000

年前后都进入一个谷底时期,2010年以后,两者都呈现整体下行趋势。这些结果与中国宏观经济的实际运行背景也基本吻合,因此,两种估计方法都能够准确分解中国经济增长的趋势和周期。但相比较而言,基于共同趋势分解方法得到的结果更为精确,原因在于:首先从研究设计看,生产函数法只考虑投入要素当期值对当期经济增长的影响,而没有考虑投入要素对随后的经济增长也可能存在影响。共同趋势和相依周期的分解方法是在协整框架下展开,它不仅考虑各种投入要素对经济增长的当期影响,也考虑各种投入要素对经济增长的持续性影响。其次,从分解结果看,图4-4中gg的曲线明显比fg光滑。这就意味着,共同趋势和相依周期所揭示的经济增长趋势的变化是较为平稳光滑的变化。我们知道,除非突然遭遇特别重大的随机冲击,否则年度趋势增长率不会频繁发生显著的突变,而fg的结果明显存在多处突变。产生这些突变的原因是某种投入要素存在突变,例如2009年为应对金融危机,投资的大幅度增加导致fg突然大幅增加。基于上述,本章选择使用共同趋势和相依周期的分解结果进行分析。

从图4-4可以看出,中国经济的趋势增长率在循环中变化,每一轮转变都正好对应一次重大的经济体制改革或重大的冲击。例如,1984年市场化改革后因全面放开而带来的市场混乱、1990年前的经济波动、1992年邓小平同志发表的"南方谈话"和随后市场经济体制的基本建立、亚洲金融危机以及全球金融危机。这些重大事件对中国经济增长的长期影响都在图4-4中清晰地展现出来,这就意味着本章的结果基本捕捉到了中国经济运行的基本特征、刻画了客观事实。从图4-4的gg趋势增长率的近期波动看,亚洲金融危机的冲击使得gg在1999年位于谷底,随后持续攀升直至2006年达到局部最高点,2007年没有能够在2006年高速增长的基础上继续攀升,而是开始向下回落。也就是说,尽管2007年仍然保持了很高的趋势增长速度,但趋势增速持续攀升的势头开始停止并小幅回调。这一时间点似乎与全球金融危机发生的时间并不完全吻合。美国次贷危机虽然发生于2007年,但一般认为金融危机在2008年才全面爆发并对中国产生显著影响。由此意味着即使没有全球金融危机,中国长期经济增速的趋势下行也必然会发生。从fg的结果看,虽然在2009年出现短暂的凸起,但从整体趋势看,也可以认为本轮下降的起始点在2007年。在gg的本轮下行过程中,2010—2012年间有一波小幅度的缓降过程,这应该是金融危机后4万亿的刺激效果。因此,4万亿的刺激虽然缓解了中国趋势经济增长速度的下行,但没有明显改变整体态势。2013年后,趋势经济增速又回到原有的下行轨道中。这就说明,4万亿的刺激并没有如同市场经济体制的建立那样对中国长期趋势增长产生显著改变。从2012年后新常态时期的趋势经济增长率看,其下降速度似乎要快于全球金融危机时期的下降速度,其中,2014年的趋势增长速度已经下降至7.7%。

图4-3中的gc是经济增长的相依周期分解结果。根据美国国家经济研究局经济周期委员会关于划分经济周期的定义,本章将一个基本完整的"U"型界定为一个经济周期,也就是说,gc经历下降和上升所持续的时期为一个经济周期。据此,本章的样本期内可划分为四个完整周期:第一轮周期为1984至1988年,波谷期为1986年。第二轮周期为1988年至1994年,波谷期为1991年。第三轮周期为1994年至2007年,波谷期为2002年,第三轮周期是一轮长周期,持续时间达到14年。第四轮周期为2007年至2011年,波谷期为2009年。2012年后,中国经济增长进入新一轮周期,并且处在继续探底的过程中。生产函数法分解的经济周期成分fc的波动特征与gc大致相同,特别是在2008年全球金融危机及以后的时期,两者具有非常相似的特征。例如,2008年两者都从局部高点下行,经过反弹后2011年开始再次快速下行。

将图4-4趋势增长率gg和图4-3经济周期gc的循环特征相对照，可以发现它们有近似的循环波动特征，换言之，如果也按照前述类似的方法，将趋势经济增长率划分为周期，可以发现它与gc的周期特征相似。特别是第二轮周期和第三轮周期，两者有大致相同的起点和终点，并且谷底形成的时间也大致相同。这就说明，经济结构调整或重大随机冲击不仅明显地改变了趋势经济增长率，也同样改变了经济增长的短期波动。在第四轮周期中，gg和gc呈现出显著不同。gc在2007—2011年形成一轮小周期，并且这轮周期的时间较短、幅度也相对较小，而gg在全球金融危机的这段时间并没有明显的周期性，仅形成一个小波峰。这一结果说明，金融危机时期2008—2011年的经济增速下滑主要是长期趋势的下滑，短期周期成分下降的幅度相对较小。从2012年后的经济新常态时期看，经济增长的周期成分和趋势增长速度都呈现明显的快速下滑。该结果表明，新常态下经济增速的下滑是趋势增长率和周期成分双双下降的叠加结果。

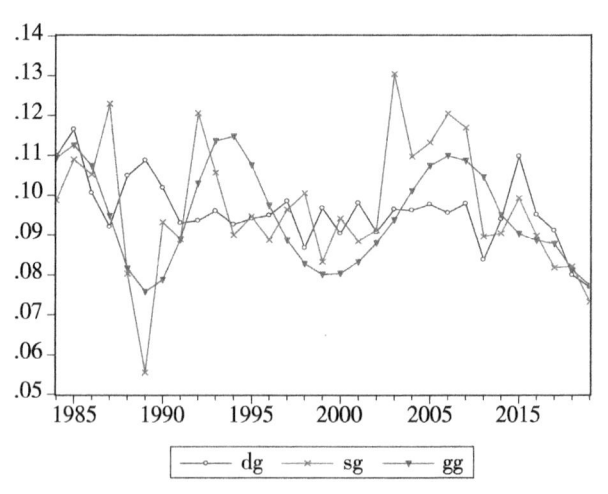

图4-5　单轮驱动下趋势增长率的分解结果

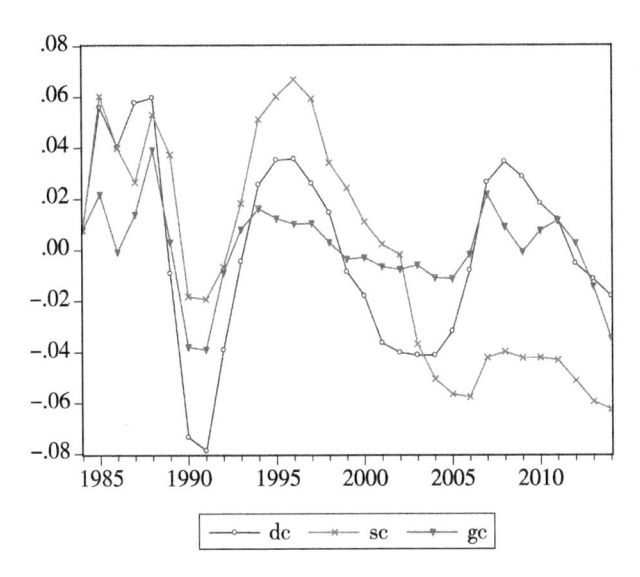

图 4-6 单轮驱动下相依周期的分解结果

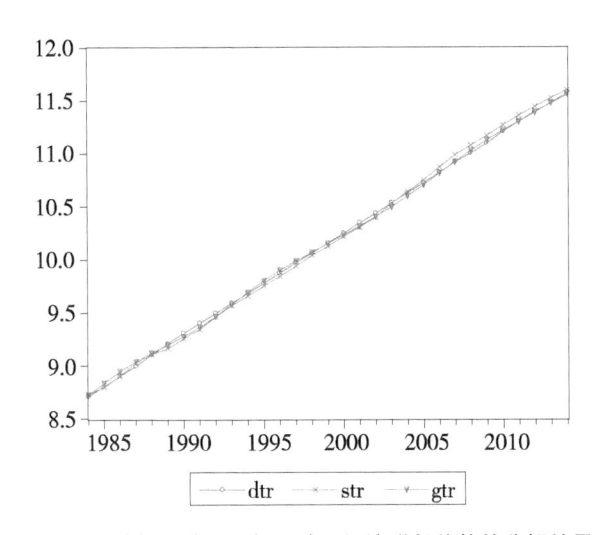

图 4-7 单轮驱动和双轮驱动下经济增长趋势的分解结果

图 4-5 中的 dg 和 sg 分别是需求侧和供给侧单轮驱动下经济增长

的长期趋势增长率的分解结果,它们分别表示由需求侧或供给侧支撑的趋势经济增长率,本章将其称为 GDP 的需求趋势增长率和供给趋势增长率。图 4-6 中的 dc 和 sc 分别是需求侧和供给侧单轮驱动下的经济增长的周期分解结果,本章称其为 GDP 的需求周期和供给周期。图 4-7 给出了单轮和双轮驱动下经济增长趋势的分解结果,其中 dtr 表示需求趋势,str 表示供给趋势。为方便比较,图 4-5,4-6,4-7 中分别加入了双轮驱动下的周期成分(gc)、趋势增长率(gg)和趋势(gtr)的分解结果。从长期趋势增长率的分解结果看,样本期内 dg 和 sg 并不完全一致,局部时期出现短期的偏离,例如,1990 年前后的供给趋势增长率小于需求趋势增长率,2005 年前后,供给趋势增长率明显大于需求趋势增长率。但从整个样本期来看,两者具有长期相依相伴的关系。这一结果说明,GDP 的供给趋势和需求趋势之间具有长期均衡关系,也就是说,需求侧的驱动力下降将会影响供给侧,反之,供给侧驱动力疲软也会拖累需求侧。从图 4-7 中供给趋势和需求趋势的分解结果也能够直观地发现类似的结论,即供给趋势和需求趋势具有长期均衡关系。对比双轮驱动与单轮驱动下的趋势增长率,可以发现样本期内大多数时期 gg 曲线贯穿于 dg 和 sg 曲线之间,这一结果意味着均衡的趋势增长率是由供给侧和需求侧联合驱动确定的,只有少部分时期存在 gg 曲线偏离 dg 和 sg 曲线的情形。例如,在 1994—1997 年期间,gg 明显高于 dg 和 sg,这一结果是因为 1992—1994 年供给侧趋势增长率的快速增加带动的,类似地,1998 和 1999 年,dg 和 sg 的联合下降导致 2000 年前后 gg 曲线低于 dg 和 sg 曲线。特别地,sg 在 2007 年就开始下降,dg 在 2007 年也处于较低的位置,在两者联合作用下,gg 从 2007 年开始掉头下行。由此可以判断,中国经济近期长期趋势增长率的下行主要是源于供给侧驱动力支撑能力的下降。这一结论再次为新常态下的供给侧结构改革提供理论依据。2008年受金融危机的影响,sg和dg双双滑入低谷,由此带动gg在相应时期有一个下凹的过程。受4万亿的刺激,2009年sg和dg开始从低谷小幅反弹,2010年两者有较为明显的反弹。2011年后的新常态时期sg,dg和gg都处于快速下降阶段,并且sg小于dg,直到2014年两者才接近。

需求趋势和供给趋势分别体现了需求侧驱动力和供给侧驱动力对GDP长期趋势的支撑能力,两者对比可以直观反映不同时期宏观经济供求的均衡与失衡状况。1985—1989年和2004—2006年,这两段时期的dtr和str基本一致,说明这两个时期的中国宏观经济处于总供给与总需求基本均衡的状态。1990—1994年,这一时期的dtr明显大于str。图4-5也清楚地表明,1990—1994年的非均衡是由于1987年后dg的上升与sg的快速下降导致的,由此表明这一段时期的宏观经济增长主要是需求拉动型增长,这也是短缺经济的一种典型特征。1995—2003年dg和sg大致相等,对应的dtr和str也在这一时期大致相等,说明该时期的中国宏观经济总体处于总供给与总需求基本均衡的状态。2004—2008年,sg都明显大于dg,由此导致2007年开始str明显大于dtr,并一直持续到新常态时期。在全球金融危机时期,GDP的需求趋势小于供给趋势的幅度相对更大。因此,2007年后,中国就进入了整体供给过剩的状态,且这种供给过剩的状态一致持续到新常态时期。这就表明,经济结构调整和相应的改革在2007年后就应该着手推进。由于金融危机导致供给趋势增长率sg下降的幅度过大以及2010年后dg大于sg,使得新常态时期供给过剩的程度逐步降低,需求不足的缺口明显收缩,直至2014年两者基本接近一致。上述表明,新常态时期GDP趋势增速的下降既有供给侧的原因,也有需求侧的原因,但供给侧驱动力减弱的程度大于需求侧驱动力减弱的幅度,因此供给侧的原因更为重要。这意味着在当前总需求不足的程度已经较小的情况下,稳定经济增长的宏观调控政策要以供给侧为主,兼顾需求侧的双轮发力。

从图4-6中GDP的需求周期和供给周期的波动特征看,两者基本呈现同步特征,双轮驱动下周期成分与单轮驱动下周期成分的波动特征也基本一致,并且在样本期内双轮驱动下的周期曲线大多数时期贯穿于需求周期和供给周期曲线之间。因此,从周期成分看GDP的供给侧和需求侧之间也具有长期关系,这也再次说明供给侧和需求侧之间存在相互影响、相互作用的过程。从局部看,2007年以前,dc、sc和gc基本同步波动;2007年后,dc直接转入快速下行通道,sc有一次小幅下行并在2009年形成小幅度的"V"型底部。在需求周期快速下行、供给周期长时间持续负值和sc小幅下降至底部的叠加作用下,gc在2009年形成较大幅度的"V"型底部。2011年后需求周期和供给周期双双向低谷快速下行,由此带动gc也快速下降。这一结果再次说明:当前经济增速的下滑是在供给侧和需求侧联合作用下,趋势和周期同时下降的叠加结果。

第四节 需求侧和供给侧驱动力的相互影响和动态反馈

由于供给侧驱动力和需求侧驱动力之间存在长期共同趋势和短期相依周期,因此,探讨需求侧驱动力和供给侧驱动力的相互影响应该在充分考虑这种长期和短期关系的基础上展开。传统的误差校正模型是在共同趋势约束的基础上研究变量间相互影响和动态反馈的方法,本章的拟误差校正模型(4-6)是在传统误差校正模型中置入相依周期约束的结果。因此,基于模型(4-6)的脉冲响应函数就适用于揭示在共同趋势和相依周期约束下,需求侧驱动力和供给侧驱动力的相互影响。

为避免拟误差校正模型(4-6)中的变量排序影响脉冲响应函数的估计结果,本章使用了库普等人(Koop et al.,1996)使用的广义脉冲响应函数。累积广义脉冲响应函数的计算结果如下:

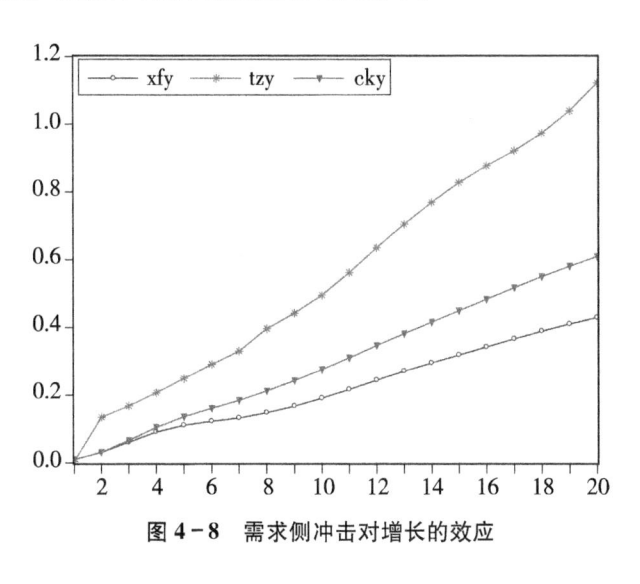

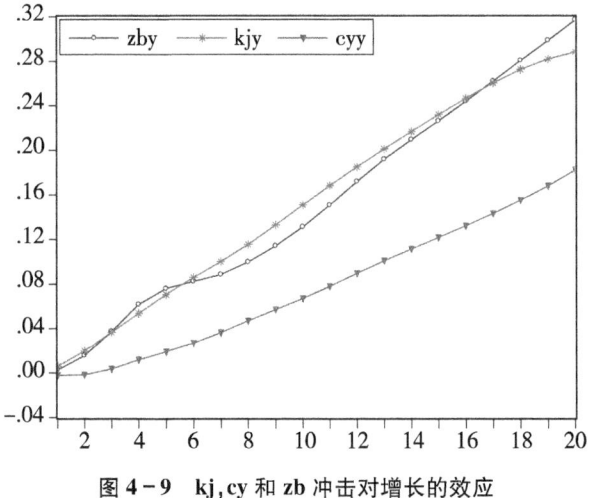

图4-8 需求侧冲击对增长的效应

图4-9 kj,cy和zb冲击对增长的效应

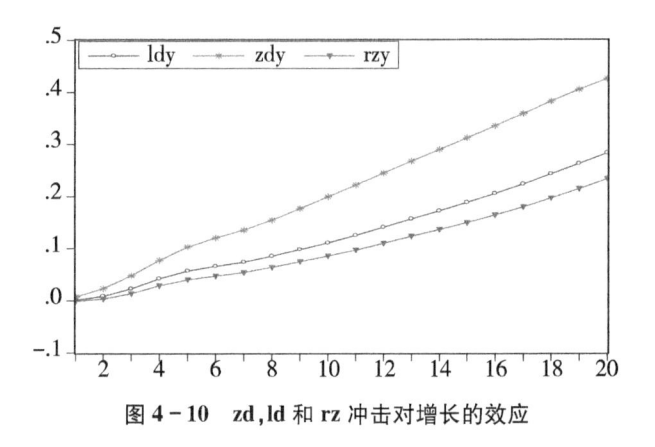

图 4-10 zd、ld 和 rz 冲击对增长的效应

图 4-8 中的 xfy、tzy 和 cky 分别是消费、投资和出口冲击对经济增长的累积动态效应，图 4-9 中的 zby、kjy 和 cyy 分别是资本存量、技术进步和产业升级冲击对经济增长的累积动态效应，图 4-10 中的 ldy、zdy 和 rzy 则是劳动、制度变迁和人力资本冲击对经济增长的累积动态效应。从三个图的总体结果看，供给侧驱动力和需求侧驱动力对经济增长的累积冲击效应都为正值，符合理论预期。这就意味着供给侧驱动力和需求侧驱动力都对经济增长具有正向驱动作用，该结果印证了前述协整方程的估计结果。图中结果也表明不同驱动力的动态冲击效应各有差异。具体而言，需求侧驱动力中，消费、投资和出口的动态效应持续为较大幅度正值，且投资的拉动效应相对更强。由于脉冲响应函数反映的是内生变量对一个标准单位的随机冲击的累积响应，因而它事实上刻画的是随机冲击的持续边际效应。图 4-8 的结果意味着，需求侧的三驾马车中，投资的持续边际效应相对较强，而消费的边际效应相对较弱。因此，新常态下还应尽可能适度维持投资和出口的较高增长，同时着力刺激消费，以较快的消费增长拉动经济持续增长。图 4-9 和图 4-10 表明供给侧驱动力的累积动态效应始终为正值，并且

制度变迁和劳动供给的边际效应相对较大,这就表明改革开放的 40 多年里,制度变迁和劳动供给对长期高速经济增长的推动效果相对更好。产业升级的边际效应相对较小,因此,服务化倾向的产业转型对经济快速增长的刺激效应相对缓慢。新常态下要保持经济的较快增长,还是要继续大力发展第二产业。从图 4-10 还可以看出,在控制其余变量不变的条件下,人力资本对经济增长有明显的正向效应。

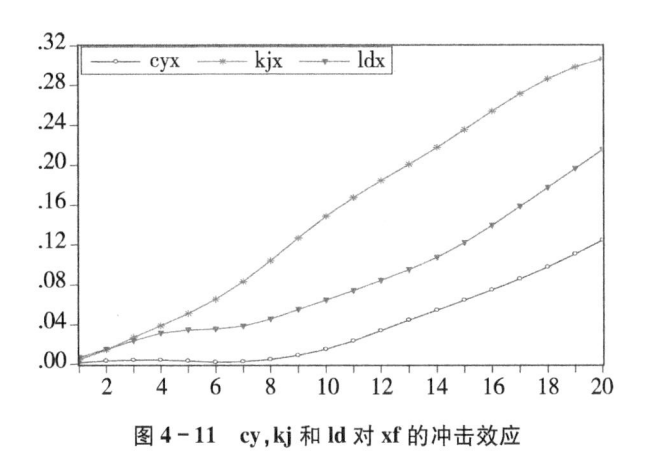

图 4-11 cy,kj 和 ld 对 xf 的冲击效应

图 4-12 zb,zd 和 rz 对 xf 的冲击效应

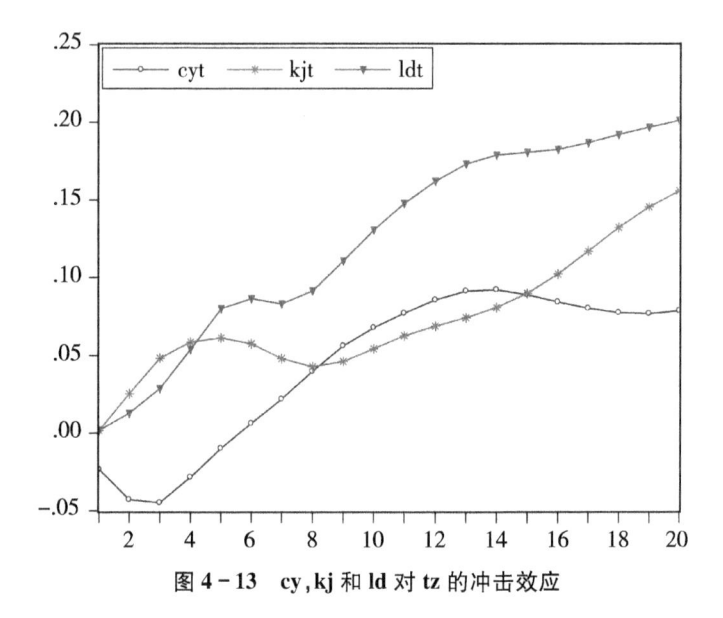

图 4-13 cy, kj 和 ld 对 tz 的冲击效应

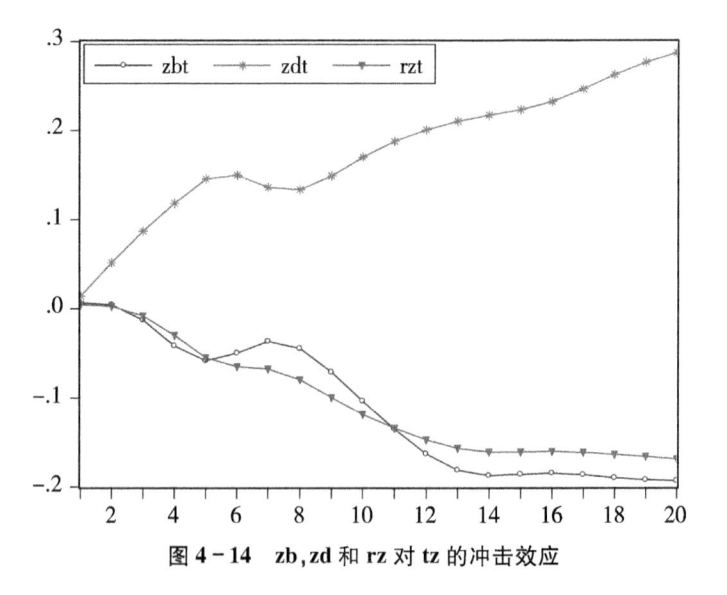

图 4-14 zb, zd 和 rz 对 tz 的冲击效应

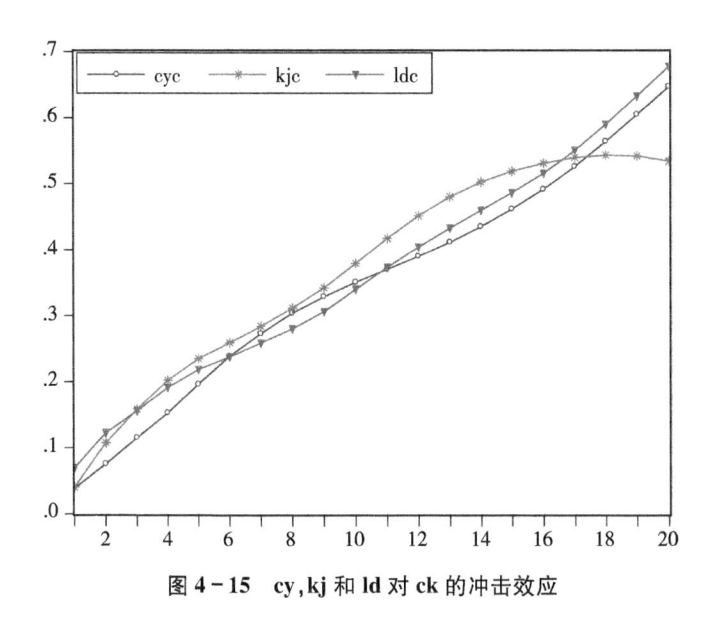

图 4-15 cy, kj 和 ld 对 ck 的冲击效应

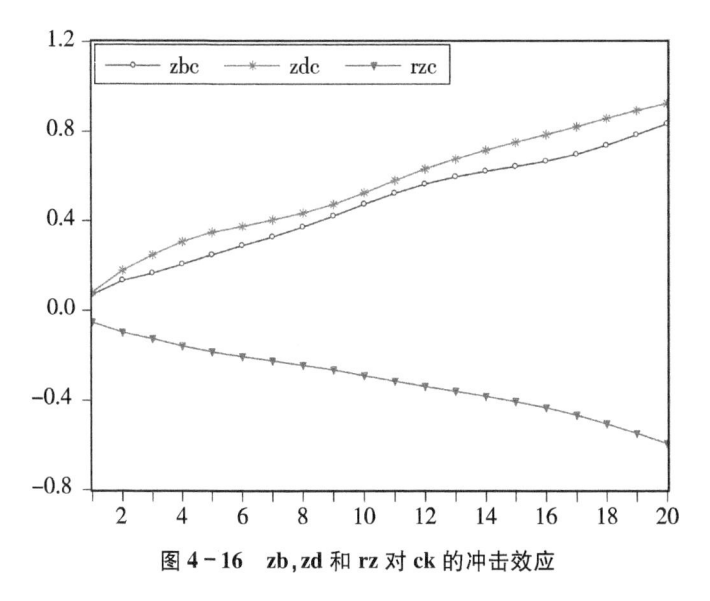

图 4-16 zb, zd 和 rz 对 ck 的冲击效应

前述协整向量的估计结果表明,供给侧和需求侧的驱动力对 GDP 的长期趋势形成正向推动效应。如果需求冲击对供给侧具有正向冲击效应,就表明需求因素也能通过供给侧间接拉动 GDP 的趋势增长。同样地,如果供给冲击对需求侧具有正向冲击效应,也能说明供给因素能通过需求侧间接拉动 GDP 的趋势增长。

图 4-11 至图 4-16 报告的是供给侧驱动力对需求侧驱动力的累积动态冲击效应,其中图 4-11 和图 4-12 是供给侧驱动力对消费的累积冲击效应,图 4-13 和图 4-14 是供给侧驱动力对投资的累积冲击效应,图 4-15 和图 4-16 是供给侧驱动力对出口的累积冲击效应。从图 4-11 和图 4-12 看,除人力资本和物质资本存量外,其余因素对消费产生持续的累积正向冲击效应。人力资本对消费的冲击效应表现为负值,这是因为人力资本投资随着投资主体的不同而对消费产生不同的影响。政府或企业的人力资本投资能够使个人或家庭用于人力资本的收入增加,或者在拥有相同的人力资本的情况下,使个人或家庭在人力资本方面的花费减少,从而将较多的收入用于购买其他消费品。个人的人力资本投资是对眼前消费的放弃,是消费者所作出的牺牲。在收入维持不变时,个人用于人力资本投资的越多,用于即期消费的就越少,二者之间存在着此消彼长的替代关系。因此,人力资本投资对消费的影响存在挤入效应和挤出效应,本章结果表明挤出效应大于挤入效应。资本存量是固定资产投资量的累积结果,当人们的收入不变时,用于固定资产投资的数量越多,用于消费支出的数量就越少,因此,资本存量的增加会挤占消费支出,从而对消费形成负向效应。在对投资的冲击效应中,资本存量和人力资本对投资支出的累积动态效应为负向,其余变量对投资的累积动态效应为正向。资本存量对投资的负向效应是因为从 20 世纪 90 年代后期开始住房、土地价格的快速上涨,导致住房、土地购置费用快速增加,统计上把这一部分计入资本存量而不计入

资本形成总额。由于住房、土地购置费用的快速增加挤占了投资支出（资本形成总额），从而形成负向效应。因此，该负向效应主要是由于统计度量口径计算而导致的。王询和孟望生(2013)在世代交叠模型中解释了人力资本对投资的负向效应。他们认为如果一项资本的回报率小于另一项，决策主体就会将其资本投向回报率更高的资本项，进而对回报率低的另一项资本进行替代，因此，人力资本投资和物质资本投资之间存在着一定程度上的替代效应。在对出口的效应中，只有人力资本对出口具有明显的累积负向效应，其余供给侧动力对出口都表现出正向效应。凡(2004)认为人力资本存量对出口贸易产生积极影响的前提条件是人力资本积累能够达到相应的门槛。中国的人力资本积累虽然很丰富，但存在明显的人力资本错配，大量高学历者并没有进入生产性部门[1]，从而使得生产出口商品部门的人力资本积累没有超过相应的门槛。综合上面的分析能够发现，人力资本的增加不利于总需求的增加，人力资本对经济增长的正向推动效应主要是由供给侧的直接效应体现。

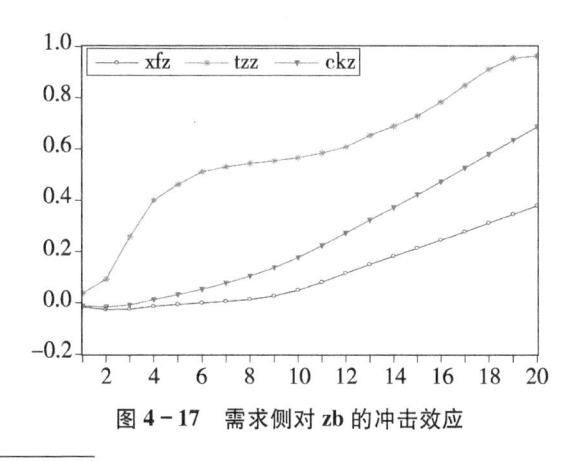

图 4-17 需求侧对 zb 的冲击效应

---

[1] 中国经济增长前沿课题组：2014，《中国经济增长的低效率冲击与减速治理》，《经济研究》第 12 期。

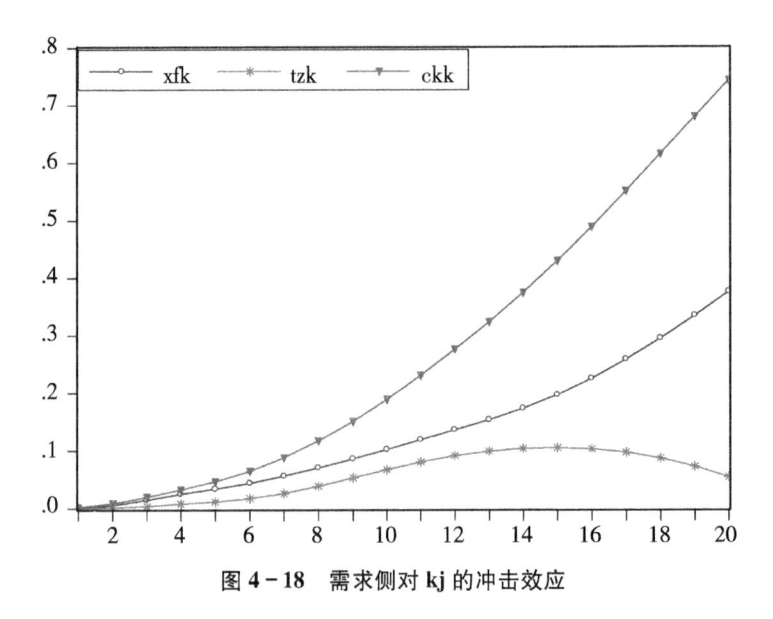

图 4-18 需求侧对 kj 的冲击效应

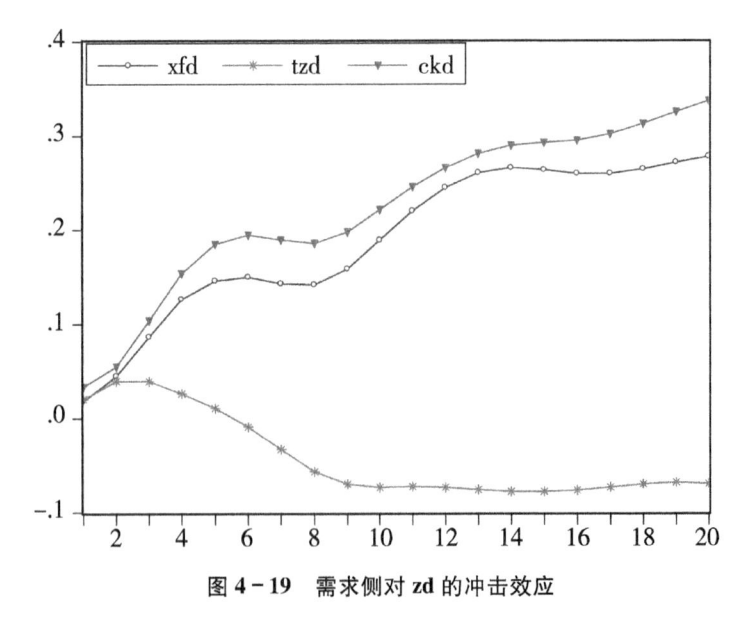

图 4-19 需求侧对 zd 的冲击效应

图 4-20　需求侧对 cy 的冲击效应

图 4-21　需求侧对 rz 的冲击效应

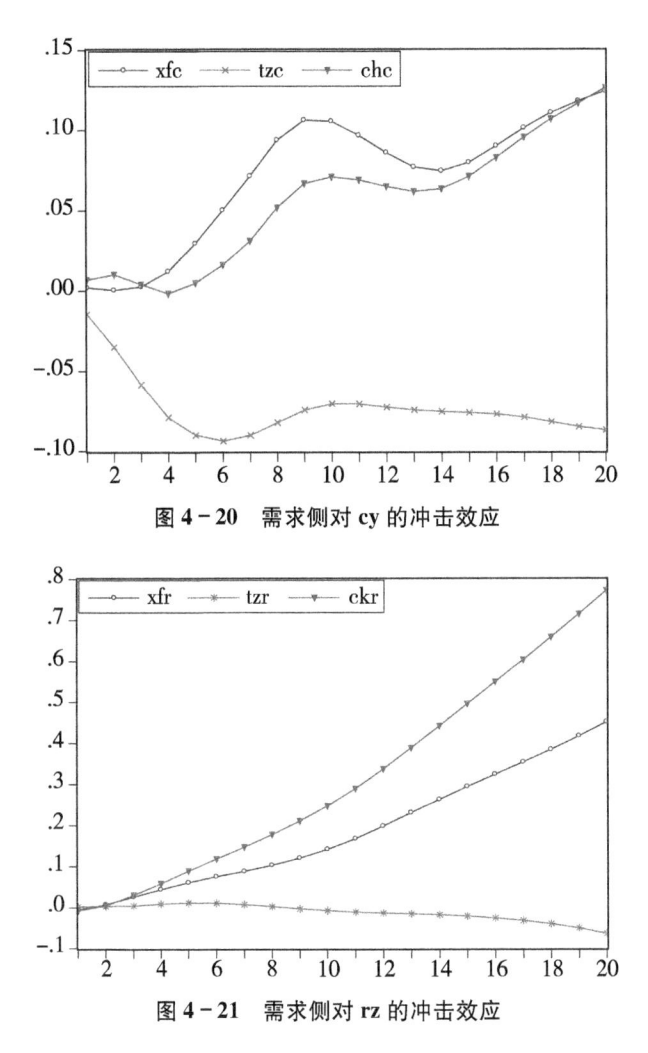

图 4-13 至图 4-17 分别报告了需求侧驱动力对供给侧的累积冲击效应[①]。图 4-13 中,需求侧的三大驱动力对供给侧的资本积累都形

---

① 劳动力的变化具有一定的外生性,除了经济因素外,社会因素和计划生育政策对其影响很大,本章没有报告需求侧驱动力对劳动力的冲击效应。

成正向动态效应,其中投资对物质资本积累的边际效应相对较大。出口对资本积累的累积冲击效应在前两期为负但很快转为正值,而消费在初始期的冲击效应持续为负向,直至 10 期后才转为正向,并且幅度相对较小。这就说明:消费在短期会挤占固定投资支出,但对较长时期而言消费增加将引起固定投资和产出的增加,从而有利于资本积累。这是因为从短期看,消费与投资之间具有替代效应,但消费增加对产出具有持续正向推动效应,当产出增加时,固定资产投资也会随之增加并带来资本积累增加。图 4-18 表明消费、投资和出口有利于持续的技术进步,并且出口对技术进步的累积冲击效应相对较大,这一结果表明出口企业对技术创新的水平溢出效应和垂直溢出效应显著。图 4-19 报告了需求侧驱动力对制度变迁的累积冲击效应,可以看出,消费和出口明显有利于经济制度向市场化转型,而投资对市场化的发展形成则没有形成长期持续的正向影响。影响市场化制度供给的因素包括法律规定、知识的积累和社会科学知识的进步、路径依赖、居于支配地位的上层决策者的关切、制度变更的成本和收益等。投资可以通过影响知识的积累和社会科学知识的进步、决策者的关切等方面而影响市场化制度供给。投资于技术含量高的知识密集型行业会对科学知识进步形成正向影响,政府为提高科技竞争力和推动技术进步而进行有利的市场化改革,反之,投资于基础设施、劳动密集型产业、传统农业等不会对科学知识进步形成显著正向影响,因而,不会对市场化制度形成正向影响。投资也可能通过上层决策者的关切而正向或反向影响市场化改革。例如,房地产投资影响住房价格,为将住房价格稳定在合理的目标范围内,决策者既可能提供市场化的制度,采取市场化的手段,也可能限制市场化的手段而代之以行政化的手段。图 4-19 的结果表明投资对市场化制度的影响在前 5 期是正向,随后才转为负向,该结果与上述理论分析一致。图4-20和图4-21有类似的结果:消费和出口的增加有利于产业升级和人力资本积累,而投资的增加对产业升级和人力资本积累的累积动态效应为负向。投资对产业结构升级的效应主要取决于在第二、第三产业中的投资数量和投资效率。尽管近年来固定资产投资在第三产业的投资数量高于在第二产业的投资数量,但第三产业的投资效率明显低于第二产业的投资效率,这是因为服务业部门吸收了大量低素质的劳动力,第三产业是在效率低下地被动扩张(中国经济增长前沿课题组,2012)。因此,由于第二产业投资效率高于第三产业,导致中国固定资产投资的增加没有显著带来产业结构的高级化。在收入水平既定的情形下,人力资本投资和固定资产投资是竞争关系,固定资产投资增加必会挤占人力资本投资。另外,如果固定资本回报率与人力资本回报率存在差异,决策主体就会将其资本投向回报率更高的资本项,进而对回报率低的另一项资本进行替代。因此,固定资产投资对人力资本投资的挤占效应和替代效应使得它们之间存在负向关系。

第五节 结 论

供给侧驱动力和需求侧驱动力不仅各自从供给侧和需求侧直接推动经济增长,供给侧和需求侧驱动力还相互作用、相互影响,形成合力共同推动GDP的长期趋势和短期周期。在双轮驱动下,新常态时期经济增速的下行一方面是趋势下行和周期下行叠加的结果,另一方面也是供给侧和需求侧联合驱动的结果。从新常态时期供给侧和需求侧对经济增长趋势的支撑能力看,需求趋势小于供给趋势,由此表明总体需求不足,但这种需求不足的缺口正在缩小,缩小的原因是供给侧驱动力的下降速度快于需求侧驱动力的下降速度。这就说明,新常态时期GDP趋势增速的下降既有供给侧的原因,也有需求侧的原因,但供给侧的原因更为重要。这一结论为新常态下供给侧的结构改革提供理论支持。本章还发现:大多数供给侧驱动力对需求侧驱动力的冲击具有正向效应,但人力资本积累不利于三大需求的增加,物质资本积累不利于消费的增加。从需求侧对供给侧的累积冲击效应看:消费和出口对供给侧各驱动力有持续正向效应,而投资的增加不会显著有利于供给侧中的制度变迁、产业升级和人力资本积累,对技术进步的正向累积冲击效应相对较小。基于上述结论,本章提出如下政策建议:

在当前的供给侧结构改革过程中,改革不能仅顾及供给而忽视需求管理,更不能将它们对立起来,而应该关注供给侧与需求侧的内在联系,实现需求侧与供给侧的契合和有机统一。在具体实施过程中,长期宏观调控政策的着力点应在于加大供给侧的调整力度,特别是要注重促进产业结构升级和人力资本积累。短期宏观调控政策应努力扩大总需求,特别要注重对消费的刺激。努力实现供给侧和需求侧的长短期政策互补,双轮驱动,共同推动经济的持续增长。

从供给侧的驱动力看,随着中国人口结构的老龄化和人口红利的逐步消失,以及旧常态时期过度依赖投资的增长方式难以为继,中国未来的供给侧驱动力应该转向制度变迁、产业结构升级、人力资本积累和技术创新。从这四个驱动力对经济增长的效应看,人力资本积累和产业结构升级还没有充分发挥其应有的贡献,因此,供给侧的结构改革应更加注重在这两方面发力。具体而言,在人力资本投资方面,应加大政府在教育和健康等方面的公共投入力度,适当提高甚至减少私人在人力资本投资中的支出,这样可避免人力资本投资对固定资产投资的挤占效应。其次,应充分利用高素质的劳动力。尽管中国每年都有大量受过高等教育的学生毕业,但从人力资本的行业分布看,中国明显存在人力资本错配,大量高学历者进入非市场化的电信、金融、公共服务等事业单位,而生产性部门的人力资本配置相对较低。这就制约了人力资本的效率,也制约了产业结构升级和经济增长质量的提高[1]。因此,中国政府应该着重对人力资本强度偏高的行业进行市场化改革,准许这些行业的专业人员在保留编制的条件下停薪流动至人力资本不足的行业,以此提高人力资本的生产效率。再次,进一步加大对落后地区人力资本投资的倾斜力度,实现脱贫和人力资本提升的良性互动。在产业结构升级方面,尽管新常态时期需要着力推进产业高级化和服务化,但我们要清醒地认识到,在今后相当长时期内第二产业特别是制造业仍然在中国经济中占据较高比重,因此,产业结构升级的路径之一是在第二产业内部创造或派生第三产业,例如鼓励科技创新和技术服务、依托信息技术和现代管理方式发展现代服务业等。其次,中国工业化进程吸收了相对高素质的劳动力,而把大量低素质的劳动力驱赶到非正规就业广泛存在的服务业部门,导致该部门的被动扩张和效率长期低下[2]。因此,在当前大众创业、万众创新的供给侧结构改革过程中,对于高素质的劳动力进入到第三产业的创业,应给予资金和政策的支持,特别是对于人力资本偏高的行业的专业人员的创业更应该从制度、资金和税收等方面给予支持,而生产效率低的创业就不应该享受优惠政策支持。科技创新方面,首先应形成鼓励和保护创新的体制和市场环境,使得更多的科研人员能够实现人生价值,更多的企业能够通过创新发

---

[1] 中国经济增长前沿课题组:2014,《中国经济增长的低效率冲击与减速治理》,《经济研究》第12期。
[2] 中国经济增长前沿课题组:2012,《中国经济长期增长路径、效率与潜在增长水平》,《经济研究》第11期。

展壮大。其次,重视科研成果转化。要充分发挥政府、金融机构和中介组织等在创新成果转化中的服务功能,例如发展与中小型科技创新活动相适应的中小型银行类金融机构、改革和完善多层次的资本市场体系、建立科技创新风险补偿机制等。再次,对于研究机构或高校的科研人员,可以允许其以灵活的方式离开岗位一段时间进行科研成果产业化的创业尝试,完成后创业科研人员可以选择离开原岗位走产业化的道路,也可以选择重新回归原有岗位。制度在需求侧和供给侧中都扮演着重要角色并产生决定性的作用。制度变迁的基本方向是市场化改革,当前我国市场经济体系已初步建立,商品市场得到了较大发展,但要素市场存在诸多限制,投资主体也未多元化。因此,制度改革的核心应集中于要素市场,应进一步加大对人才流动、农村土地流转、利率和汇率形成机制的市场化改革,以此促进劳动、资本等生产要素流动的市场化。

需求侧的"三驾马车"仍然是新常态下拉动经济持续增长的主要驱动力,因此,保持消费、投资和出口的稳定增长仍然具有重要意义。新常态下,投资和出口难以继续保持高速增长,需求侧的着力点应在继续保持稳定的投资和出口增速的条件下大力促进消费;可以通过税收优惠和财政支持等方式推动商品消费向服务消费升级,这不仅直接拉动了消费而且推进了产业结构的高级化和服务化。例如政府可在信息消费、绿色消费、旅游休闲、教育文体、养老健康、家政服务等领域加大财政投资和财税补贴的力度。其次,在互联网时代应以信息技术为手段,重视和规范网络消费,推进传统零售业转型升级。投资方面,在投资方向上应着力引进新兴产业,发展高端制造业。对于R&D、科技创新投资、能够促进消费长期增长的社会基础设施投资、生产效率高的医疗服务、通讯服务等第三产业投资以及大众创业、万众创新中高素质劳动者的创业投资应给予信贷支持和利率优惠,而对于僵尸企业的扩大投资、低效率的第二产业和第三产业投资则应加以限制。在投资区域上应以中西部地区为重点,促进区域经济协调发展,引导资金在中西部地区投资于劳动密集型产业;而东部地区则应将资金投向高技术含量和高附加值的行业,加速产业结构升级和供给侧的结构优化。在扩大对外贸易方面,首先,应积极推进贸易便利化,规范和清理进出口环节的收费,积极主动应对外贸摩擦,加强外贸诚信体系建设;其次,提升出口商品核心竞争力,创新加工贸易模式,推进加工贸易转型升级;再次,通过对外投资和国际合作等方式,推动产品、标准、技术、服务"走出去",加强培育自主品牌和国际营销服务网络建设,扩大出口。

第五章　中国经济增长与通货膨胀的共同趋势与相依周期

第一节　引言

经济增长与通货膨胀是各国政府宏观调控的主要目标,两者之间的关系是宏观经济理论和政策研究中的一个重要命题,也是国内外经济理论研究的难题。中国历届政府都明确设定了经济增长和通货膨胀的目标,并将实现两大目标作为政府工作的主要任务之一。在经济新常态以前的高速增长时期,中国政府一直选择一个明确的经济增长速度作为目标,例如以保持8%之上的经济增长率作为政府调控目标,这在以往的经济高速发展阶段有其必然性和合理性。但随着经济发展水平的提高和经济发展阶段的转换,中国经济进入新常态。新常态下,中国进入经济增长速度换挡期、经济结构调整阵痛期和前期刺激政策消化期的三期叠加时期。经济发展背景的转变意味着宏观经济调整的主要任务和目标也要发生相应的变化,继续追求高速增长既不现实也不必要,否则,带来的风险可能比增加的 GDP 还要多。面对新常态的新形势和新任务,以及各种复杂多变的国际和国内环境,新一届政府创造性地提出了"合理区间"的调控目标,即守住稳增长、保就业的下限和防通胀的上限。只要经济增长率、就业水平下降不超过设定的下限,物价涨幅等不超出设定的上限,政府就不刺激干预,专心调结构、促改革,以转变经济发展方式为主线,以调结构为着力点,释放改革红利,更好发挥市场配置资源和自我调节的作用。一旦经济增长速度的下滑逼近设定的下限,通货膨胀的上升幅度接近设定的上限,宏观调控政策就要侧重稳增长或防通胀,并配置调结构、促改革的政策措施,使经济保持在合理区间运行。从中国改革开放后几次重大的经济转折实践经验看,无论是20世纪80年代中期的经济硬着陆,还是1996年成功实现软着陆,抑或是21世纪初期经济高速发展阶段,政府的宏观调控都表明:真正面临的挑战不是控制通货膨胀,而是在将经济增长维持潜在产出水平的同时,把通货膨胀控制在可接受的合理范围内,以尽可能地让社会损失降低到最低水平。也就是说,政府总是针对不同的经济发展阶段,努力寻找经济增长与通货膨胀的均衡匹配,以达到稳定经济增长、社会福利损失最低的目标。由此可以看出,如何在将经济增长维持在目标增长区间的同时把通货膨胀控制在合理范围内,是当前政策制定者面临的难题。因此,从宏观经济理论与政策的角度看,一个值得研究的问题是:如何揭示新常态下经济增长和通货膨胀的均衡匹配区间?哪些宏观政策是将经济增长和通货膨胀稳定在目标区间范围内的主要影响因素?为回答上述问题,本章在克恩等人(King et al.,1991)提出的实际经济周期理论研究的基础上,针对中国经济转型进入新常态的背景,提出包含结构变化的共同趋势与相依周期的分解方法,以此研究新常态下经济增长和通货膨胀的均衡匹配区间。在此基础上,本章进而提出包含结构变化的持久冲击和短期冲击的分解方法,研究新常态下实际因素和名义因素对经济增长与通货膨胀的共同趋势和相依周期的影响,以此揭示新常态下将经济增长和通货膨胀保持在目标区间的宏观政策调控重点。

第二节 文献综述

经济增长和通货膨胀的趋势是制定可持续经济增长目标的基础，准确估算此趋势可避免因政策目标不合理而导致经济出现大幅度的波动。从计量经济学理论看，具有单位根变量的宏观经济数据受到随机冲击的影响，具有持久影响的随机冲击累积形成宏观变量的长期趋势，具有短期影响的随机冲击则构成宏观变量的短期周期成分。如果 GDP 和通货膨胀是具有单位根特征的随机变量，那么它们就都含有趋势成分与周期成分。因此，准确分解 GDP 和通货膨胀的趋势和周期就具有重要的现实意义。尼尔森和普洛瑟（Nelsonand and Plosser,1982）首次检验了美国宏观经济变量，发现多数变量是单位根过程，随后许多学者也印证了该结果。这一结论正好吻合了实际经济周期理论，例如在克恩等人（King,1988、1991）的实际经济周期模型中，技术进步被假定为带漂移的随机游走过程，因而技术进步不仅包含确定性趋势也包含随机趋势。受随机游走的技术进步冲击，经济系统稳态时的产出、消费、投资等宏观变量具有共同的随机趋势和确定性趋势。基于这一理论基础，后续分解方法以现代计量经济学发展起来的单位根理论为基础，将实际产出分解为趋势和周期成分。这类分解方法主要包括贝弗里奇和尼尔森（Beveridge and Nelson,1981）提出的 BN 方法、克拉克（Clark,1987）提出的不可观测成分法（UC）等。BN 分解是以单变量 ARIMA 模型为基础，将模型的自回归和移动平均参数分解为两个成分之和，一个为单位根自回归过程（趋势），另一个为平稳过程（周期）。UC 模型是带有趋势和周期因子的不可观测成分的时间序列模型，通常使用状态空间方法估计极大似然函数进而得到模型的估计。在一定条件下两者是等价的。这两类方法被后续相关文献大量使用,并成为当前趋势与周期分解方法的主流。但早期的 BN 和 UC 模型分解方法主要有三个方面的不足:首先,这些统计方法在分解过程中仅以实际产出为分解对象,没有将其他对实际产出有显著影响的变量纳入分解框架,因而分解的趋势产出缺少经济学理论解释,也难以揭示宏观经济系统中各变量之间的关系,在政策评价方面存在明显的不足。其次,从分解技术看,单变量分解方法估计的趋势产出通常会因数据更新而需要重新修订。再次,这些统计分解方法一般假定趋势成分和周期成分不相关,但岩田和李(Iwataand and Li,2015)的研究表明,忽略趋势成分与周期成分的相关可能导致分解结果出现较大偏差。基于此,BN 和 UC 模型的后续扩展主要集中在引入多变量和允许周期与趋势成分相关这两个方面。多变量统计分解方法的核心就是基于经济理论,在单变量分解框架内纳入多变量之间的统计关系。例如,根据实际经济周期理论,产出、消费、投资等宏观变量之间存在共同的随机趋势和确定性趋势,克恩等人(King et al.,1991)提出了允许这些宏观变量存在协整关系的条件下的趋势与周期分解方法。贡萨洛和格兰杰(Gonzalo and Granger,1995)对多变量施加了协整关系约束,在此基础上分解了多变量的长期共同趋势。巴斯塔(Bsistha,2007)将单变量的 UC 分解方法扩展到多变量,并使用扩展的模型分解了加拿大 GDP 的趋势与周期。辛克莱(Sinclair,2009)基于奥肯定律,在允许趋势和周期成分相关的假定下使用多变量UC 模型,分解了美国实际产出和失业率的趋势与周期。岩田和李(Iwataand and Li,2015)放松传统的 UC 模型趋势成分和周期成分不相关的假定,并使用趋势成分和周期成分相关的 UC 模型分解了美国 GDP的趋势与周期。冈萨雷斯和罗伯茨(Gonzalez-Astudillo and Roberts,

2016)在UC模型中允许趋势成分和周期成分相关,并分解了GDP、失业率和通胀率的趋势和周期。

从实际经济周期理论可知,主要宏观经济变量存在共同趋势,并且经济变量中的趋势成分与周期成分相关,这就意味着主要宏观经济变量的周期成分也可能存在共同特征。陈和米尔斯(Chen and Mills, 2009)认为经济变量间存在的共同周期推动了短期波动协同,分解 GDP 的趋势应同时考虑 GDP 与其余变量的短期波动协同特征。根据上述理论,埃克等人(Hecq et al.,2000)提出了基于 BN 分解技术的共同趋势和共同周期的分解方法。该方法基于协整的 VECM 模型展开,通过协整关系刻画多变量的共同趋势特征,通过对 VECM 模型施加共同周期约束而刻画多变量的共同周期特征,通过 VECM 模型的调节参数刻画趋势成分与周期成分的相互关联。由此可以看出,经济增长的共同趋势和共同周期分解方法是 BN 和 UC 分解方法的最新发展方向。

在中国,近期对经济增长与通货膨胀的趋势和周期的分解研究比较活跃。刘金全和刘志刚(2004)使用双变量状态空间模型分解了通货膨胀与经济增长的趋势与周期。王少平和胡进(2009)使用 BN 方法分解了中国 GDP 的趋势与周期,发现中国 GDP 中存在稳健的确定性趋势,随机冲击效应在总体上对经济增长产生负面效应。谭本艳和黄双超(2014)使用共同趋势和共同周期分解方法,对核心通货膨胀扣除食品的可行性进行了检验,结果表明,食品价格既是中国整体 CPI 的短期主导力,又是长期主导力。因此,通过扣除食品度量中国的核心通货膨胀并不符合核心通货膨胀的本质内涵。欧阳志刚和彭方平(2018)使用共同趋势和相依周期的方法,在供给侧和需求侧的双轮驱动下分解经济增长的共同趋势和相依周期,发现供给侧和需求侧的驱动力不仅各自推动经济增长,还相互作用,共同推动经济增长的长期趋势和短期周期。新常态时期经济增长的长期趋势和短期周期都处于下行阶段。由于中国经济结构转型,使得中国经济变量的关系出现非线性,一些学者在现有的分解方法中考虑了非线性变化。例如,徐晓莉(2014)针对中国新兴经济体波动较强的特征,在非线性状态空间模型下,构建了扩展卡尔曼滤波估算时变参数。研究发现,时变参数的扩展卡尔曼滤波最为有效,测算的周期波动精度较高。祝梓翔等人(2018)使用含有结构变化的 UC 模型分解了产出的趋势和周期,发现断点期在 2008Q1 的无约束 UC 模型为最优模型,趋势新息波动大于周期新息波动且两者高度负相关,经济下行源于趋势下行而非周期下行。

本章的贡献体现在如下三个方面:第一,针对中国经济结构转型的背景,提出并使用含结构变化的 VECM,在此基础上分解 GDP 和通货膨胀的共同趋势和相依周期;第二,基于含结构变化的 VECM,提出并使用持久冲击和短期冲击的分解方法,分解 GDP 和通货膨胀所受到的持久冲击和短期冲击;第三,研究结果揭示了 GDP 和通货膨胀的均衡匹配区间,并揭示了名义因素和实际因素对 GDP 和通货膨胀长期趋势成分和周期成分的影响。

第三节 经济理论基础与经济背景分析

一、经济理论分析

参考克恩等人(King et al.,1991)、何天祥和陈晓(2017)的研究,假定经济中的生产函数为柯布道格拉斯生产函数形式:

$$Y_t = A_t K_t^{1-\theta} L_t^{\theta} \tag{5-1}$$

这里，Y 表示 GDP，K 表示资本存量，L 为劳动投入量。全要素生产率 A 遵从随机游走的数据生成过程：$\log(A_t) = \mu_A + \log(A_{t-1}) + \xi_t$。其中，$\mu_A$ 表示生产率的平均增长率，ξ_t 为独立同分布的白噪音，它代表实际增长率对其均值的偏离。在这个含有确定趋势的新古典增长模型中，GDP、消费、投资的稳态增长率都是 μ_A/θ，因而它们有共同趋势。共同趋势意味着消费、投资和产出稳定地沿着稳态路径增长。考虑到技术冲击的不确定性，技术冲击 ξ_t 将按照如下相同的方式改变未来时期的生产率：$E_t\log(A_{t+s}) = E_{t-1}\log(A_{t+s}) + \xi_t$。该经济系统中，一单位正向的技术冲击将提高未来长期经济增长路径，使得取自然对数的 GDP、消费、投资含有共同趋势 $\log(A_t)/\theta$ 和共同的增长率 $(\mu_A + \xi_t)/\theta$。在上述基本理论框架下，技术冲击激发了经济系统向新的稳态调整，其调整过程依赖于消费者的偏好、投资技术和厂商的生产技术。从实践看，随着中国经济的结构转型，转型后中国经济由投入要素驱动转向创新驱动，从而改变了生产率的平均增长率 μ_A 和劳动弹性 θ，也改变了技术冲击 ξ_t 的生成过程，从而改变了主要宏观经济变量的共同趋势增长率 $(\mu_A + \xi_t)/\theta$。因此经济增长稳态位置发生改变，共同趋势也随之发生改变。与此同时，经济转型后消费者的偏好、投资技术（如存货、建造时间）和厂商的生产技术都发生显著改变，这些结构变化还改变了经济系统向新的稳态的动态调整路径，这种短期动态调整路径的变化也改变了主要宏观经济变量的短期周期成分。由此说明，经济结构转型后，主要宏观变量的共同趋势和相依周期发生结构变化。克恩等人（King et al., 1991）进一步认为，影响 GDP 的趋势与周期波动的原因，除了经济周期理论所提到的实际因素外，还包括一些名义变量所形成的名义冲击，这些名义冲击也可能改变经济增长的趋势与周期。因此，克恩等人

(1991)在上述实际经济周期理论框架下加入货币需求函数和费雪方程,研究了 GDP、消费、投资、货币供给、利率和通货膨胀的趋势与周期波动。从近期国际文献看,影响经济增长与通货膨胀结构关系的因素还包括对外开放、政府财政规模等宏观变量。新常态下中国政府对经济增长与通货膨胀的调控,不仅使用货币政策,而且使用财政政策,注重货币政策与财政政策的协调搭配。基于上述,本章在克恩等人(1991)使用的变量的基础上增加了对外开放和财政政策变量。为系统讨论本章所考察的经济系统中经济增长与通货膨胀的关系,我们在克恩等人(1991)的研究的基础上引入鲁德布施和斯文松(Rudebusch and Svensson,1999)的后顾型宏观经济模型:

$$\begin{cases} p_t = \delta_1 p_{t-1} + \delta_2 (y_t - y_t^n) + \varepsilon_{st} \\ y_t = \varphi_1 y_{t-1} - \varphi_2 (r_t - p_t) + \varepsilon_{dt} \\ y_t^n = \log(A_t) + (1-\theta)k_t + \theta l_t + \eta_t \\ \log(A_t) = \mu_A + \log(A_{t-1}) + \xi_t \\ r_t = \tau_1 p_t + \tau_2 (y_t - y_t^n) + e_t \end{cases} \quad (5-2)$$

模型(5-2)中第一个方程是总供给曲线或菲利普斯曲线,它表示通货膨胀由后顾型预期通胀、产出缺口和供给冲击驱动。第二个方程是需求曲线或 IS 曲线,它表示实际产出由上期实际产出、实际利率和需求冲击驱动。需求冲击包括货币供给冲击、消费冲击、投资冲击、财政支出冲击和出口冲击等。第三个方程描述了潜在产出的形成,这里是依照模型(5-1)使用新古典增长函数。第四个方程是克恩等人(King et al.,1991)对技术进步的描述,ξ_t 为技术冲击。第五个方程是使用泰勒规则描述央行对利率的调节行为,e_t 为利率冲击。求解这一线性结构模型,可以清晰发现通胀与产出的关系。

$$\begin{cases} p_t = B\begin{Bmatrix} \delta_2[\varphi_1 y_{t-1} - \log(A_{t-1})] + \delta_1(1+\tau_2\varphi_2)p_{t-1} - \delta_2[\mu_A + \xi_t \\ + (1-\theta)k_t + \theta l_t + \eta_t + \varphi_2 e_t - \varepsilon_{dt}] + (1+\tau_2\varphi_2)\varepsilon_{st} \end{Bmatrix} \\ y_t = B\begin{Bmatrix} \varphi_1 y_{t-1} + \varphi_2(\tau_2 + \delta_2\tau_1 - \delta_2)\log(A_{t-1}) + \delta_1\varphi_2(1-\tau_1)p_{t-1} \\ + \varphi_2(\tau_2 + \tau_1\delta_2 - \delta_2)(\mu_A + \xi_t + (1-\theta)k_t + \theta l_t + \eta_t) \\ + \varepsilon_{dt} - \varphi_2 e_t + \varphi_2[(1-\tau_1)(1-\varphi_2\delta_2) + B^{-1}\varphi_2\tau_2]\varepsilon_{st} \end{Bmatrix} \\ r_t = B\begin{Bmatrix} (\tau_2 + \delta_2\tau_1)[\varphi_1 y_{t-1} - \log(A_{t-1})] + \delta_1(\tau_1 + \delta_2\tau_2)p_{t-1} \\ - (\tau_2 + \delta_2\tau_1)(\mu_A + \xi_t + (1-\theta)k_t + \theta l_t + \eta_t - \varepsilon_{dt}) \\ + (1-\varphi_2\delta_2)e_t + (\tau_1 + \delta_2\tau_2)\varepsilon st \end{Bmatrix} \\ y_t^n = \mu_A + \log(A_{t-1}) + (1-\theta)k_t + \theta l_t + \xi_t + \eta_t \\ \log(A_t) = \mu_A + \log(A_{t-1}) + \xi_t \end{cases} \quad (5-3)$$

这里 $B = (1 + \varphi_2\tau_2 + (\tau_1 - 1)\delta_2\varphi_2)^{-1}$。模型 (5-3) 的第一个和第二个方程表述了系统在外生变量和外生冲击的作用下产出和通胀的形成，外生冲击包括需求冲击、供给冲击、利率冲击和技术冲击。模型中技术进步是带漂移项的随机游走，在外生技术冲击 ξ_t 的作用下，潜在经济增长、消费和资本存量具有共同的趋势。通过模型 (5-3) 可以看出，经济增长和通货膨胀是在共同的外生变量和共同的外生冲击作用下形成，这就意味着经济增长和通货膨胀受到共同因子的驱动，从而使得它们具有共同波动特征。进一步地，由于经济增长、消费和资本存量进入第一个方程，这就使得通货膨胀也与这些变量具有共同趋势。此外，系统中的需求冲击和供给冲击是多种不同因素形成的复杂冲击，它既可能对系统中的内生变量（如经济增长和通货膨胀）形成持久效应，也可能仅对内生变量形成短期效应。例如，货币冲击如果仅限于流通领域，其对经济增长的影响就是短期的；如果货币冲击进入实体经济，改变企业的投资或就业，货币冲击对经济增长就有可能形成持久效应。这种短期效应就构成内生变量的短期周期成分，因此，系统中内生变量的短期周期成分也具有共同特征。由前述分析可知,随着中国经济结构的转型,经济系统中的重要参数,如生产率的平均增长率μ_A、劳动弹性θ,以及货币政策规则发生显著改变,因此经济转型前后模型(5-3)中各方程的系数相应会发生显著结构变化,从而使得系统中各变量的趋势成分和周期成分的共同波动特征发生显著改变。上述分析表明,本章所考察的变量不仅趋势成分和周期成分具有波动特征,而且在经济结构转型前后,它们的共同波动特征会发生显著改变。

二、经济结构转型背景分析

中国经济结构的转型可以分为需求侧和供给侧的转型。从需求侧看,中国经济结构转型包括内需与外需结构、消费与投资结构的转变。从供给侧看,结构转型主要包括产业结构、城乡经济结构、人口结构和增长动力结构的转变等。根据发展经济学的相关研究,消费/投资的结构关系具有明显的阶段特征,其演变规律随着经济发展阶段的改变而显著不同。具体来说,在经济发展水平较低的阶段,社会总产出除去基本消费后剩余不多,这一阶段就表现出高消费率、低投资率特征。随着经济进入中等发展阶段,社会生产总值除去消费后剩余量较大,加上政府促进经济增长的强烈冲动,投资率会快速提高而消费率相对下降。当经济发展跨入高级阶段后,消费结构发生改变,消费率会再次提升而投资率下降,但是投资率和消费率不会无限制地演变下去,两者最终达到一种稳定的均衡。从中国消费/资本形成总额的演变规律来看,1978—1983年呈现上升趋势,1984—2009年呈现下降趋势,2010年进入谷底后开始反转,并再次出现上升态势。这就表明,新发展阶段中国消费与投资结构的变化始于2010年,这种结构变化意味着消费偏好发生改变。从内需与外需结构变化看,2001年加入WTO后出口占GDP的比例逐年快速上升,2008年的全球金融危机后该比例出现基本稳定并缓慢下降的态势,这就表明内需与外需结构在全球金融危机后出现显著改变。

从供给侧的结构变化看,第二产业在GDP中所占比重在2006年后就开始逐年下降,第三产业在GDP中所占比重自1997年后就连续增加,特别是2009年后,第三产业产值/GDP出现小幅跳跃,进入到一个新的平台递增并超越第二产业/GDP,该结果表明中国经济增长中产业的贡献明显发生改变,增长方式发生变化。城乡收入差距的结构变化体现了城乡经济的结构变化,以城镇居民可支配收入/农村居民人均纯收入作为衡量城乡收入差距的指标,可以发现,城乡收入差距在1996—2009年都处于逐步扩大的趋势中,2009年后开始发生结构变化,城乡收入差距由3.33逐步下降至2013年的3.03。从主要驱动力看,结构转型前是投资拉动型,结构转型后逐步转向创新驱动型。从实际数据看,2003—2009年投资的增长速度都达到25%左右,2010年开始,固定资产投资增速开始下降,2013年同比增长下降至16.5%。从创新看,以专利申请受理为代表的创新能力近10年持续保持20%左右的增长速度(除2014年),这就表明近些年来 A_t 和 μ_A 发生显著改变。从人口结构看,改革开放以来,劳动年龄人口占总人口的比例逐年稳步上升,并在2010年达到历史最高值的74.5%,随后开始出现结构性下降,2014年16周岁至60周岁(不含60周岁)的劳动年龄人口为91583万人,比上年末减少371万人,占总人口的比重为67.0%。劳动力和固定资产投资的结构改变,意味着生产函数中的劳动弹性(θ)和资本弹性发生显著变化。上述经济结构的变化表明,模型(5-1)和(5-2)中的重要参数发生改变,本章所考察的主要宏观经济变量的趋势和周期发生显著改变。

综合需求侧和供给侧的结构变化特征,可以看出,中国经济因进入新的发展阶段而带来的经济结构转型在2009—2010年开始显著出现,由于这种结构转型,中国经济逐步进入到新常态。新常态下,经济增长和通货膨胀的结构关系也发生改变(见图5-1)。

图5-1表明,中国在20世纪90年代开始建立和逐步完善的市场经济体制,改变了以往以行政力量为主导的市场调节机制,也改变了宏观经济的运行。从90年代末期开始,中国宏观经济的运行由以往的大起大落转向波动幅度相对较小的较为稳定的态势。图5-1描绘本章样本区间1999Q1—2016Q4,中国经济增长率和通胀率的相伴运行。可以看出,20世纪90年代末至21世纪的前10年,经济增速在高位缓慢上升,通胀率也在较低位缓慢提高。2010年前后,经济增长速度和通胀率之间的结构关系发生变化。具体看,从2010年第1季度开始,增长速度逐季下降,且持续24个季度,相伴随地,通货膨胀也随后在较低位置连续下滑。从图中容易看出,经济增长速度和通胀率之间结构关系改变的时期正好对应前述经济结构转型时期。

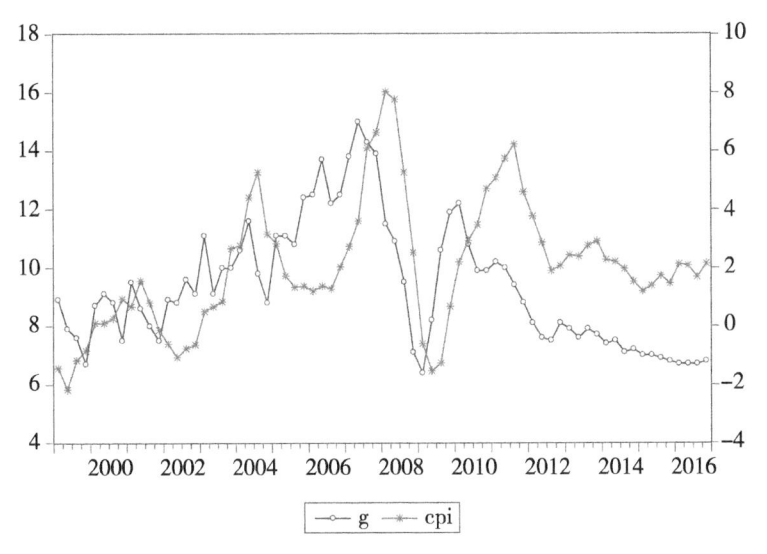

图5-1 经济增长率(g)和通胀率(cpi)

第四节 经济增长与通货膨胀的共同趋势和相依周期检验

一、共同趋势和相依周期的定义

为表述方便,假定 X_t 为褪去确定性趋势的 n 维 $I(1)$ 变量,因此, $\Delta X_t: I(0)$,对应平稳向量 ΔX_t 有如下的 Wold 表述:

$$\Delta X_t = C(L)\varepsilon_t \tag{5-4}$$

这里 $C(L)$ 为滞后算子 L 的矩阵多项式,并有 $C(0) = I_n$, $\sum_{j=1}^{\infty} j|C_j| < \infty$。$\varepsilon_t$ 为 $n \times 1$ 向量。根据恩格尔和格兰杰(Engle and Granger,1987)的研究,得到:

$$C(L) = C(1) + (1-L)\Delta C^*(L) \tag{5-5}$$

这样,模型(5-4)可等价写成:

$$\Delta X_t = C(1)\varepsilon_t + \Delta C^*(L)\varepsilon_t \tag{5-6}$$

这里: $C_i^* = \sum_{j>i} -C_j$,对所有的 i,特别地, $C_0^* = I_n - C(1)$。对于模型(5-6),瓦希德和恩格尔(Vahid and Engle,1993)对其进行整合,得到:

$$X_t = C(1)\sum_{s=0}^{\infty}\varepsilon_{t-s} + C^*(L)\varepsilon_t \tag{5-7}$$

模型(5-7)是贝弗里奇和尼尔森(Beveridge and Nelson,1981)的多变量趋势与周期分解表达式。X_t 被分解成随机游走部分(第一项)和平稳部分(第二项)。随机游走部分被称为趋势成分,趋势部分是由具有持久性影响的随机冲击累积而成。平稳部分被称为周期成分,可以看出,随机冲击 ε_t 在周期成分中随时期的延长而渐进消失。模型(5-7)的右边可包含截距项和时间趋势项,以描述 X_t 的确定性趋势部分。为表述方便,参照多数现有文献,这里不包含截距项和时间趋势项[①]。若矩阵 $C(1)$ 为满秩 n,则模型右边第一项为 n 个独立的随机游走,意味着没有线性组合能够使 X_t 变为平稳。反之,若矩阵 $C(1)$ 的秩为 $k<n$,表明 X_t 的 n 维随机游走能够被 k 维随机游走所表述,这就表明 X_t 中的变量存在协整关系。协整关系的存在意味着 X_t 中各变量的趋势成分是源于共同因子的驱动,从而使得这些变量的长期趋势成分之间存在线性相关,由此表明这些变量的长期趋势成分具有"共同"的特征。基于上述可知,对 X_t 的协整组合就成为 X_t 周期部分的线性组合,即是:

$$\beta' X_t = \beta' C^*(L) \varepsilon_t = \beta' c_t \tag{5-8}$$

这里,β 是 X_t 的协整向量,c_t 为 X_t 的周期成分。瓦希德和恩格尔(Vahid and Engle,1993)对 X_t 的周期部分提出类似的问题:是否存在对 X_t 的线性组合可使之褪去周期成分?换言之,是否存在独立的向量 δ,使得 $\delta' C_i^* = 0$?根据对 C_i^* 的定义,有 $C_{i+1} = C_{i+1}^* - C_i^*$,$i \geq 0$,这就表明 δ 必须和所有的 C_i 正交(除 C_0)。再回过头看模型(5-4),用 δ 左乘等式两边,正好将其滞后算子褪去,也就是说,它褪去 X_t 一阶差分的序列相关,使其成为白噪音。瓦希德和恩格尔(Vahid and Engle,1993)将 δ 称为共同特征向量,因此,检验共同周期就是检验 δ 是否存在。可以等价在 VAR 框架下表述上述共同趋势和共同周期问题。假定 X_t 具有如下 VAR 表述和相应的一阶差分表述:

[①] 在后文的实证研究中,模型的估计与检验考虑了包含截距项和时间趋势项的情形。

$$A(L)X_t = \varepsilon_t, 其中 A(L) = I + A_1(L) + A_2(L^2) + \dots + A_p(L^p)$$
(5-9)

$$\Delta X_t = A^{**}(L)\Delta X_{t-1} - A(1)X_{t-1} + \varepsilon_t, 其中 A_i^{**} = \sum_{j=i+2}^{p} A_j \quad (5-10)$$

如果 X_t 不存在协整关系，$A(1)$ 为零矩阵。若 X_t 存在协整关系，$A(1)$ 的秩为 r(协整向量数量)，对应的误差校正模型表述为：

$$\Delta X_t = A^{**}(L)\Delta X_{t-1} - \alpha z_{t-1} + \varepsilon_t \quad (5-11)$$

这里，$z_{t-1} = \beta' y_{t-1}$。根据前述对共同周期的定义，如果 $\delta' A^{**} = 0$ 和 $\delta' A(1) = 0 \Rightarrow \delta' \alpha = 0$ 等式成立就表明存在共同周期①。为方便表述，将误差校正模型改写为：

$$\Delta X_t = \alpha \beta' X_{t-1} + \sum_{j=1}^{p} \Gamma_j \Delta X_{t-j} + \varepsilon_t \quad (5-12)$$

在模型(5-12)两边同时左乘 δ'，得到：

$$\delta' \Delta X_t = \delta' \alpha \beta' X_{t-1} + \delta' \sum_{j=1}^{p} \Gamma_j \Delta X_{t-j} + \delta' \varepsilon_t \quad (5-13)$$

如果存在共同周期，模型(5-13)褪化为：$\delta' \Delta X_t = \delta' \varepsilon_t$。通过误差校正模型(5-12)，可以巧妙地在统一框架下实现共同趋势和相依周期的分解和检验。由于这一优良的性质，共同趋势和相依周期方法近期得到许多学者的关注。在上述共同趋势和相依周期的框架下，埃克等人(Hecq et al., 2000)提出的共同趋势分解如下：

$$X_t^R = (I - \pi)(\Gamma(1) - \alpha\beta')^{-1}\alpha_\perp (\alpha_\perp' \alpha_\perp)^{-1} \alpha_\perp' \Gamma(L)X_t \quad (5-14)$$

这里，$\Gamma(L) = (I_n - \Gamma_1 L - \dots - \Gamma_{p-1}L^{p-1}) = \Gamma(1) + \Delta \Gamma^*(L)$，$\Gamma(1) = I_n - \Gamma_1 - \dots - \Gamma_{p-1}$，$\Gamma_j^* = \sum_{i=j+1}^{p-1} \Gamma_i$，$\Gamma^*(L) = \Gamma_{10}^* + \Gamma_{11}^* L + \dots + \Gamma_{p-2}^* L^{p-2}$，$\pi = (\Gamma(1) - \alpha\beta')^{-1}\alpha[\beta'(\Gamma(1) - \alpha\beta')^{-1}\alpha]^{-1}\beta'$。

---

① 有些文献也将共同周期称为相依周期，本文随后称相依周期。

相依周期的分解结果就是 X_t 减去共同趋势成分。但基于模型(5-13)所表述的共同趋势和相依周期都是线性的,坎德隆和埃克(Candelon and Hecq,2002)认为由于制度或者厂商行为的刚性,在经济增长的不同阶段,随机冲击对经济波动的影响可能存在差异。换言之,不同经济周期阶段中,经济变量波动的协同性可能显著不同,如果这样,基于线性 VECM 模型检验相依周期的方法就应该扩展为非线性 VECM 模型。埃克等人(Hecq et al.,2000)使用了机制转移模型扩展线性 VECM 模型,以此研究某个时期内经济变量可能出现的周期协同,而在另外时期内经济变量的相依周期不存在,或者不同时期内相依周期特征不同,但他们的模型仅考虑了短期周期成分的变化,而没有考虑共同趋势的变化。根据克恩等人(King et al.,1988)提出的经济增长模型,广义技术进步冲击对经济增长、投资和消费等宏观变量形成长期持久性影响,这些持久性冲击累积而形成宏观经济变量的趋势。克恩等人(1988)提出的实际经济周期模型中也表明广义技术进步冲击是这些宏观变量的共同因子,从而使得宏观变量具有共同趋势。从中国的实践看,在不同经济发展阶段中,技术进步冲击在经济中的作用和重要性可能发生显著改变:2010 年后创新对中国经济的驱动作用明显增加了,新常态以来更是将创新作为驱动经济的主要动力。因此,随着中国经济增长主要驱动力的转型,宏观经济变量长期趋势形成的原因发生了改变,进而导致宏观经济变量长期趋势之间的共同特征也发生改变。基于此,本章扩展埃克(Hecq,2009)的研究,提出共同趋势和相依周期都发生结构变化时的检验与分解方法。因为在多数宏观经济实践中,结构变化点不超过两个,因此,模型(5-9)对应的内生性结构变化的 VAR(q)可表述为:

$$\begin{cases} X_t = \kappa_1 + \Phi_{11}X_{t-1} + \ldots + \Phi_{1q}X_{t-q} + \varepsilon_{1t} & t < T_1 \\ X_t = \kappa_2 + \Phi_{21}X_{t-1} + \ldots + \Phi_{2q}X_{t-q} + \varepsilon_{2t} & T_1 \leq t < T_2 \\ X_t = \kappa_3 + \Phi_{31}X_{t-1} + \ldots + \Phi_{3q}X_{t-q} + \varepsilon_{3t} & T_2 \leq t \end{cases} \quad (5\text{-}15)$$

这里,T_1 和 T_2 表示内生结构变化点。根据欧阳志刚(2014)的推导,模型(5-15)可重新表述为:

$$\begin{cases} X_t = \kappa_1 + \rho_1 X_{t-1} + \varphi_1^1 \Delta X_{t-1} + \varphi_2^1 \Delta X_{t-2} + \ldots + \varphi_{p-1}^1 \Delta X_{t-q+1} + \varepsilon_{1t} & t < T_1 \\ X_t = \kappa_2 + \rho_2 X_{t-1} + \varphi_1^2 \Delta X_{t-1} + \varphi_2^2 \Delta X_{t-2} + \ldots + \varphi_{p-1}^2 \Delta X_{t-q+1} + \varepsilon_{2t} & T_1 \leq t < T_2 \\ X_t = \kappa_3 + \rho_3 X_{t-1} + \varphi_1^3 \Delta X_{t-1} + \varphi_2^3 \Delta X_{t-2} + \ldots + \varphi_{p-1}^3 \Delta X_{t-q+1} + \varepsilon_{1t} & t < T_2 \end{cases}$$

(5-16)

其中,$\rho_1 = (\Phi_{11} + \Phi_{12} + \cdots + \Phi_{1q})$,$\rho_2 = (\Phi_{21} + \Phi_{22} + \cdots + \Phi_{2q})$,$\rho_3 = (\Phi_{31} + \Phi_{32} + \cdots + \Phi_{3q})$,$\varphi_v^i = -(\Phi_{iv} + \cdots + \Phi_{iq})$,$v = 1,2,\cdots,q-1$,$i = 1,2,3$。将模型两边减去 X_{t-1},得到对应的含结构变化的 VECM 模型:

$$\Delta X_t = \begin{cases} \kappa_1 + \alpha_1\beta_1 X_{t-1} + \sum_{i=1}^{q-1} \varphi_{1i} \Delta X_{t-i} + \varepsilon_{1t} & t < T_1 \\ \kappa_2 + \alpha_2\beta_2 X_{t-1} + \sum_{i=1}^{q-1} \varphi_{2i} \Delta X_{t-i} + \varepsilon_{2t} & T_1 \leq t < T_2 \\ \kappa_3 + \alpha_3\beta_3 X_{t-1} + \sum_{i=1}^{q-1} \varphi_{3i} \Delta X_{t-i} + \varepsilon_{3t} & T_2 \leq t \end{cases} \quad (5\text{-}17)$$

这里,$\alpha_1\beta_1 = \rho_1 - I_n = -(I_n - \Phi_{11} - \cdots - \Phi_{1q})$,$\alpha_2\beta_2 = \rho_2 - I_n = -(I_n - \Phi_{21} - \cdots - \Phi_{2q})$,$\alpha_3\beta_3 = \rho_3 - I_n = -(I_n - \Phi_{31} - \cdots - \Phi_{3q})$。这里使用了结构变化而不是埃克(Hecq,2009)使用的机制转移模型。原因在于,埃克(2009)使用的机制转移模型适用于描述非线性变化依赖于某个经济变量的变化而发生改变,例如在经济周期的不同阶段发生改变。而本章所考察的经济增长和通货膨胀关系的非线性变化是因为中国经济发展阶段的变化,因此这种非线性特征不存在一般机制转移模型所刻画的多次循环转换(如马尔科夫机制转移),而是具有阶段性特征(详见图5-1),因而使用内生结构突变能够近似描述这种阶段性特征。当然,如果使用以经济发展阶段作为阈值变量的机制转移模型,那么埃克(Hecq,2009)的模型也可以用来描述这种阶段性变化。这种设定下的结果与本章的内生性结构变化的结果将相似,但结构变化的方式更便于描述经济增长和通货膨胀的关系发生的时间,结果更为简洁直观。

模型(5-17)中 $\alpha_1,\alpha_2,\alpha_3$ 为调节参数,β_1,β_2,β_3 为协整向量。如果 $\alpha_1\beta_1$,$\alpha_2\beta_2$ 和 $\alpha_3\beta_3$ 都是非零矩阵,则结构变化前后的 X_t 就存在协整关系(待检验)。协整关系的存在表明 X_t 各变量之间具有长期均衡关系,这就意味着各变量的长期趋势成分存在线性相关,由此体现 X_t 的长期趋势成分的"共同"特征,基于此分解得到的经济增长与通货膨胀的共同趋势就体现出它们之间的长期均衡。进一步地,由于模型(5-17)所表示的结构变化前后的调节参数和协整向量都发生了变化,因此 X 所包含变量的相依周期也发生了结构变化。

二、共同趋势和相依周期的检验方法

由协整理论可知,存在协整关系就表明存在共同趋势。因此,检验 X_t 的共同趋势转变为检验 X_t 存在协整关系,检验 X_t 共同趋势发生结构变化就是检验 X_t 的协整关系是否发生结构变化。本章对此的估计和检验包括:(1)检验各变量是否为单位根过程。模型(5-17)中协整向量和调节参数的结构变化源自模型(5-15)的结构变化,因此,根据欧阳志刚(2014)的研究,协整向量和调节参数的结构变化由模型(5-15)确定。(2)首先假设只有一个结构变化点。使用威泽(Weise,1999)的 F 型统计量检验是否存在显著结构变化点。一旦发现存在一个显著的结

构变化点 T_1，就再检验是否存在两个结构变化点 T_2。如果存在两个结构变化点，那么检验发现的结构变化点 T_1 是两个结构变化点中结构变化最为显著的点。因此，第二个结构变化点可能在 T_1 以前，也可能在 T_1 以后。即：$T_1 < T_2$ 或 $T_1 > T_2$。为此，根据前述检验得到结构变化点 T_1，将全样本划分为两个子样本：$t < T_1$ 和 $t > T_1$。对于两个子样本，分别再使用威泽(Weise,1999)的 F 型统计量，检验是否发生结构变化。如果发现其中某个子样本出现结构变化，即为第二个结构变化点。如果发现两个子样本内都出现结构变化，则表明存在三个结构变化点。在这种情形下，第二个结构变化点的估计是渐近有效，但第一个结构变化点的估计不是渐近有效的。为此，在获得第二个结构变化点后，把第二个结构变化点看成已知且固定。设定原假设：只存在结构变化点 T_2，备择假设：存在两个结构变化点。再使用威泽(Weise,1999)的 F 型统计量检验第一个结构变化点 T_1。这样得到的 T_1 是渐近有效的。(3)在结构变化已知的情形下，参考贾尔斯和戈德温(Giles and Godwin,2012)使用约翰森(Johansen,1991)的迹统计量分别对 $t < T_1$，$T_1 \leq t < T_2$ 和 $t > T_2$ 检验 X_t 的协整关系。一旦检验结果发现存在协整关系，再使用约翰森(Johansen,1991)的方法判断协整关系数量，并估计协整向量。(4)在获得结构变化点后，使用汉森和希(Hansen and Seo,2002)的方法估计模型(5-17)。

　　协整检验确认了 X_t 中各变量的共同趋势及其相应的长期均衡关系，对于单位根变量 X_t 而言，褪去趋势成分后剩余的就是短期周期成分。埃克(Hecq,2009)针对两机制 VECM 提出相依周期的检验方法，本章将其基本检验思想扩展至模型(5-17)，提出含结构变化的相依周期检验方法。模型(5-17)所表述的 X_t 具有结构变化的相依周期，是指以下两组条件中至少一组条件成立(条件 1,2 和条件 3,4)。对于 $t < T_1$ 时，如果存在

$(n \times s_1)$ 维矩阵 δ_1,使得条件 $1: \delta_1' \alpha_1 \beta_1' = 0_{(s_1 \times n)}$ 和条件 $2: \delta_1' \varphi_{1i} = 0_{(s_1 \times n)}$ 同时成立,就称 $t < T_1$ 时期 X_t 存在 s_1 个相依周期。对于 $T_1 \leq t < T_2$ 和 $t > T_2$ 时期可以得到类似定义。可以看出,这样定义的相依周期是指线性组合完全褪去了 ΔX_t 的序列相关,使之成为白噪音。进一步地,根据瓦希德和恩格尔(Vahid and Engle,1997)的定义,如果某个线性组合降低了 ΔX_t 中各序列的序列相关阶数,也称 X_t 存在相依周期。根据这一定义,仅需条件 2 或条件 4 成立,就意味着 X_t 存在相依周期。能够看出,前一种定义所表述的 X_t 周期成分的相依性更强,称为强相依周期(简记 SF),而后一种表述所定义的 X_t 周期成分的相依性较弱,称为弱相依周期(简记 WF)。

为实现相依周期存在性检验,以及实现 SF 对 WF 的检验,参照埃克(Hecq,2009)提出的相依周期检验方法,分别对模型(5-17)的不同阶段检验相依周期的存在和数量。以 t_1 和 r_1 表示 $t < T_1$ 时的样本容量和协整向量的数量,t_2 和 r_2 表示 $T_1 \leq t < T_2$ 时的样本容量和协整向量的数量,以 t_3 和 r_3 表示 $t \geq T_2$ 时的样本容量和协整向量的数量。以 $t < T_1$ 时期前为例,定义 $t_1 \times n$ 维的矩阵 $W_1 = \Delta X = (\Delta X_1, \dots, \Delta X_{t_1-1})'$,$X_{-1} = (X_0, \dots, X_{t_1-1})'$。$Z_1 = \Delta X^*$,其中 ΔX^* 是 ΔX 对 $X_{-1}\beta_1$ 的多元回归的残差。$t_1 \times n(q-1)$ 矩阵 $Z_2 = (\Delta X_{-1}^* \dots \Delta X_{-q+1}^*)$,$t_1 \times (n(q-1)+r_1)$ 矩阵 $W_2 = [Z_2, Y_{-1}\beta_1]$。当为 SF 相依周期时,存在 s_1 个相依周期的原假设为 $H_0^{SF}: rank(\delta) \geq s_1$,对应备择假设为 $H_1^{SF}: rank(\delta_1) < s_1$。检验统计量为[①]:

$$\xi_{SF} = -t_1 \sum_{i=1}^{s_1} \log(1-\lambda_i) : \chi^2_{s_1(7(q-1)+r_1)-s_1(n-s_1)} \quad s_1 = 1, \dots, n-r_1$$

(5-18)

这里 λ_i 为矩阵 $(W_1'W_1)^{-1/2} W_1'W(W'W)^{-1}W'W_1(W_1'W_1)^{-1/2}$ 的特征

[①] 该统计量分布的推导见瓦希德和恩格尔(Vahid and Engle,1997)。

根,且有 $0 \leq \lambda_1 \leq ... \leq \lambda_{n-r_1} \leq 1$。在原假设下,统计量 ξ_{S_1} 服从自由度为 $s_1(n(q-1)+r_1)-s_1(n-s_1)$ 的 χ^2 分布,拒绝原假设表明结构变化前 X_t 至少存在 s_1 个相依周期。类似于 SF 结构,当相依周期为 WF 时,在原假设 $H_0^{WF}: rank(\delta) \geq s_1$ 下,至少存在 s_1 个相依周期的检验统计量为:

$$\xi_{WF} = -T_1 \sum_{i=1}^{s_1} \log(1-\hat{\lambda}_i) : \chi^2_{s_1(n(q-1))-s_1(n-s_1)} \quad s_1 = 1,...,n-r_1$$

(5-19)

这里 $\hat{\lambda}_i$ 为矩阵 $(Z_1'Z_1)^{-1/2} Z_1'Z(Z'Z)^{-1}Z'Z_1(Z_1'Z_1)^{-1/2}$ 的特征根,并且 $0 \leq \hat{\lambda}_1 \leq ... \leq \hat{\lambda}_{n-r_1} \leq 1$。在原假设下,$\xi_{WF}$ 服从自由度为 $s_1(n(q-1))-s_1(n-s_1)$ 的 χ^2 分布。容易理解,ξ_{WF} 与 ξ_{SF} 分布的自由度差正好是 WF 与 SF 约束数量的差异 $r_1 s_1$。进一步,检验 SF 对 WF 的原假设是 $H_0^{SW}: X$ 为 SF 相依周期,备择假设 $H_1^{SW}: X$ 为 WF 相依周期。检验统计量为:

$$\xi_{SW} = -T_1 \sum_{i=1}^{s_1} \log(1-\lambda_i)/(1-\hat{\lambda}_i) : \chi^2_{(r_1 s_1)} \quad s_1 = \max(1, s_1-r_1+1)...n-r_1$$

(5-20)

ξ_{SW} 服从自由度为 $r_1 s_1$ 的 χ^2 分布。容易看出,统计量 ξ_{SF} 用于检验本章条件 1 和条件 2 是否联合成立,统计量 ξ_{WF} 是检验条件 1 是否成立。因此,相对于 ξ_{SF},ξ_{WF} 是施加约束条件的检验,而统计量 ξ_{SW} 正好用于检验约束(条件 2)是否成立。由此可见,ξ_{SF},ξ_{WF} 和 ξ_{SW} 本质上是一系列嵌套约束检验。对于 $T_1 \leq t < T_2$ 和 $t > T_2$ 时期的相依周期,按照上述方法类似进行检验。

三、检验结果及分析

(一)经济结构变化点的检验结果

本章样本期间选择为 1999Q1—2016Q4。货币供给选择广义货币供给量(m),以1998年为基期的消费者价格指数度量通货膨胀(p)。以1998年为基期,根据国家统计局公布的每季度经济增长率计算样本期内的实际国内生产总值(y),利率选择全国商业银行隔夜同业拆借利率季度平均值(r),对外开放使用出口总额表示(ck)。国家统计局网站给出2001年以后政府财政支出的月度数据,本章将月度数据加总为季度数据,1999年和2000年的季度数据是根据2000年和2001年度政府财政支出增长率数据返算得到(cz)。固定资产投资(k)和社会消费品零售总额(c)可直接从Wind数据库查到。其余未加说明的原始数据来自Wind数据库、国家统计局和中国人民银行网站。名义变量cz,c,k和ck都用消费者价格指数换算为实际数据,对具有季节特征的数据m,p,y,cz,c,k和ck使用X13方法褪去季节趋势并取自然对数。因此,本章$X = (y,p,ck,cz,k,c,r,m)'$。使用ADF对本章全部变量进行单位根检验,结果表明它们都是I(1)单位根过程。为节省篇幅,未报告检验结果,备索。

模型(5-17)的结构变化由模型(5-15)的结构变化确定,本章使用威泽(Weise,1999)的方法检验模型(5-15)的结构变化。首先假设只有一个结构变化点 T_1,原假设 $H_0: \Phi_{1i} = \Phi_{2i}, i = 1,\dots,q$。备择假设 $\Phi_{1i} \neq \Phi_{2i}$。若原假设 H_0 成立,则模型(5-15)不含结构变化。具体方法是:①根据SC准则,确定最优滞后期q=2。②在原假设 H_0 下估计模型(5-15),收集估计残差 $\hat{\varepsilon}_{it}$,定义 $SSR_0 = \sum \hat{\varepsilon}_{it}^2$。③根据前述分析将结构变化区间设定为2009Q1—2010Q4,在每一个结构变化点上估计备择假设下的模型,并计算残差平方和 $SSR_1 = \sum \hat{\varepsilon}_{it}^2$。④构造检验统计量:

$$F = [(SSR_0 - SSR_1)/lq]/[SSR_1/(T - 2lq - 1)] : F(lq, T - 2lq - 1)$$

(5-21)

这里，l 为 X 包含变量的数量，q 为滞后阶数，T 为样本长度。⑤由于结构变化点未知，本章对所有可能的结构变化点分别计算 F 统计量，取 F 统计量最大值为检验统计量值，其对应的时间点为结构变化点。本章发现 2009Q4 对应的 F 统计量值最大（2.86），并可在 5% 的显著性水平下拒绝没有结构变化的原假设，因此，接受模型（5-15）在 2009Q4 发生结构变化的备选假设。基于上述，结构变化时期选择为 2009Q4。

一旦发现第一个结构变化点，再检验是否存在第二个结构变化点。首先，将样本期划分为 1999Q1—2009Q4 和 2009Q4—2016Q4。对于两个子样本，根据 SC 准则，将第一个子样本滞后期选择为 2，第二个子样本滞后期选择为 1。使用前述威泽（Weise，1999）的 F 型统计量分别检验两个子样本是否存在结构变化。对于第一个子样本，计算得到的 F = 1.24，第二个子样本计算得到的 F = 1.85；分别小于对应 5% 的显著性水平的临界值 2.42 和 3.28，不能拒绝不存在结构变化的原假设，因此，样本期内只有一个结构变化，即 $t < T$ 和 $t \geq T$。这就意味着，经济增长和通货膨胀的共同趋势和相依周期发生了显著的结构变化，在结构变化前后，共同趋势和相依周期的特征存在显著差异。如果在研究过程中没有考虑这种结构变化，模型（5-17）将退化为线性模型，对模型（5-17）的估计结果将是结构变化前后模型参数的平均结果，相应的分解结果也是基于平均参数的模型而得到。显然，这样的分解结果抹杀了结构变化特征以及由此带来的影响。

（二）共同趋势与相依周期的检验结果

根据前文确定的结构变化点，参照贾尔斯和戈德温（Giles and Godwin，2012）的研究，在含结构变化的情形下对模型（5-17）所揭示的 X 的协整关系进行检验,然后分别对结构变化前和结构变化后的 X 进行协整检验[①]。迹统计量的检验结果见表5-1。

表5-1中迹统计量检验表明,在含结构变化的全样本中,原假设 $r=0$ 直至 $r \leq 4$ 所对应的迹统计量都大于5%显著性水平的临界值,拒绝原假设。原假设 $r \leq 5$ 的迹统计量值小于对应5%的临界值,接受原假设。因此,检验结果表明 X 存在5个协整关系。按照类似的方法,表5-1结果还表明,结构变化前 X 所包含的变量也存在协整关系,且协整数量为5,即 $r_1 = 5$。结构变化后 X 所包含的变量同样存在协整关系,协整数量为4,即 $r_2 = 4$。因此,本章所包含的8个变量存在含结构变化的共同趋势。

根据埃克(Hecq,2009)的研究,X 的相依周期检验是在两个不同时期分别检验。分别使用本章的 ξ_{SF},ξ_{WF} 和 ξ_{SW} 统计量,对2009Q4前后的样本数据检验相依周期,结果见表5-2。

表5-1 共同趋势的检验结果

全样本				结构变化前				结构变化后			
原假设	迹统计量	5%临界值	结论	原假设	迹统计量	5%临界值	结论	原假设	迹统计量	5%临界值	结论
$r=0$	290.3	169.6	拒绝	$r=0$	286.9	159.5	拒绝	$r=0$	261.6	159.5	拒绝
$r \leq 1$	201.1	134.7	拒绝	$r \leq 1$	176.3	125.6	拒绝	$r \leq 1$	162.6	125.6	拒绝
$r \leq 2$	136.1	103.8	拒绝	$r \leq 2$	120.5	95.8	拒绝	$r \leq 2$	108.9	95.8	拒绝
$r \leq 3$	92.8	77.0	拒绝	$r \leq 3$	75.2	69.8	拒绝	$r \leq 3$	72.3	69.8	拒绝
$r \leq 4$	56.3	54.1	拒绝	$r \leq 4$	53.7	47.9	拒绝	$r \leq 4$	42.5	47.9	接受
$r \leq 5$	29.6	35.2	接受	$r \leq 5$	26.8	29.8	接受				

[①] 本文对于全样本、结构变化前后的协整检验包含5种形式,对5种备选的设定形式使用安德斯(Enders,2004)的统计量进行了检验。限于篇幅,具体过程没有报告,备索。

表 5-2　相依周期的检验结果

原假设	结构变化前 ξ_{SF} 计算值	临界值	ξ_{WF} 计算值	临界值	ξ_{SW} 计算值	临界值	结构变化后 ξ_{SF} 计算值	临界值	ξ_{WF} 计算值	临界值	ξ_{SW} 计算值	临界值
$s \geq 1$	13.1	19.7	9.4	15.5	8.2	7.8	9.5	11.1	2.1	3.8	8.1	9.5
$s \geq 2$	31.4	36.4	17.5	28.9	13.4	12.6	23.6	21.0	6.2	9.5	13.5	15.5
$s \geq 3$	62.1	54.6	36.3	43.8	19.2	16.9	48.5	32.7	13.5	16.9	18.7	21.0

注：表中临界值是5%显著性水平对应的临界值。

可以看出,对于结构变化前,不同原假设下,统计量 ξ_{SW} 的值都大于其对应的5%临界值,可以拒绝原假设,据此可以判断,经济结构转型前经济增长与通货膨胀的周期运行是弱相依周期。再从结构变化前的 ξ_{WF} 看,原假设 $s \geq 1, s \geq 2$ 时 ξ_{WF} 统计量的计算结果都不能在5%的显著性水平下拒绝原假设,但在 $s \geq 3$ 时拒绝原假设。因此,可以进一步判断结构变化前 X 中的8个变量的弱相依周期数量为2。对于结构变化后,不同的原假设下 ξ_{SW} 统计量的计算值都小于其对应的5%临界值,可以判断在经济转型后的新常态下,中国经济增长与通货膨胀的周期运行是强相依周期,强相依周期意味着经济增长与通货膨胀的周期成分具有很强的同步性。根据 ξ_{SW} 的计算结果,该统计量在 $s \geq 2$ 时拒绝原假设,因此,新常态下,中国经济增长与通货膨胀的相依周期数量为1。

第五节　含结构变化的共同趋势和相依周期的分解

一、共同趋势和相依周期的分解方法

上述检验结果表明,在中国不同经济发展阶段中,经济增长与通货膨胀的共同趋势和相依周期特征存在显著差异,因此,本章需要根据共同趋势和相依周期的差异性特征提出分解方法。埃克等人(Hecq et al.,2000)依据 BN 的长期趋势与周期的分解方法,提出了多变量的共同趋势和相依周期的分解方法。本章借鉴该方法。首先基于前述对模型(5-17)的协整向量数量和协整向量的估计结果,使用汉森和希(Hansen and Seo,2002)的方法估计调节参数 α_1, α_2,系数矩阵 $\varphi_{1i}, \varphi_{2i}$。定义虚拟变量 $D_{1t} = 1, t < T$; $D_{2t} = 1, t \geq T$。在此基础上,记 $\Gamma_1(L) = (I_n - \varphi_{11}L - ... - \varphi_{1q-1}L^{q-1}) = \Gamma_1(1) + \Delta\Gamma_1^*(L)$,$\Gamma_1(1) = I_n - \varphi_{11} - ... - \varphi_{1q-1}$,$\Gamma_2(L) = I_n - \varphi_{21}L - ... - \varphi_{2q-1}L^{q-1} = \Gamma_2(1) + \Delta\Gamma_2^*(L)$,$\Gamma_2(1) = I_n - \varphi_{21} - ... - \varphi_{2q-1}$,$\Gamma_{1j}^* = \sum_{i=j+1}^{q-1}\Gamma_{1i}$,$\Gamma_{2j}^* = \sum_{i=j+1}^{q-1}\Gamma_{2i}$,$\Gamma_1^*(L) = \Gamma_{10}^* + \Gamma_{11}^*L + ... + \Gamma_{1q-2}^*L^{q-2}$,$\Gamma_2^*(L) = \Gamma_{20}^* + \Gamma_{21}^*L + ... + \Gamma_{2q-2}^*L^{q-2}$,$\pi_1 = (\Gamma_1(1) - \alpha_1\beta_1')^{-1}\alpha_1[\beta_1'(\Gamma_1(1) - \alpha_1\beta_1')^{-1}\alpha_1]^{-1}\beta_1'$,$\pi_2 = (\Gamma_2(1) - \alpha_2\beta_2')^{-1}\alpha_2[\beta_2'(\Gamma_2(1) - \alpha_2\beta_2')^{-1}\alpha_2]^{-1}\beta_2'$。记 X_t 的共同趋势成分为 X_t^R,相依周期成分为 X_t^C。在存在共同趋势并且 $t < T$ 时为弱相依周期,$t \geq T$ 时为强相依周期的情形下,X_t 的分解结果为:

$$X_t^R = \begin{cases} \kappa_1 t_1 + (I - \pi_1)(\Gamma_1(1) - \alpha_1\beta_1')^{-1}\alpha_{1\perp}(\alpha_{1\perp}'\alpha_{1\perp})^{-1}\alpha_{1\perp}'\Gamma_1(L)X_t & t \leq T \\ \kappa_2 t_2 + (I - \pi_2)(\Gamma_2(1) - \alpha_2\beta_2')^{-1}\alpha_{2\perp}(\alpha_{2\perp}'\alpha_{2\perp})^{-1}\alpha_{2\perp}'\Gamma_2(L)X_t & t > T \end{cases} \quad (5-22)$$

$$X_t^C = X_t - X_t^R \quad (5-23)$$

二、经济增长和通货膨胀的共同趋势与相依周期的分解结果

根据前述估计方法,本章获得模型(5-17)的结构变化前和结构变化后的估计结果顺序如下[①]。

[①] 系数矩阵中的 * 表示 10% 显著性水平统计显著。

$$
\begin{bmatrix} y_t \\ p_t \\ ck_t \\ cz_t \\ k_t \\ c_t \\ r_t \\ m_t \end{bmatrix} = \begin{bmatrix} 0.02 \\ -0.01 \\ -0.10 \\ 0.40 \\ -0.02 \\ -0.15 \\ 0.53 \\ 0.09 \end{bmatrix} + \begin{bmatrix} -0.18 & -0.04 & 0.00 & -0.05 & -0.05 \\ -0.23 & -0.09 & -0.01 & 0.02 & 0.06 \\ -1.58^* & -1.22 & -0.12 & 0.15 & 0.41^* \\ 4.89^* & -1.21 & -0.19^* & -1.17 & -1.30^* \\ -1.38 & 3.75^* & 0.36 & -0.58^* & -1.67^* \\ 1.78 & -1.11 & -0.10 & 0.20 & 0.27 \\ 8.09^* & -2.76^* & -2.19 & -2.45^* & -0.58 \\ 0.58^* & -0.40^* & -0.02 & 0.04 & -0.09 \end{bmatrix} \begin{bmatrix} 1 & 0 & 0 & 0 & -0.26^* & -0.01^* & -0.46^* & -5.6 \\ 0 & 1 & 0 & 0 & -1.94^* & -0.02 & 1.01 & -3.1 \\ 0 & 0 & 1 & 0 & 2.07^* & 0.22 & -1.34^* & -2.7 \\ 0 & 0 & 0 & 1 & -4.12^* & 0.08 & 1.85^* & 1.7 \\ & & & & 1.74^* & -0.04 & -2.74^* & 7.9 \end{bmatrix} \begin{bmatrix} y_{t-1} \\ p_{t-1} \\ ck_{t-1} \\ cz_{t-1} \\ k_{t-1} \\ c_{t-1} \\ r_{t-1} \\ m_{t-1} \\ 1 \end{bmatrix} + \cdots + \begin{bmatrix} e_{1t} \\ e_{2t} \\ e_{3t} \\ e_{4t} \\ e_{5t} \\ e_{6t} \\ e_{7t} \\ e_{8t} \end{bmatrix}
$$

$$
= \begin{bmatrix} 0.02 \\ -0.02 \\ -0.10 \\ 0.13 \\ 0.05 \\ 0.06 \\ -1.23 \\ 0.08 \end{bmatrix} + \begin{bmatrix} -0.04 & -0.11 & 0.00 & 0.00 \\ 0.60^* & -1.22^* & 0.04^* & 0.14^* \\ 3.00 & -2.40 & 0.30^* & 0.22 \\ -9.19^* & 7.75^* & -0.88^* & -1.13^* \\ -0.62 & -0.08 & 0.07 & -0.00 \\ 1.90^* & -0.28 & 0.08^* & -0.03 \\ -2.41 & 2.83 & 1.75 & 1.90 \\ 0.29 & -0.35 & -0.10^* & -0.04 \end{bmatrix} \begin{bmatrix} 1 & 0 & 0 & 0 & -0.31^* & -0.01^* & -0.47^* & -5.8 \\ 0 & 1 & 0 & 0 & 0.16 & -0.00 & -0.36^* & -3.3 \\ 0 & 0 & 1 & 0 & -4.18^* & 0.00 & 8.25^* & -7.9 \\ 0 & 0 & 0 & 1 & 2.55^* & 0.01 & -3.90^* & 5.9 \\ & & & & 0.09^* & & & \\ & & & & 0.07 & & & \\ & & & & -3.79^* & & & \\ & & & & 1.22 & & & \end{bmatrix} \begin{bmatrix} y_{t-1} \\ p_{t-1} \\ ck_{t-1} \\ cz_{t-1} \\ k_{t-1} \\ c_{t-1} \\ r_{t-1} \\ m_{t-1} \\ 1 \end{bmatrix} + \cdots + \begin{bmatrix} v_{1t} \\ v_{2t} \\ v_{3t} \\ v_{4t} \\ v_{5t} \\ v_{6t} \\ v_{7t} \\ v_{8t} \end{bmatrix}
$$

在模型(5-22)的分解结果中,$\alpha_{1\perp}$,$\alpha_{2\perp}$分别是调节参数矩阵α_1和α_2的正交矩阵。虽然α_1和α_2的估计结果是唯一的,但$\alpha_{1\perp}$,$\alpha_{2\perp}$并非唯一。本章根据贡萨洛和吴(Gonzalo and Ng,2001)的建议估计$\alpha_{1\perp}$:首先将$\hat{\alpha}_1$中不显著的元素约束为零[①];其次,计算$I - \hat{\alpha}_1(\hat{\alpha}_1'\hat{\alpha}_1)^{-1}\hat{\alpha}_1'$的特征值,取最小的$(n-r_1)$个特征值所对应的特征向量作为$\alpha_{1\perp}$的估计值。$\alpha_{2\perp}$的估计类似于$\alpha_{1\perp}$。估计得到$\hat{\alpha}_{1\perp}' = (0.00,0.00,0.13,0.01,0.88,0.00,0.56,0.00;0.00,0.00,0.94,0.03,-0.03,-0.13,-0.37,0.0;0.00,0.00,-0.03,0.98,-0.02,0.20,-0.06,0.00)$;$\hat{\alpha}_{2\perp}' = (0.00,-0.00,-0.34,0.25,0.82,0.36,0.00,0.00;0.00,0.32,0.08,0.11,-0.31,0.88,0.0,0.0;0.00,0.00,0.00,0.00,0.00,0.00,0.00,0.71;0.00,0.00,-0.13,0.96,0.28,-0.02,0.00,0.00)$。基于上述结果,经济增长与通货膨胀的共同趋势与相依周期的分解结果见图5-2和图5-3[②]。

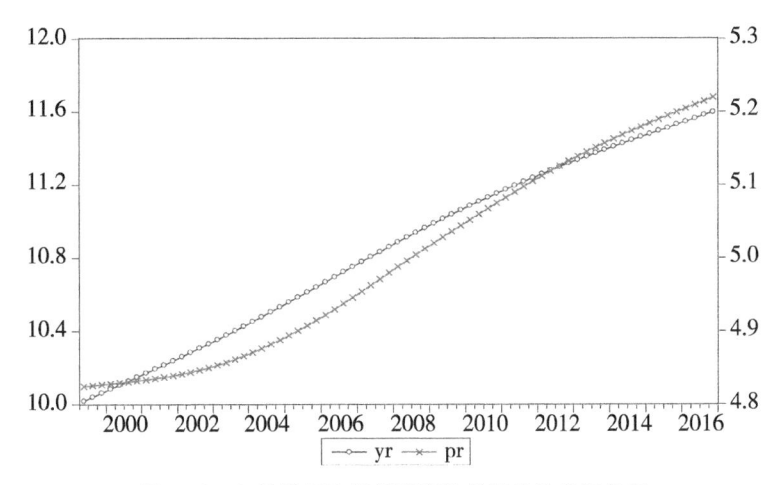

图5-2 经济增长和通货膨胀的共同趋势分解结果

---

① 关于这样处理的原因,贡萨洛和吴(Gonzalo and Ng,2001)作了详细说明。
② 为简洁,本文仅报告了经济增长和通货膨胀的趋势与周期的分解结果。图5-2左轴是yr的坐标,右轴是pr的坐标。

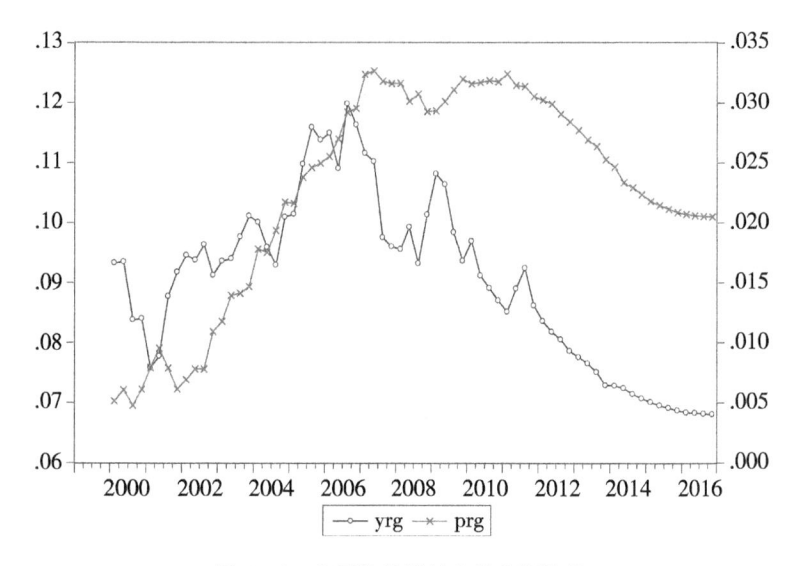

图 5-3　共同趋势增长率的分解结果

经济增长和通货膨胀之间存在协整关系表明它们具有长期均衡关系,基于共同趋势和相依周期约束分解得到的共同趋势直观地演绎它们的长期均衡关系。图 5-2 中 yr,pr 分别表示经济增长和通货膨胀的共同趋势。从共同趋势的运行态势看,yr 和 pr 在样本期内整体呈现相伴相随的上升趋势。为更清晰认清 yr 和 pr 的共同性与长期均衡特征,图 5-3 的 yrg 和 prg 分别展示了它们的同比增长率。可以看出,yrg 和 prg 具有相当明显的"共同性"。例如 2003—2007 年,yrg 和 prg 都在波动中呈现上升趋势,但相对而言,yrg 的上升幅度较大。2008 年的全球金融危机使得两者几乎同时向下跌入低谷,但 yrg 下降幅度相对较大。2009 年开始两者都实现了快速反弹。上述分析结果都直观地演示出经济增长和通货膨胀趋势的共同性。2010 年后,由于中国经济结构转型,经济增长驱动力逐步改变,经济运行逐步进入新常态,GDP 和通货膨胀的趋势增长率也都掉头落入下降通道中,其中,GDP 趋势的增速先行下降且下降速度相对较快,而通胀趋势的增速随后下降但下降速度较慢。进入 2014 年后,yrg 和 prg 的下降速度双双转向缓慢并滑向低谷,没有明显出现趋势反弹的迹象。由于趋势成分是 GDP 和通胀的主要成分,由此说明新常态下中国经济增长速度和通胀率的持续下行主要是长期趋势成分的下降。如果从经济结构转型后 GDP 的趋势增长率看,yrg 虽然在 2012 年存在短期反弹,但 yrg 整体呈现下降速度先快后慢的"L"型,2015 年呈现出底部形态,但还没有明显稳定的迹象。相应的时期,通货膨胀的趋势增长率也进入到相似的底部形态。

从图 5-3 还可以发现,样本期内 yrg 和 prg 整体呈现出几乎同进同退的运行特征,但在不同时期又具有各自不同的特点。从 2010 年经济结构转型之前看,yrg 和 prg 两条曲线较为紧密地贴合在一起。2010 年以后,yrg 和 prg 虽然整体呈下降趋势,但两者位置开始明显偏离,且偏离的缺口并没有明显的收缩趋势。该结果表明,尽管新常态以来经济增长速度和通胀速度的趋势都处于下降通道中,但经济增长速度的趋势下降相对更快。对比 2010 年前后的 yr 和 pr 的相互关系,可以发现,经济结构转型前几乎都是 pr 位于 yr 的下方,经济结构转型后,pr 开始逐渐爬于 yr 的上方。这种位置关系的先后置换意味着,2010 年前中国的基本情形是高增长伴随着相对较低的通胀水平,2010 年后中国的基本情形是相对较低的经济增长速度伴随着相对较高的通胀率[①],特别是进入 2013 年以后的新常态时期,yr 持续位于 pr 的下方,且两者位置的反向偏离有扩大的

---

① 这是相对经济结构转型前的运行特征而言。

趋势。

由共同趋势和相依周期的分解理论可知,分解得到的GDP和通胀的趋势是在本章8个变量协同波动的约束下获得的。从经济意义上看,这样分解的结果是在综合考虑消费、投资、货币政策、财政政策和对外开放等多种宏观经济因素对GDP和通胀的长期和短期结构关系影响的基础上得到的。相对于直接对GDP和通胀研究的文献,本章的结果更具有经济理论和实践价值。进一步地,根据数据分解技术,对具有单位根特征的GDP数据分解得到的趋势成分就是通常经济意义上的潜在产出的估计结果,相应的趋势增长率就是对潜在经济增长率的估算。由宏观经济学理论和宏观调控实践可知,政府宏观调控的目标是将经济增长维持潜在产出水平附近,因此,潜在经济增长率就是政府宏观调控的目标。从图5-3的分解结果看,进入2016年以后,GDP趋势增长速度分别下降为6.8%,6.8%,6.7%,6.7%,且还没有明显稳定的迹象。新常态下,中国政府在"十三五"时期将经济增长的目标制定为6.5%以上。从本章的估计结果看,该目标的实现可能会有一定的困难。这是因为当前的趋势经济增长率已经下降接近6.5%,但底部特征不是很明显。如果通过"十三五"时期的供给侧和需求侧改革,趋势经济增长率稳定在当前的位置,意味着"L"型的底部形成并能够趋稳,那么"十三五"对经济增长的宏观调控目标是能够顺利实现的。另外,由图5-3可以发现,与GDP趋势具有长期均衡关系的通胀趋势增长率在2016年也"共同"逐步下滑,分别为2.03%,2.01%,2.00%,1.99%。根据这种共同运行特征,"十三五"时期6.5%的经济增长速度,与该目标相均衡的通货膨胀调控目标应设为2%或以下。

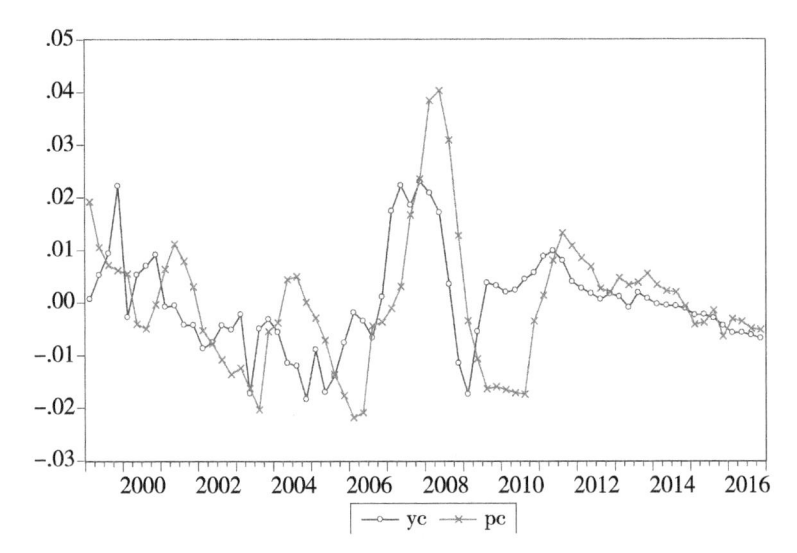

图 5-4　GDP 和通货膨胀的相依周期分解结果

图 5-4 中 yc, pc 分别表示经济增长和通货膨胀的相依周期分解结果。从整个样本期来看,两个变量相依周期的波动轨迹都有较为密切的同步性,这就直观地表明通货膨胀与经济增长的短期周期成分整体"相依"程度较强,但经济结构转型的相依程度更强。根据"波峰-波峰"的周期划分方法,样本期内经济增长的周期成分出现两轮完整的周期,大致可粗略划分为 1999Q2—2007Q4, 2008Q1—2011Q4。此后,经济增长的周期成分进入新一轮周期的下降通道中,且没有出现明显的探底迹象。与之相对应地,样本期内通货膨胀的周期成分出现四轮完整的周期,分别为 1999Q1—2001Q2, 2001Q2—2004Q4, 2004Q4—2008Q3, 2008Q3—2012Q1,此后,通货膨胀的周期成分进入新一轮周期的下降通道中,也没有出现明显的探底迹象。对比 yc 和 pc,可以发现,yc 的第一轮周期大约包含了 pc 的前三轮周期,yc 的第二轮周期与 pc 的第四轮周期基本同步。2012 年后的新常态下,yc 和 pc 都进入新一轮周期的下

降通道中,由此表明,新常态下经济增长和通货膨胀的下行既包含趋势成分的下降也包含周期成分的下降。

上述对共同趋势和相依周期分解结果的分析表明,本章的结果基本准确地刻画了中国宏观经济的运行特征,从图5-3和图5-4的分解结果也可以直观看到,2010年前后,经济增长与通货膨胀的趋势成分和周期成分的共同特征发生显著改变,由此意味着本章的模型设定和结构变化时期的确定基本合理。

第六节 共同趋势和相依周期的持久性冲击与短期冲击

由计量经济学理论可知,持久冲击形成经济增长和通货膨胀的趋势,短期冲击形成它们的周期。经济增长和通货膨胀存在共同趋势和相依周期,意味着它们受到共同的持久冲击和短期冲击的影响。前述共同趋势和相依周期的分解结果还难以揭示它们趋势成分和周期成分的变化的影响因素,这不利于对新常态下宏观经济政策的合理操作提供政策建议,特别是不利于深入了解"十三五"期间将经济增长速度保持在6.5%以上合理区间的可能性及影响因素,因此,本章进一步分解经济增长和通货膨胀受到的持久冲击和短期冲击,揭示持久冲击和短期冲击形成的影响因素并计算持久冲击和短期冲击对经济增长和通货膨胀的动态效应。

一、持久冲击与短期冲击的分解方法

贡萨洛和吴(Gonzalo and Ng,2001)在VECM框架下推导了持久冲

击和短期冲击的分解方法,本章参考该方法,提出含结构变化的持久冲击和短期冲击的分解方法。模型(5-17)对应的 ΔX 的移动平均过程为①:

$$\Delta X_t = \begin{cases} C_1(L)\varepsilon_{1t} & t < T \\ C_2(L)\varepsilon_{2t} & t \geq T \end{cases} \tag{5-24}$$

这里,系数矩阵 C_1, C_2 可由相应的诱导型 VAR 模型系数计算得到。基于模型(5-24)可以计算各种随机冲击(ε_{1t} 或 ε_{2t})对 ΔX_t 的动态效应,但各种随机冲击既可能形成持久效应,也可能形成短期效应,模型(5-24)无法对此区分。参考贡萨洛和吴(Gonzalo and Ng, 2001)的研究,持久冲击和短期冲击的分解方法如下:由前述模型(5-17)构造矩阵 $G_1 = (\alpha'_{1\perp}, \beta'_1)'$, $G_2 = (\alpha'_{2\perp}, \beta'_2)'$,其中 $\alpha'_{1\perp}$ 为 $(n-r_1) \times n$ 维矩阵,$\alpha'_{2\perp}$ 为 $(n-r_2) \times n$ 维矩阵。由协整理论可知,VECM 中的调节参数反映的是协整关系对变量短期变化的调整,其正交补($\alpha'_{1\perp}$ 或 $\alpha'_{2\perp}$)所隐含的是 $\alpha'_{1\perp}$ 或 $\alpha'_{2\perp}$ 提取了 X_t 各变量中不受协整关系所调节的随机冲击的长期成分,剔除的是各变量随机冲击的短期成分,因此 $\alpha'_{1\perp}\varepsilon_{1t}$,$\alpha'_{2\perp}\varepsilon_{2t}$ 提取的是对 X_t 具有持久效应的持久冲击,它们形成结构变化前后 X_t 中的趋势。因此对 X_t 的持久性冲击分解结果是 $ur_t = D_{1t}(\alpha'_{1\perp}\varepsilon_{1t}) + D_{2t}(\alpha'_{2\perp}\varepsilon_{2t})$,相对应地,$D_{1t}(\beta'_1\varepsilon_{1t}) + D_{2t}(\beta'_2\varepsilon_{2t})$ 构成 X_t 中的短期周期成分,因此 X_t 的短期随机冲击的分解结果就是 $uc_t = D_{1t}(\beta'_1\varepsilon_{1t}) + D_{2t}(\beta'_2\varepsilon_{2t})$。进一步记 $u_t = (ur_t, uc_t)'$,上述分解过程可表述为:

$$\Delta X_t = D_{1t}(C_1(L)G_1^{-1}G_1\varepsilon_{1t}) + D_{2t}(C_2(L)G_2^{-1}G_2\varepsilon_{2t}) = A(L)u_t = \begin{bmatrix} B_{11} & B_{12} \\ B_{21} & B_{22} \end{bmatrix} \begin{bmatrix} ur_t \\ uc_t \end{bmatrix} \tag{5-25}$$

---

① 这里不考虑截距项,因为它不影响脉冲响应函数和方差分解的结果。

模型(5-25)中等号右边前 $(n-r)$ 行是持久冲击对 X_t 的持久效应,后 r 行是短期冲击对 X_t 的短期效应。由于短期冲击对 X_t 的累积效应为零,因此,$B_{12}(1)=0,B_{22}(1)=0$。这样分解的随机冲击 u_t 的各系列之间可能存在相关性,需要对 u_t 进行正交变换。为此,以 H 表示 u_t 的协方差矩阵的 Cholesky 分解的下三角矩阵,对 u_t 进行正交变换后的结果就是 $\eta_t=(H_1^{-1}D_1+H_2^{-1}D_2)u_t$。这样,模型(5-25)变换为:

$$\Delta X_t = D_{1t}(C_1(L)G_1^{-1}H_1H_1^{-1}G_1\varepsilon_{1t}) + D_{2t}(C_2(L)G_2^{-1}H_2H_2^{-1}G_2\varepsilon_{2t}) = A^*(L)\eta_t \tag{5-26}$$

由模型(5-24),$\sum_{j=0}^{l}A_j^*$ 的前 $(n-r)$ 行就是持久性冲击的效应,后 r 行就是短期冲击的效应。我们习惯解释 X_t 如何随着持久冲击和短期冲击而变化,而模型(5-25)却只能直接解释持久冲击和短期冲击对 ΔX_t 影响。为获得习惯的解释,依据吕特克波尔和赖默斯(Lütkepohl and Reimers,1992)的研究构造脉冲响应函数的形式:

$$\Phi_l = \begin{cases} \sum_{j=0}^{l}C_{1j}, & l=1,2,\ldots, \quad t<T \\ \sum_{j=0}^{l}C_{2j}, & l=1,2,\ldots, \quad t\geq T \end{cases} \tag{5-27}$$

一旦我们获得 Φ_l,模型(5-26)转化为:

$$X_t = D_{1t}(\Phi_1(L)G_1^{-1}H_1H_1^{-1}G_1\varepsilon_{1t}) + D_{2t}(\Phi_2(L)G_2^{-1}H_2H_2^{-1}G_2\varepsilon_{2t}) = \Theta(L)\eta_t \tag{5-28}$$

这样,系数矩阵 Θ_l 就度量了正交的持久冲击和短期冲击对 X_t 的动态效应,因此,基于模型(5-28)可以获得脉冲响应函数和方差分解的结果。可以看出,由于对 X_t 形成动态效应的随机冲击是共同的,这就使得 X_t 各分量的随机趋势和周期成分具有"共同特征"。

二、持久冲击与短期冲击的分解结果

由前述共同趋势的检验结果表明，结构变化前后的协整向量数量分别为 5 和 4，因此，结构变化前后的经济增长和通货膨胀分别受到 3 个和 4 个持久冲击的影响。这样，$\alpha'_{1\perp}$ 和 $\alpha'_{2\perp}$ 分别是 3×8 和 4×8 的矩阵。由前述可知，持久冲击 $\alpha'_{1\perp}\varepsilon_{1t}$，$\alpha'_{2\perp}\varepsilon_{2t}$ 实际上是随机冲击 ε_t 的线性组合，$\alpha'_{1\perp}$ 和 $\alpha'_{2\perp}$ 每行的元素体现了相应变量的随机冲击在持久冲击中的重要程度。根据前述 $\hat{\alpha}'_{1\perp}$ 的估计结果，它的第一行元素对随机冲击 ε_t 组合形成第一个持久冲击，第一个持久冲击主要由投资冲击和 M2 冲击组成。第二个持久冲击主要是由对外开放冲击和利率冲击组成。第三个持久冲击主要是由财政支出冲击、利率冲击和消费冲击组成。由 $\hat{\alpha}'_{2\perp}$ 每行的系数可以发现，经济结构转型后的第一个持久冲击主要由财政支出冲击、消费冲击和投资冲击组成，其中投资支出占据主导地位。第二个持久冲击主要由消费冲击组成。第三个持久冲击主要来自于货币供给 M2 冲击。第四个持久冲击主要由出口冲击和财政支出冲击组成，利率冲击在四个持久冲击中的系数都相对较小。上述分解结果表明，无论经济结构转型前或转型后，经济增长和通货膨胀的持久性冲击都主要来自于投资、消费、对外开放、财政政策和 M2。这就说明，长期以来，实际因素和名义因素都对中国经济增长和通货膨胀的持久性波动有着重要影响。通过比较可以看出：经济结构转型前后每种持久冲击的组成不尽相同，实际因素和名义因素在持久冲击中的重要性也具有差异，由此导致经济增长和通货膨胀在结构转型前后的共同趋势具有显著差异。另一方面，根据贡萨洛和吴(Gonzalo and Ng,2001)的研究，分别将 β'_1 和 β'_2 中不显著元素约束为零，由此得到经济结构转型前后短

期冲击 $\beta_1'\varepsilon_{1,t}$ 和 $\beta_2'\varepsilon_{2,t}$ 的估计结果。根据前述相似的方法，同样可以发现，在经济转型前后短期冲击的形成过程中，实际因素和名义因素都很重要。持久冲击和短期冲击的估计结果如下。

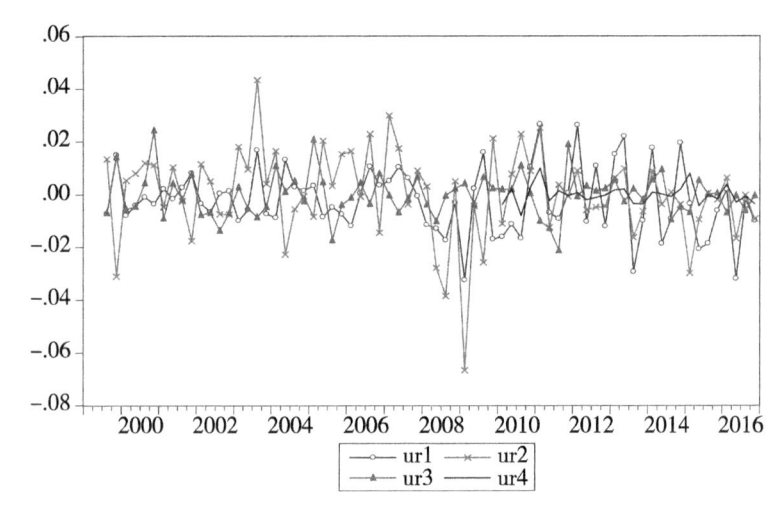

图 5-5　持久冲击的分解结果

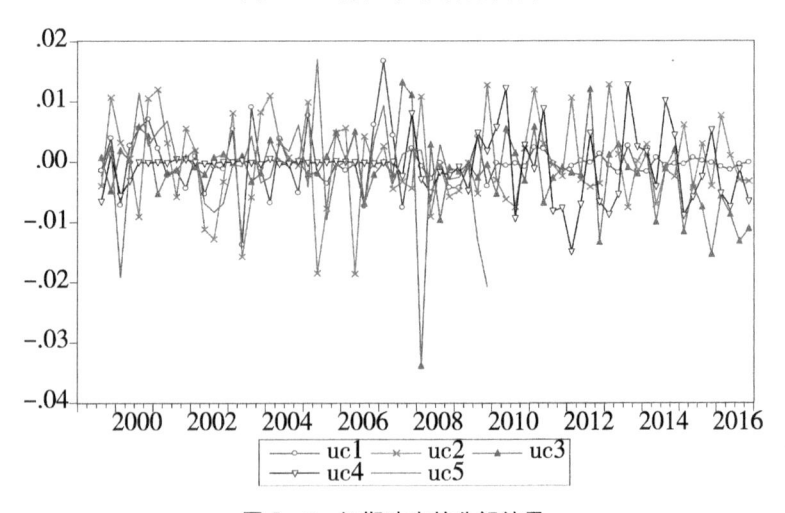

图 5-6　短期冲击的分解结果

图 5-5 中的 ur1,ur2,ur3 和 ur4 分别为估计得到的四个持久冲击,其中 ur4 起始时期为 2010Q1。图 5-6 中的数据图为估计得到五个短期冲击,其中 uc5 的结束时期是 2009Q4。由于持久冲击和短期冲击由 VECM 模型残差的线性组合构成,残差的大小和方向表明对应变量受到的随机冲击的大小和方向,残差的方差表明对应变量受到的不确定性程度。因此,持久冲击和短期冲击的估计数值度量了经济增长和通货膨胀所受到的具有持久效应和短期效应的冲击的大小,持久冲击和短期冲击的波动幅度则度量了经济增长和通货膨胀所受到的具有持久性影响和短期影响的不确定性程度。从近期持久冲击的波动特征看,ur1 和 ur2 整体较为明显地处于零线下方,ur3 和 ur4 略低于零线,这就意味着受持久冲击的影响,经济增长和通货膨胀的趋势成分增速将处于下行通道中。进一步地,尽管结构转型后的 ur1,ur2 和 ur3 的波动幅度没有显著不同于结构转型前,但结构转型后增加了持久冲击冲击 ur4,这就意味着结构转型后经济增长和通货膨胀趋势成分的不确定性要大于结构转型前,从而隐含地意味着前述分解的经济增长趋势增速的"L"型底部还不稳定,还有较大的下行风险。从短期冲击的分解结果看,近期经济结构转型后短期冲击主要位于零线下方,这就意味着当前经济增长和通货膨胀的周期成分处于下行阶段。

三、持久冲击、短期冲击对经济增长和通货膨胀的动态效应

图 5-7 中,gur11,gur21,gur31 分别表示经济结构转型前的三个持久冲击对经济增长的冲击效应,图 5-8 中的 pur11,pur21,pur31 是经济结构转型前三种持久冲击对通货膨胀的冲击效应。由图 5-7 可以看出,三个持久冲击对经济增长都有正向的长期持久效应,其中,第一个和第三个持久冲击的冲击效应相对较大,第二个持久冲击的效应相对较小。这一结果说明,第一个和第三个持久冲击对经济增长的调节效

应相对更为显著。由前述可知,经济结构转型前第一个持久冲击主要由投资和 M2 冲击组成,第三个持久冲击主要由财政、消费和利率冲击组成,由此意味着,投资、消费、财政政策和货币政策是中国经济结构转型前高速增长的最重要因素。第二个持久冲击对经济增长的冲击效应虽然幅度相对较小但仍有明显的正向效果,第二个持久冲击是由出口总额和利率冲击组成。理论而言利率对经济增长的效应是负向的,它和出口对经济增长的效应正好相反,因此,第二个持久冲击对经济增长的冲击效应虽然幅度相对较小但不表明出口对增长的效应较小,反而有相对较大的效应。图 5-8 所表示的三个持久冲击对通货膨胀的效应与图 5-7 大致相似。例如,三个持久冲击都对通货膨胀有持久性效应,并且三个持久冲击对通胀冲击效应的波动特征也与图 5-7 相似。特别地,第二个持久冲击对通胀效应的波动特征虽然与对增长效应的波动特征相似,但幅度相对较小。由此隐含地印证了经济增长与通货膨胀存在共同趋势的估计结果。这一结果还说明,在经济结构转型前的样本期内,投资和货币供给是中国经济增长和通货膨胀波动的最主要因素,出口贸易、财政支出和利率对通胀的影响小于对增长的影响。

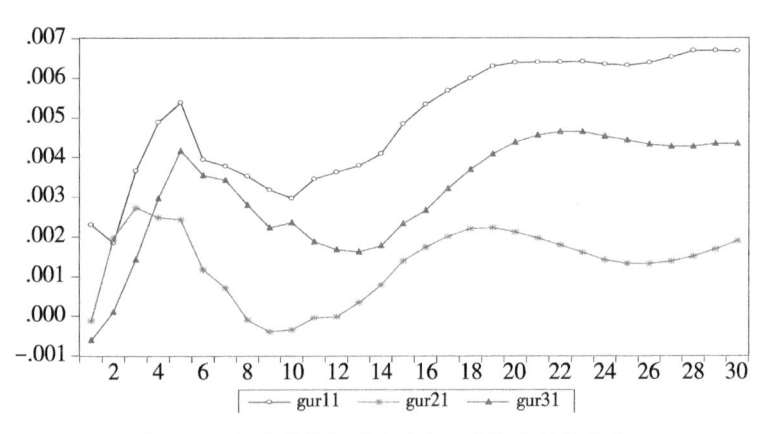

图 5-7 结构转型前持久冲击对经济增长的效应

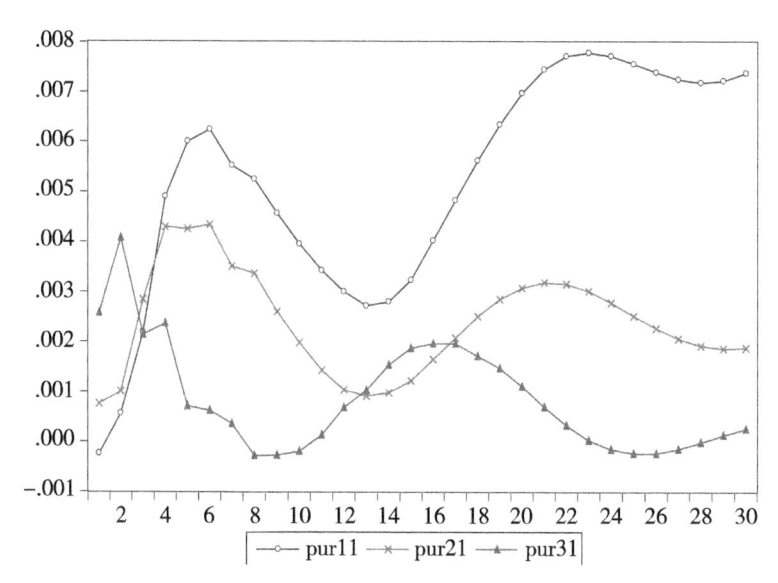

图 5-8 结构转型前持久冲击对通货膨胀的效应

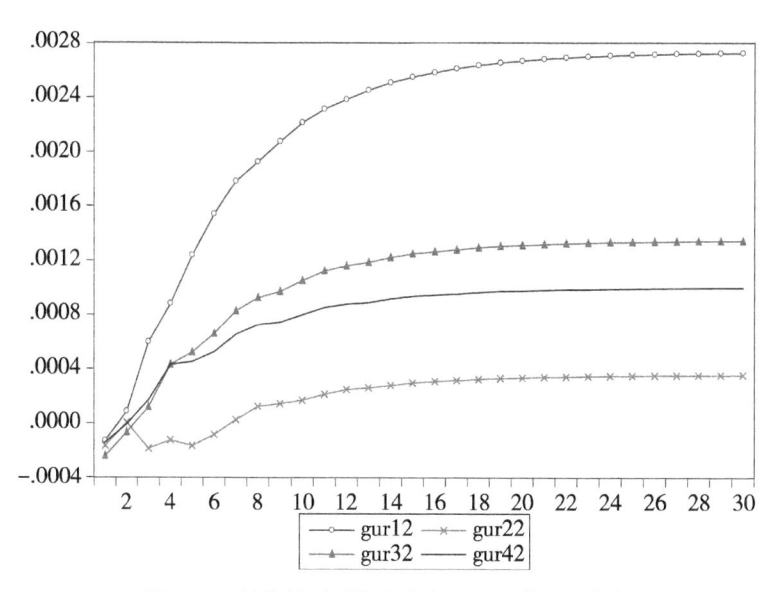

图 5-9 结构转型后持久冲击对经济增长的效应

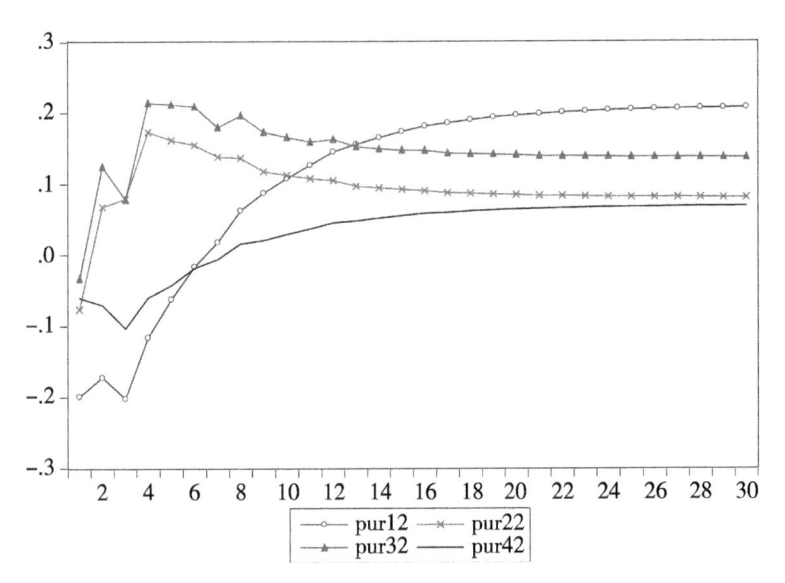

图 5-10　结构转型后持久冲击对通货膨胀的效应

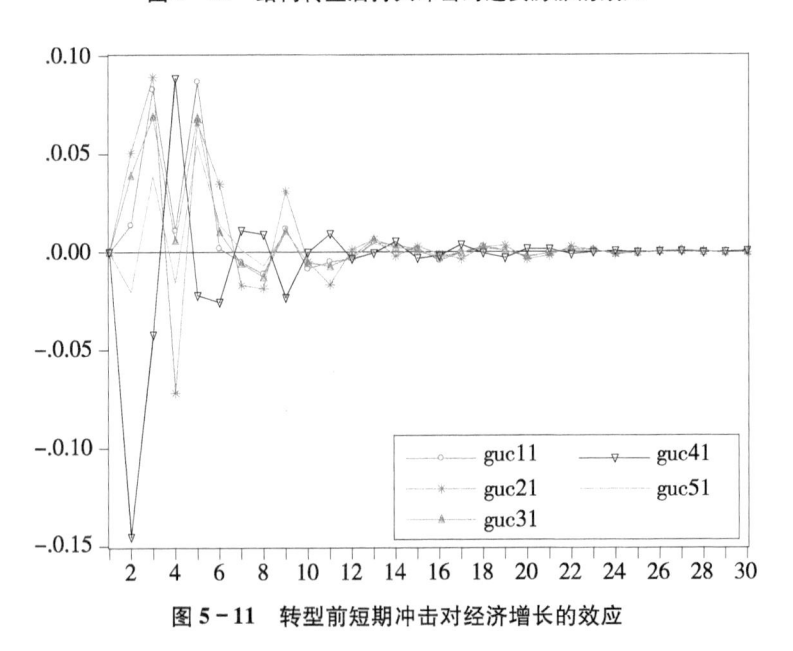

图 5-11　转型前短期冲击对经济增长的效应

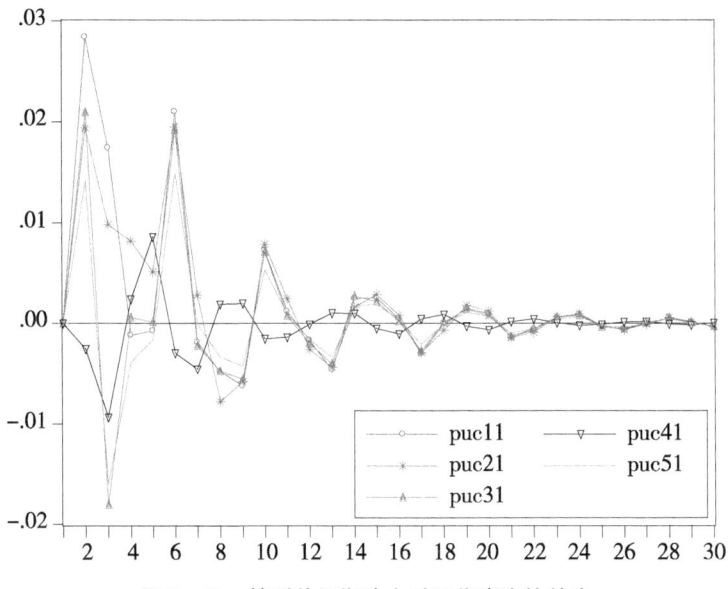

图 5-12　转型前短期冲击对通货膨胀的效应

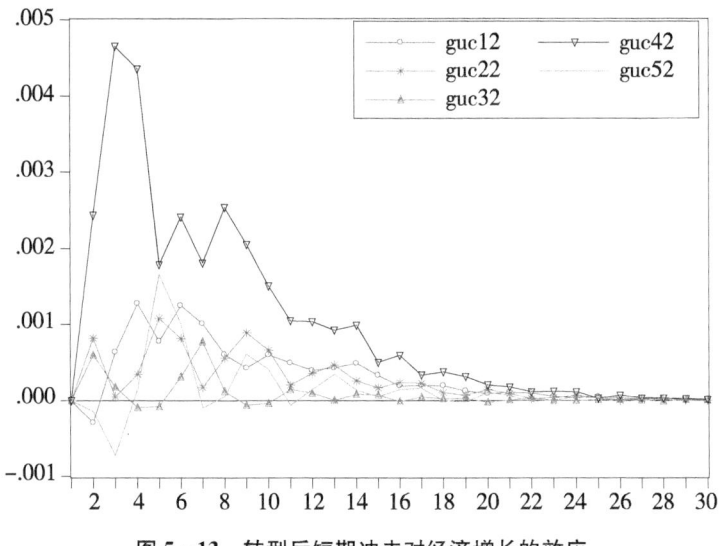

图 5-13　转型后短期冲击对经济增长的效应

图 5-14　转型后短期冲击对通货膨胀的效应

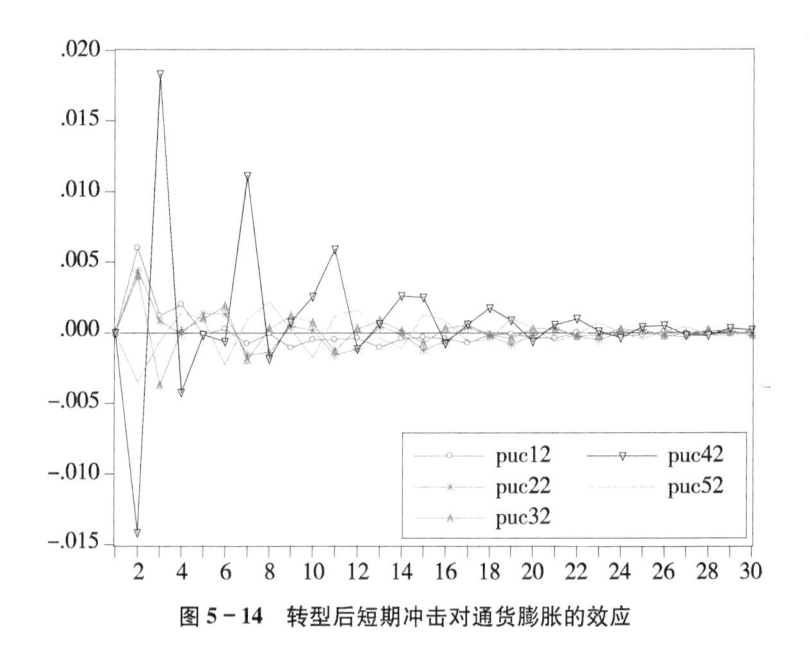

图 5-9 和图 5-10 分别描述了经济结构转型后四个持久冲击对经济增长与通货膨胀的持久冲击效应。总体来看,两图都表明四个持久冲击对经济增长与通货膨胀具有正向效应,这一结果再次印证了经济增长与通货膨胀存在共同趋势的检验结果。具体来看,第一个和第三个持久冲击对经济增长有相对较大的冲击效应,第二个持久冲击对增长的冲击效应相对较小。由前述第一和第三个持久冲击的主要构成可知,经济结构转型后投资、货币供给对经济增长仍然具有最重要的作用,消费在第一和第二个持久冲击中都有相对较大的系数,这就表明消费对增长的效应相对也较大。另外,由出口和财政支出冲击组成的第四个持久冲击对增长的效应也较大。图 5-10 中四个持久冲击曲线的形状尽管与图 5-9 相似,但图 5-10 中四条冲击曲线的位置与图 5-9 不尽相同,例如,图 5-9 中的第二个持久冲击效应位于最下方,但在图

5-10中它却在第四个持久冲击曲线的上方。这就意味着,四个持久冲击在增长和通胀的趋势形成过程中的重要性不尽相同。具体来看,对通胀冲击效应按从大到小的顺序排列,依次为第一个持久冲击、第三个持久冲击、第二个持久冲击和第四个持久冲击。因此,对通胀长期趋势影响最大的仍然是投资、消费和货币供给,其他实际因素对通胀也有持续的正向影响。由此可知,新常态下投资、消费、货币政策和出口等仍然是"保增长、防通胀"的重要影响因素,财政政策也对经济增长和通货膨胀的趋势波动有显著效果。因此,在新常态下的供给侧结构性改革过程中,宏观调控仍然需要注重需求侧因素对增长和通胀的拉动效应。在将经济增长和通货膨胀稳定在合理区间范围内时,需要综合考虑需求侧的名义因素和实际因素,注重这些名义因素和实际因素的组合协调。

图 5-11 至图 5-14 是短期冲击动态效应的估计结果。从上述图形可以看出,无论结构转型前还是结构转型后,短期冲击对经济增长和通货膨胀的动态效应整体上具有大致相似性。例如,经济结构转型前,第一个短期冲击(uc11)对经济增长和通货膨胀的冲击效应在初期都是较大幅度正值,然后逐步衰减趋于零;类似地,第 4 个短期冲击(uc41)对经济增长和通货膨胀的冲击效应都是首先为负值,然后转为正值再然后衰减为零。经济结构转型后的短期冲击也有类似的效果,例如,第一个短期冲击(uc12)对增长的冲击在初期有较大幅度正值,然后衰减为零,对通胀的冲击效应在初期虽然呈现较大幅度波动,但主要处于正值区间,经过 8 期以后才衰减至零线附近。短期冲击对经济增长和通货膨胀的动态效应的相似性印证了前述相依周期的检验结果。进一步地,尽管短期冲击对经济增长和通货膨胀的动态影响是非持久的,但部分短期冲击的非持久效应在部分时期较大,且滞后时期相对较长。例

如,经济结构转型前,第一个短期冲击 uc11 对经济增长的冲击效应在初期较大,持续约 8 期才衰减为零。经济结构转型后第一个持久冲击 uc12 对经济增长的冲击效应在初期较大且持续时间较长。这一结果表明,短期冲击对经济增长和通货膨胀的影响也很重要。因此,新常态下将经济增长和通货膨胀控制在合理区间内,不仅要注重对持久冲击影响因素的调节,同时也要注意对短期冲击影响因素的调节。上述分析同时还表明,对于经济增长和通货膨胀的短期周期成分而言,推动构成短期冲击的影响因素有助于保增长的目标,但也会带来通胀的上升。

四、持久冲击、短期冲击对经济增长和通货膨胀波动的贡献

与上述脉冲响应的分析方法不同,方差分解的结果度量了每种随机冲击对经济增长和通胀波动的贡献,直观地刻画了样本期内不同随机冲击对经济增长和通货膨胀波动的重要性。

图 5-15 至图 5-18 是经济结构转型前持久冲击和短期冲击对经济增长和通货膨胀波动的贡献。从这四个图形可以看出,无论是对经济增长还是通货膨胀的波动,持久冲击都占主导作用。例如,在滞后 30 期,三个持久冲击在经济增长的波动中贡献了约 80%,对通胀的波动贡献了约 85%。各种短期冲击对经济增长和通货膨胀波动的贡献都相对较小,例如,第一个短期冲击(uc11g)对经济增长波动的贡献最大,在滞后 30 期约为 5.3%。第一个短期冲击对通货膨胀的贡献也最大,在滞后 30 期约为 4.2%。从经济结构转型后的方差分解结果看(见图 5-19 至图 5-22),持久冲击对经济增长和通货膨胀波动的贡献都占主导地位。对于经济增长的波动而言,第一个持久冲击和第三个持久冲击的贡献相对较大,在滞后 30 期分别达到约 48% 和 20% 的较高水平,四个持久冲击对增长波动总共贡献了约 90%,其余约 10% 的贡献分别由四个短

期冲击分担。另一方面,四种持久冲击对通胀波动总共贡献了约80%,其中第一个持久冲击和第三个持久冲击相对较大,特别是第一个持久冲击单独贡献了约38%。由此说明,经济结构转型后,四个持久冲击对经济增长和通货膨胀的区间调控都很重要,但第一个持久冲击和第三个持久冲击相对更为重要。这一结论与前述脉冲响应函数的估计结果相吻合。根据结构转型后第一个持久冲击和第三个持久冲击的构成,可以判断,财政支出、消费支出、投资和货币政策是当前将经济增长和通货膨胀保持在合理区间内的最重要的影响因素,但同时出口也不能够忽视,因为第四个持久冲击对经济增长的贡献也达到约17%,因此推动出口仍然是重要的保增长手段。从结构转型后短期冲击对经济增长和通货膨胀的贡献看,虽然每一种短期冲击对经济增长和通货膨胀的贡献都相对不大,但四种短期冲击的总贡献仍然占有一定的比重,因此,新常态下将经济增长和通货膨胀保持在合理区间的调控过程中,对经济增长和通货膨胀的周期调节也很重要。

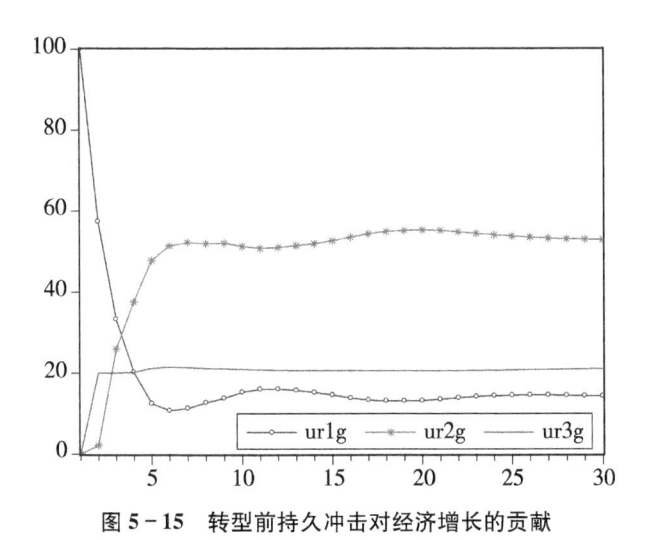

图 5-15 转型前持久冲击对经济增长的贡献

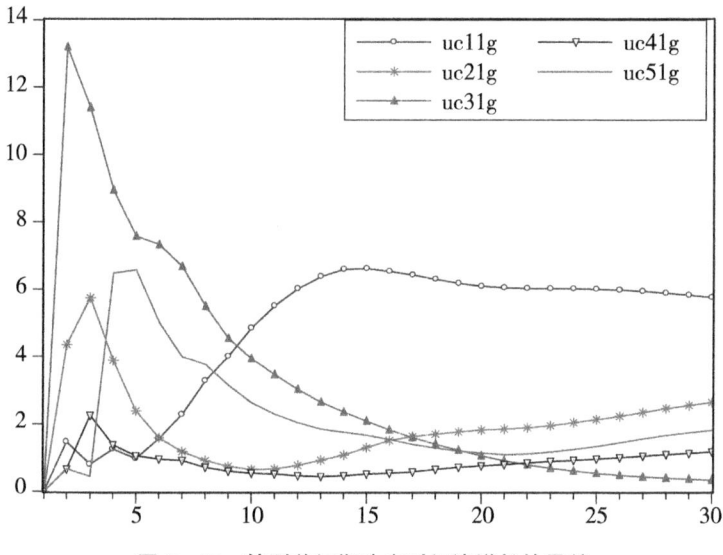

图 5-16 转型前短期冲击对经济增长的贡献

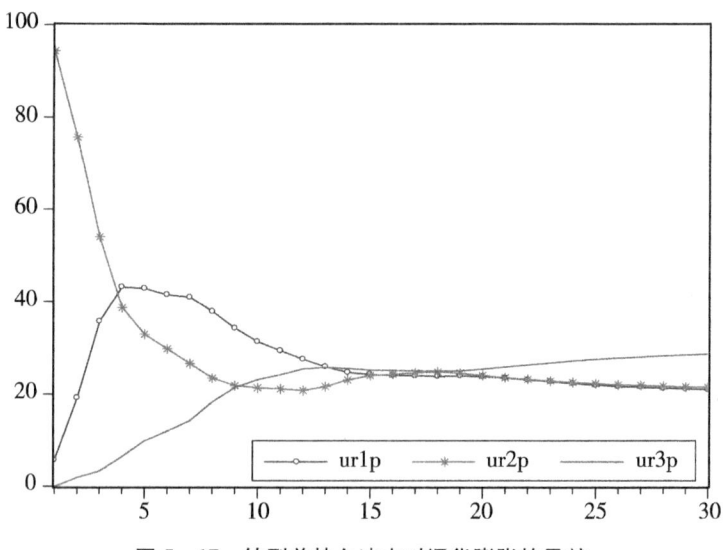

图 5-17 转型前持久冲击对通货膨胀的贡献

第五章 中国经济增长与通货膨胀的共同趋势与相依周期 209

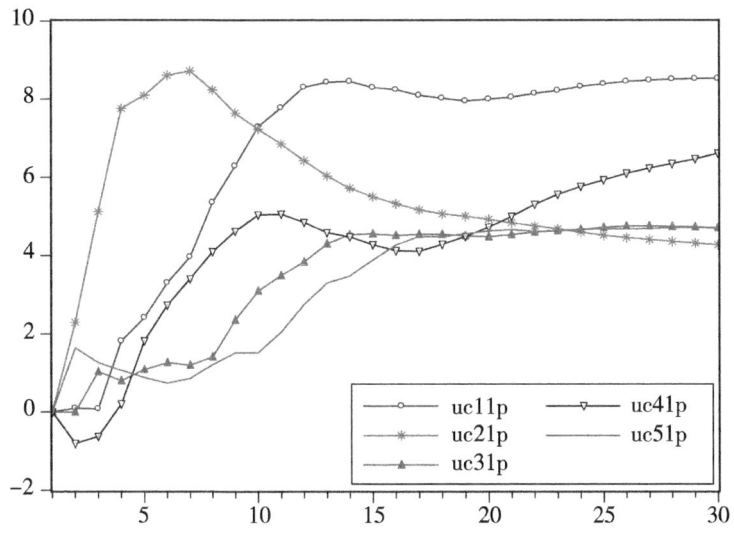

图 5-18 转型前短期冲击对通货膨胀的贡献

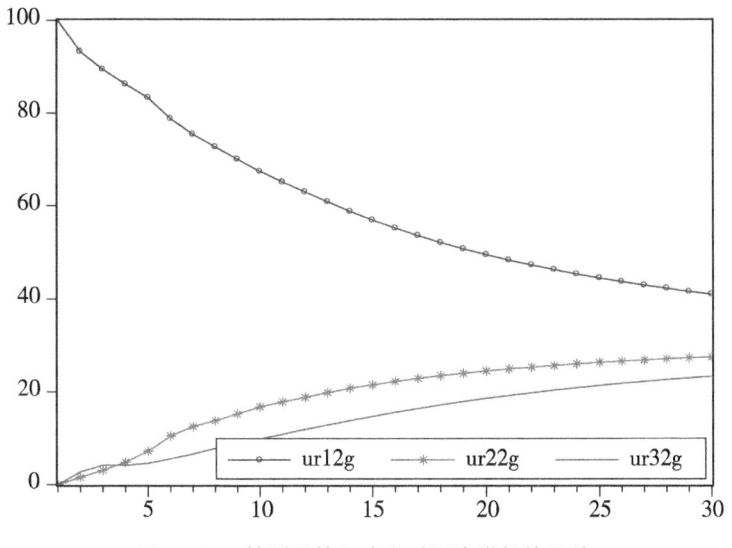

图 5-19 转型后持久冲击对经济增长的贡献

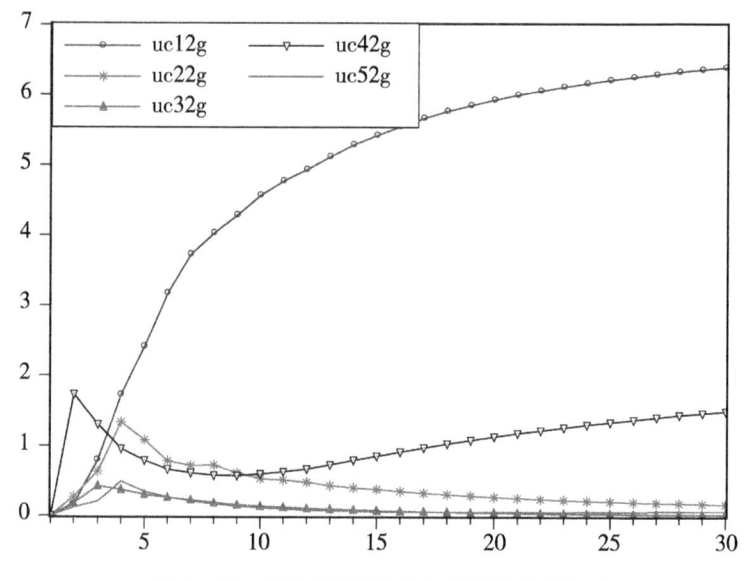

图 5-20 转型后短期冲击对经济增长的贡献

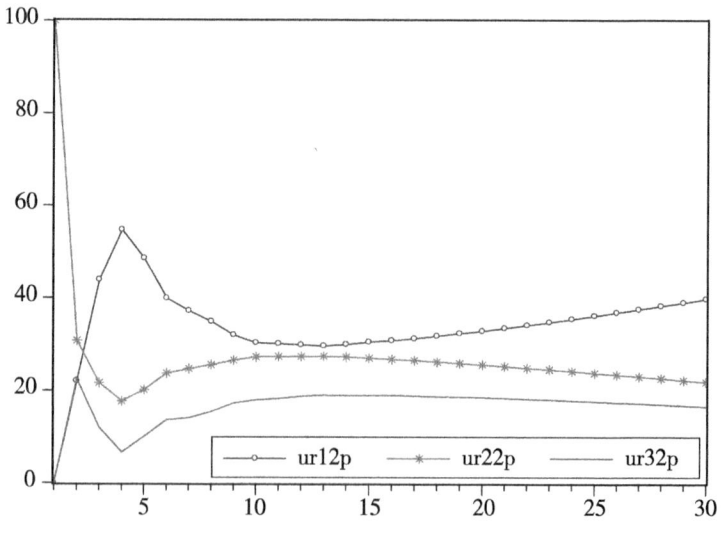

图 5-21 转型前持久冲击对通货膨胀的贡献

图 5-22　转型后短期冲击对通货膨胀的贡献

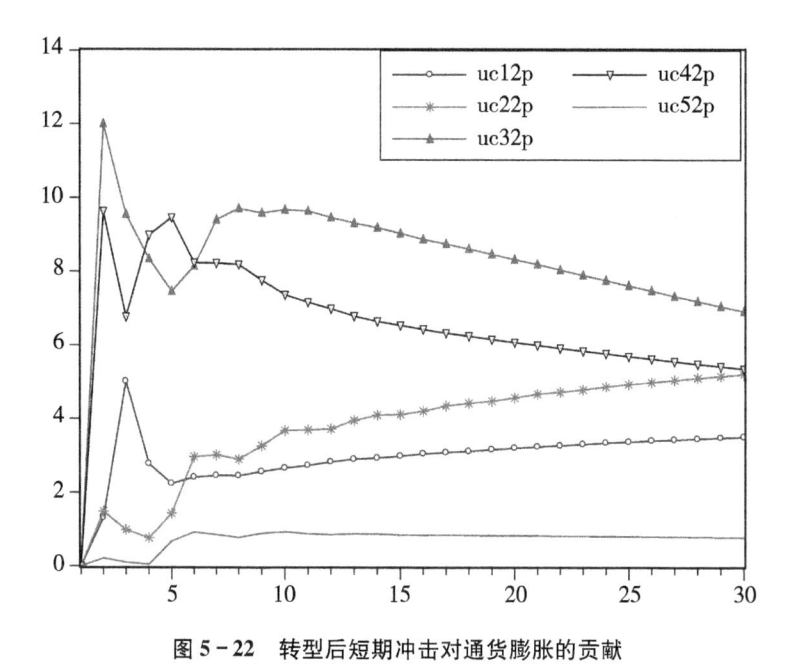

第七节　结　论

中国经济结构转型改变了中国经济的增长方式和运行态势,使得中国进入新常态。新常态下,中国经济增长与通货膨胀的波动展现出与以往显著不同的特征,由此也给中国的宏观调控带来新的挑战。针对这种经济结构转型和数据特征,本章提出含结构变化的共同趋势和相依周期分解方法,分解经济增长和通货膨胀的共同趋势与相依周期。在此基础上,本章进而分解形成共同趋势和相依周期的持久冲击与短期冲击,并研究了持久冲击和短期冲击对经济增长与通货膨胀的动态效应。上述分解结果相互印证、互为补充,具有较重要的政策意义。

其一,中国经济增长与通货膨胀之间存在共同趋势和相依周期,由此意味着随着经济增速的下行,通货膨胀也将下行。共同趋势和相依周期的特征随着经济结构转型而发生变化,特别地,经济结构发生转型后的新常态时期,共同趋势和相依周期都发生显著改变。从共同趋势看,经济增长与通货膨胀的趋势运行特征转变为较低增长速度与相对较高通胀率的"共同"运行态势。这是新常态下经济增长与通货膨胀的"新"运行态势,这种运行态势意味着新常态下有可能出现相对较低的增长速度,并伴随较高的通胀率,因此,当前在防通缩的同时也要警惕通胀抬头。

其二,经济增长和通货膨胀之间存在共同趋势表明它们具有长期均衡关系,共同趋势的分解结果直观地演绎出它们的长期均衡。从经济增长的趋势看,经济结构发生转型后的趋势增长速度呈现出先快后慢的下降形态,2015年后的底部特征还不稳定,还有较大风险。底部的趋势经济增长速度为6.5%左右,这一结果说明,"十三五"时期将经济增长的调控目标设定为6.5%以上有一定的合理性,但完成这一目标具有一定的困难。与经济增长趋势增速下滑相伴随的是通货膨胀趋势增速的下滑。新常态下,中国政府将经济增长的目标调节区间设定为6.5%以上,与该调控目标相均衡的通货膨胀调控目标应设定为2.0%或略低于2.0%。

其三,持久冲击对经济增长和通货膨胀具有持久效应,由此形成经济增长和通货膨胀的共同趋势,短期冲击对经济增长和通货膨胀具有短期效应,由此形成经济增长和通货膨胀的短期相依周期。新常态下,中国经济增长与通货膨胀受到四个共同持久冲击和四个共同短期冲击的影响。在持久冲击和短期冲击的形成过程中,名义因素和实际因素都有显著贡献。这就意味着,名义因素和实际因素对经济增长和通货膨胀都有显著影响,同时也表明,当前"保增长、防通胀"区间调节的宏观政策应同时注意各种名义因素和实际因素的协调。

其四,经济结构转型后,第一个和第三个持久冲击对经济增长和通货膨胀具有相对较大的正向效应,第二个和第四个持久冲击也对经济增长和通货膨胀产生显著的正向持久冲击。从经济结构转型后四个持久冲击对经济增长和通货膨胀波动的贡献看,第一个和第三个持久冲击对经济增长和通货膨胀波动的贡献相对较大,第四个持久冲击的贡献也比较大,第二个持久冲击的贡献很明显。因此,四个持久冲击都是新常态时期"保增长、防通胀"区间调节的宏观政策着力点。从结构发生转型后四个持久冲击的构成看,第一个持久冲击来自财政支出、消费支出和投资支出,第三个持久冲击主要由 M2 冲击组成,第四个持久冲击主要由出口冲击和财政支出冲击组成。因此,新常态下投资、消费、货币政策和对外开放仍然是"保增长、防通胀"的重要影响因素。新常态下中国政府要实现经济增长率 6.5% 以上的目标,宏观调控政策就需要综合考虑这些因素。这就意味着,在当前的供给侧结构性改革过程中,不能够忽视需求侧的实际因素和货币等名义因素。当前供给侧的结构性改革着眼于长远利益,通过供给侧的结构性改革提高全要素生产率和有效供给能力,为实际经济稳定持续地增长提供可能空间,而需求侧的财政支出、消费支出、投资、出口和货币供给是实现实际经济增长达到供给侧提供的可能空间的保证。因此,在当前供给侧结构性改革过程中,中国政府仍然需要注重对需求侧的消费、投资的刺激。要增加居民的收入水平,努力提升居民的消费能力,构建安心的消费环境,促进消费持续稳定增长。其次,要优化投资结构,不断提高投资效率,充分发挥投资拉动增长的关键作用。再次,中国政府要实施稳健宽松的货币政策,疏通货币政策传导渠道。此外,还要继续稳定和完善外贸政策,不断优化出口结构,大力发展服务贸易,充分发挥出口拉动增长的支撑作用。在这些政策措施的实施过程中,要注意政策之间的相互协调,特别是注意积极财政政策对货币、消费和投资政策的配合和策应。

第六章 中国地区平衡经济增长率的趋势与周期分解

第一节 引言

新常态下中国经济增长速度的持续放缓引起了国内外经济学家的热烈争论,他们普遍认为是中国经济内部自身的结构性问题所致。为此,中国政府提出了以调整经济结构为核心的供给侧改革,宏观经济政策的发力点也从需求侧的"三驾马车"转向以人力资本、制度和科技创新为主要驱动力的供给侧。供给侧结构改革的本质是通过供给侧驱动力的结构转换提高全要素生产率和有效供给能力,实现经济稳定持续增长。而由此提出的问题是,在不同地区经济发展程度存在显著差异的现实中,各地区应该如何选择供给侧驱动力的结构转换?推进供给侧结构性改革并不意味着放弃需求管理政策,需求管理主要是适度扩大总需求,保持经济在合理区间运行,为供给侧改革营造良好的宏观环境。供给侧改革则着眼于解决经济持续增长的动力问题,因此,供给侧与需求侧是一脉相承、相辅相成的。通过供给侧结构性改革,矫正供需结构错配和要素配置扭曲,解决有效供给不适应市场需求变化的问题,使供给侧和需求侧在更高水平实现新的平衡。因此,在当前宏观经济非均衡发展的新阶段,各地区应如何实施供给侧驱动力的结构转换才有助于实现经济增长新的平衡呢？

经济增长及其波动是宏观经济研究中一个经久不衰的课题。当经济增长速度下滑，实际增长速度低于潜在增长时，经济学家总是从消费、投资和出口等需求侧寻找原因。这种想法是基于凯恩斯的经济理论，认为经济增速下行是由需求方的冲击所造成的。其基本逻辑是边际消费倾向递减、流动性偏好以及对资本未来收益预期下降三个心理因素导致了有效需求不足，从而出现生产过剩和经济增长缓慢。相应的政策建议是采取积极的财政政策和宽松的货币政策，降低利率和增加货币供给，从而促进投资和拉动经济增长。现代凯恩斯主义则将经济衰退解释为当经济体受到总需求或总供给等外部冲击时，由于经济中的价格与工资粘性等因素，导致资源配置不会在短期内迅速回到均衡状态，因此，政府需要通过总需求管理政策缓冲外部冲击，从而使得经济快速回复到均衡位置。典型的事实是最近的全球金融危机时，世界主要经济体普遍性地实施宽松的财政和货币政策来刺激经济增长。除此以外，宏观经济学另一个主流观点是从供给侧解释经济减速或经济波动，代表性的理论包括萨伊定律、供给学派和经济增长理论。萨伊定律认为实际经济增长由生产要素投入和技术水平决定，货币是笼罩在实物经济上的一层面纱，对实际经济增长并没有任何影响。生产的产品能够创造需求，只要对生产不加干涉，就不会发生普遍过剩，因为在自由竞争的市场经济条件下，竞争将会很快使得各种商品供求一致。因此，尽管萨伊定律在一定意义上从供给的角度研究了经济波动，但相对忽视了需求侧的作用。与萨伊定律一样，供给学派也强调经济的供给方面，也认为供给会自动创造需求，因而其政策建议是从供给侧着力推动经济发展，基本途径就是减税、增加投资和减少政府对经济的干预。典型例子是里根时期将供给经济学作为美国的国策。经济增长理论则致力于从供给侧研究长期经济增长的动力机制,其间经历了从古典增长理论到现代增长理论的漫长过程。在新古典增长理论中,经济增长过程被视为要素的积累过程,并强调劳动和资本积累在经济增长中的重要性。内生增长理论则强调了技术进步对长期增长的重要性(Romer,1986；Lucas,1988；Grossman and Helpman,1991)。上述经济理论分别从需求侧和供给侧探讨了经济增长的决定因素,关注的是一个问题的两个不同方面,但却都相对忽视了经济增长的需求侧和供给侧之间是如何相互依赖、相互影响的。习近平指出:"放弃需求侧谈供给侧或放弃供给侧谈需求侧都是片面的,二者不是非此即彼、一去一存的替代关系,而是要相互配合、协调推进。"从最近的理论发展看,演化经济增长理论已经尝试将需求侧分析和供给侧分析有机结合起来(黄凯南,2015)。该理论着重讨论了技术进步、制度和消费偏好的相互演化及其对经济增长的贡献。类似地,最近提出来的"萨伊逆否命题"则系统阐述了需求侧对供给侧产生的持久性影响,该理论认为持续的短期需求不足必然会引起长期供给能力减弱,导致潜在经济增速下滑[①]。因此,萨伊定律和萨伊逆否命题系统地阐述了供给侧和需求侧的相互影响及其对经济增长的作用。随着中国经济进入新常态,宏观经济在需求侧表现出明显的有效需求不足,在供给侧却出现一些行业产能过剩,经济结构转型缓慢和创新动力不足等问题。针对这种现实,李克强总理在2015年12月2日的经济工作专家座谈会上提出应当在供给侧和需求侧两端共同发力,推进结构性改革。因此,从理论和实证的角度揭示中国各地区经济供给侧与需求侧的非平衡增长,揭示供给侧和需求侧非平衡的内在根源,并寻找各地区实现经济平衡增长的有效驱动力,对于

[①] 中国人民大学宏观经济分析与预测课题组：2015,《当前中国宏观经济政策必须注重解决的几个问题》,《经济研究参考》第66期。

当前供给侧和需求侧的双轮驱动改革有重要的实践价值。

面对自2010年后中国经济增长速度的连续下滑,经济学家为寻找经济减速的根源进行了广泛而有益的研究。这些研究大致可以分为两个方面,一是从需求侧寻找原因,一是从供给侧寻找原因。需求侧方面的研究主要包括:刘瑞翔和安同良(2011)基于最终需求视角分析中国经济增长的动力来源,发现中国经济增长主要来源于最终需求的拉动,但动力来源结构发生了从内需依存型向出口导向型转变的根本性变化。林(Lin,2011)从金融危机后净出口大幅度缩减的需求侧视角解释本轮经济增速下降。杨子荣等人(2015)构建空间杜宾模型,对新常态下中国东部、中部和西部地区经济增长的驱动要素进行实证研究,发现不同地区的主要驱动有所不同,固定资产投资、政府财政支出和出口仍是中国经济增长的重要动力来源。王少平和杨洋(2017)基于三大需求与经济增长的协整关系,分解了新常态下经济增长的长期趋势。尽管从需求侧寻找中国经济结构下行的研究获得了许多有益的结论,但对于新常态时期的相关研究,从供给侧进行解释居于主导地位。蔡昉(2016)认为新常态以来的经济减速,不是需求侧导致的,而是人口结构转变和经济发展阶段变化的结果,主要是供给侧的原因。蔡昉(2010)、陆旸和蔡昉(2014)系统地从人口红利减退的角度解释中国经济增速的结构性下行,并得到学术界的关注和认可。白重恩和张琼(2015)也认为人口老龄化趋势的加剧以及难以为继的高储蓄率与高投资率水平,使得以要素投入为支撑的高速增长模式陷入窘境。中国经济增长前沿课题组(2012,2013,2014)的系列研究对于认识新常态时期中国经济的结构性减速具有重要的参考价值,课题组认为导致转向新的增长阶段以及当前经济减速的主要因素是:人口结构变化和劳动力拐点的出现、长期增长函数要素弹性参数逆转以及经济结构服务化趋势的逐步形成、资本形成增速下降、自主创新机制尚未形成、资源环境因素使得粗放型生产模式不能继续等等。李扬和张晓晶(2015)认为导致我国经济出现结构性减速的原因主要包括四个方面,分别是要素供给效率的下降、资源配置效率下降、创新能力不足和资源环境的约束。龚刚(2016)从发展经济学中的刘易斯拐点、库兹涅茨曲线和中等收入陷阱等拐点理论方面解释中国经济增速的结构性下行,这些理论本质是在人口、收入分配等经济结构方面进行解释。在供给侧的实证研究中,国内学者一般是使用生产函数法分解新常态下经济增速的趋势增长率。例如,中国经济增长前沿课题组(2013)基于生产函数核算框架,通过拓展增长核算分解方法估算发现,2013—2018 年中国潜在经济增长率6.5%。陆旸和蔡昉(2014)在生产函数中加入人力资本变量,发现 2011—2015 年中国潜在增长率下降至 7.75%,2016—2020 年潜在增长率进一步下降至 6.7%。中国经济增长前沿课题组(2012)基于生产函数,对中国潜在增长水平和减速通道构筑情景分析发现,2016—2020 年的潜在经济增长率为 5.7%—6.6%。张军等人(2016)基于收敛假说推测了未来一段时期中国的潜在经济增长率,研究发现 2012 年以后中国的实际经济增长率低于潜在增长率,2015 年的潜在增长率约为 8%,2015—2035 年人均 GDP 增长潜力为 6.02%。欧阳志刚和彭方平(2018)综合了生产函数法与统计分解方法的优点,使用共同趋势与相依周期方法,从供给侧和需求侧研究新常态下中国经济增速的趋势性下行。

新常态下中国经济的结构性改革,既要追求短期的平稳增长又要追求长期趋势增长率的提高。宏观经济理论表明,通过需求侧对宏观经济波动的逆周期调节可以使经济在短期内适应供给侧的潜在产出,充分利用现有生产能力,短期内实现经济的均衡。供给侧的改革则着力于增加有效供给、提高长期潜在经济增长率。由此可以看出,供给侧改革和需求侧管理是相互补充、相辅相成的,在对新常态时期中国经济问题的分析中不仅不应该将供给侧结构性改革与需求侧管理分离开来,而且还应该充分考虑供给侧与需求侧的内在联系。正如李克强总理在 2015 年 12 月 2 日的经济工作专家座谈会上提出的,应当在供给侧和需求侧两端共同发力,推进结构性改革。现有的文献都仅从需求侧或供给侧研究新常态下经济的趋势增长率,这样就只能考虑单侧驱动力对经济增长的影响,而没有充分考虑供给侧和需求侧在经济增长动态平衡中的相互作用,也忽视了经济增长中供给侧和需求侧的相互影响。基于上述,本章将综合考虑供给侧和需求侧对经济增长的作用,在供给侧和需求侧的相互作用下研究经济增长的长期趋势,并研究各地区新常态下供给侧驱动力对经济增长的效果。基于上述,本章的创新主要如下:首先,类似现有文献,本章将分别研究经济增长在供给侧或需求侧的单侧拉动下的趋势增长率,以此从地区经济宏观总体的视角判断新常态下各省市自治区的供给侧和需求侧的非平衡;其次,本章将在供给侧和需求侧的共同作用下研究新常态下各地区的潜在平衡经济增长率;最后,本章将研究各种驱动力对潜在平衡经济增长率的动态效应,基于此,对新常态下各地区结构改革过程中的动力调整提出建议。

第二节 理论基础

如果 GDP 数据由单位根过程生成,那么 GDP 的趋势成分中应包含确定性趋势和随机趋势。确定性趋势是由投入要素的增长、技术进步和经济结构升级等因素所引致的,随机趋势主要是由不可预见的随机冲击对 GDP 所产生的持久冲击效应,GDP 的确定性趋势与随机趋势之和构成长期趋势成分。对 GDP 不形成长期影响的随机冲击效应构成 GDP 的短期成分,GDP 中的短期成分就是经济周期的度量(Gu and Lee,2007)。

根据实际经济周期理论(RBC),GDP、消费、投资等主要宏观经济变量由于受到技术变革等具有持久效应随机冲击的影响而具有随机游走(单位根)特征,并使得它们形成共同趋势。此外,一些短期冲击,例如名义冲击、偏好冲击、货币冲击等还会对这些宏观经济变量形成具有短期效应的随机冲击,由此形成宏观经济变量的短期成分(周期成分)。如果宏观经济变量周期成分的线性组合能够使得周期成分的序列相关消失,则称这些宏观经济变量具有共同周期。克恩等人(King et al.,1991)、顾和李(Gu and Lee,2007)分别在 RBC 框架下,阐述了 GDP、消费、投资等宏观经济变量形成的共同趋势与共同周期。这些文献假定生产函数为柯布道格拉斯生产函数形式:

$$Y_t = A_t K_t^{1-\theta} L_t^{\theta} \tag{6-1}$$

这里,Y 表示 GDP,K 表示资本存量,L 为劳动投入量。全要素生产率 A 遵从随机游走的数据生成过程: $\log(A_t) = \mu_A + \log(A_{t-1}) + \xi_t$。其中,$\mu_A$ 表示生产率的平均增长率,ξ_t 为独立同分布的白噪音,代表实际增长率对其均值的偏离。在这个含有确定趋势的新古典模型中,GDP、消费(C)、投资(I)的静态增长率都是 μ_A/θ,因而它们有共同随机趋势。共同随机趋势意味着重要比率(great ratios) C/Y, I/Y 在静态增长路径不变。考虑到不确定性,ξ_t 将按照如下方式改变生产率: $E_t \log(A_{t+s}) = E_{t-1} \log(A_{t+s}) + \xi_t$。由于取自然对数的 GDP、消费、投资含有共同趋势 $\log(A_t)/\theta$,其增长率就为 $(\mu_A + \xi_t)/\theta$。因此,正向生产率冲击将提高预期长期增长路径。除去趋势部分,重要比率 C/Y, I/Y 就变成平稳的随机过程。上述分析框架隐含了两条本章关注的经济学含义:首先,技术冲击激发了经济系统向新的稳态调整,资本存量偏离其稳态值。资本存量对稳态值的偏离成为重要比率 C/Y, I/Y 短期变化的共同因子,从而使得宏观变量 GDP、消费、投资具有共同周期(Gu and Lee,2007)。其次,具有随机游走特征的技术冲击使得 GDP、消费、投资具有共同随机趋势。共同随机趋势的存在意味着 GDP、消费、投资具有协整关系。正是基于上述含义,顾和李(Gu and Lee,2007)使用共同趋势、共同周期方法分解了韩国的 GDP、消费、投资的趋势成分和周期成分。克恩等人(King et al.,1991)在上述基本结论中加入货币供给和利率变量,分解了 GDP、消费、投资、货币供给、利率的趋势成分和周期成分。本章将根据上述结论分解三大需求(消费、投资、出口)与 GDP 的共同趋势和共同周期,以此得到 GDP 需求面的潜在增长率。因此,本章定义向量 $X^d = (y,c,i,e)'$,其中 y,c,i,e 分别为取自然对数的实际 GDP、消费、投资与出口。

生产函数法是从供给面估算 GDP 的潜在增长率,一般是通过估计模型(6-1)的生产函数,以此获得全要素生产率 A_t 的估计,然后用潜在就业人口和潜在资本存量代入估计的模型(6-1),由此计算得到的 Y_t 即为潜在产出。对于近期的中国而言,影响潜在产出的主要因素除了传统生产函数中包括的劳动投入和资本投入要素外,还包括经济结构转变而带来的潜在产出变化。供给面的结构转变主要包含由粗放型经济发展方式向集约型经济发展方式的转变(本章称为经济效率改变)、产业结构的转变、城市化进程的结构转变等[①]。为此,将模型(6-1)扩展为:

---

① 消费、投资的结构转变和内需外需的结构转变已包含在需求面的分解模型中。

$$Y_t = AK_t^{\alpha_K} L_t^{\alpha_L} JG_t^{\alpha_M} CY_t^{\alpha_{CY}} CS_t^{\alpha_{CS}} \qquad (6-2)$$

这里，JG 表示经济效率，CY 表示产业结构，CS 表示城市化进程。在模型(6-2)中，中国当前的这些主要结构变化在生产函数中可归结为广义技术进步。如果广义技术进步和投入要素都为 $I(1)$ 过程且模型(6-2)中各变量存在协整关系，则意味着生产要素投入的连续增加和广义技术进步的持续推进，形成了 GDP 中的确定性趋势和随机趋势，由此使得模型(6-2)中各变量的趋势成分具有共同性。类似地，模型(6-2)中的投入要素和广义技术进步还会受到具有短期效应的冲击的影响，由此形成 GDP、投入要素和广义技术进步的短期成分。如果这些变量短期成分的某些线性组合能够使得它们的序列相关消失，这就意味着 GDP、投入要素和广义技术进步具有共同周期。共同趋势和共同周期的存在隐含着模型(6-2)中各变量的短期成分和长期成分具有协同性，因此，从供给面估计 GDP 的潜在值应在共同趋势、共同周期的约束下进行分解。为此，本章定义向量 $X^s = (y, k, l, jg, cy, cs)'$，其中 y, k, l, jg, cy, cs 分别为取自然对数的实际 GDP、资本存量、劳动投入、经济效率、产业结构和城市化进程。

第三节 面板数据的共同趋势和共同周期的检验与分解方法

一、两机制面板 VECM 模型

汉森和希(Hansen and Seo, 2002)、埃克(Hecq, 2009)基于时间序列数据提出两机制 VECM 模型，并且他们模型的非线性特征仅出现在调节参数上,协整向量假定不存在非线性。这就意味着,变量之间长期趋势的结构关系没有改变。但随着中国经济结构转型升级,经济变量的长期均衡关系也可能会产生非线性结构变化。为揭示这种长期均衡关系和短期调节关系同时出现非线性特征,本章提出两机制非平稳面板数据 VAR(k)模型:

$$y_{it} = \begin{cases} \sum_{j=1}^{k} \Phi_{ij}^{(1)} y_{it-j} + \varepsilon_{it}^{(1)}, & q_{i,t-d} \leq \gamma_i \\ \sum_{j=1}^{k} \Phi_{ij}^{(2)} y_{it-j} + \varepsilon_{it}^{(2)}, & q_{i,t-d} \leq \gamma_i \end{cases} \quad (6-3)$$

这里 y_{it} 为 $p \times 1$ 的 $I(1)$ 过程,$q_{i,t-d}$ 为阈值变量,γ_i 为阈值,d 为发生机制转移的位置参数。$\Phi_{ij}^{(1)}$ 和 $\Phi_{ij}^{(2)}$ 都是 $p \times p$ 的系数矩阵,$\varepsilon_{it}^{(1)}$ 和 $\varepsilon_{it}^{(2)}$ 是 $p \times 1$ 的随机扰动项。为简化表述,模型(6-3)中不包含截距项或时间趋势项。模型(6-3)所对应的面板 VECM 可表述为:

$$\Delta y_{it} = \begin{cases} \Pi_i^{(1)} y_{i,t-1} + \sum_{j=1}^{k-1} \Gamma_{ij}^{(1)} \Delta y_{i,t-j} + \varepsilon_{it}^{(1)}, & q_{i,t-d} \leq \gamma_i \\ \Pi_i^{(2)} y_{i,t-1} + \sum_{j=1}^{k-1} \Gamma_{ij}^{(2)} \Delta y_{i,t-j} + \varepsilon_{it}^{(2)}, & q_{i,t-d} > \gamma_i \end{cases} \quad (6-4)$$

这里 $\Gamma_{ij}^{(l)} = -\sum_{m=j+1}^{k} \Phi_{im}^{l}$,$l=1,2$,$m=1,2,\ldots,k-1$。$\Pi_i^{(l)} = -(I_p - \sum_{j=1}^{k} \Phi_{ij}^{(l)})$。模型(6-4)等价表述为模型(6-5)。

$$\Delta y_t = \begin{cases} \begin{pmatrix} \Pi_{11}^{(1)} & \cdots & \Pi_{1N}^{(1)} \\ \vdots & \ddots & \vdots \\ \Pi_{N1}^{(1)} & \cdots & \Pi_{NN}^{(1)} \end{pmatrix} y_{t-1} + \begin{pmatrix} \Gamma_{11}^{(1)}(L) & \cdots & \Gamma_{1N}^{(1)}(L) \\ \vdots & \ddots & \vdots \\ \Gamma_{N1}^{(1)}(L) & \cdots & \Gamma_{NN}^{(1)}(L) \end{pmatrix} \Delta y_{t-1} + \varepsilon_t^{(1)}, & q_{i,t-d} \leq \gamma_i \\ \begin{pmatrix} \Pi_{11}^{(2)} & \cdots & \Pi_{1N}^{(2)} \\ \vdots & \ddots & \vdots \\ \Pi_{N1}^{(2)} & \cdots & \Pi_{NN}^{(2)} \end{pmatrix} y_{t-1} + \begin{pmatrix} \Gamma_{11}^{(2)}(L) & \cdots & \Gamma_{1N}^{(2)}(L) \\ \vdots & \ddots & \vdots \\ \Gamma_{N1}^{(2)}(L) & \cdots & \Gamma_{NN}^{(2)}(L) \end{pmatrix} \Delta y_{t-1} + \varepsilon_t^{(2)}, & q_{i,t-d} > \gamma_i \end{cases} \quad (6-5)$$

这里,$\Delta y_t = (\Delta y_{1t},\ldots,\Delta y_{Nt})'$,$\varepsilon_t^{(l)} = (\varepsilon_{1t}^{(1)},\ldots,\varepsilon_{Nt}^{(1)})'$,$y_{t-1} = (y_{1,t-1},\ldots,y_{N,t-1})'$ 都是 $pN \times 1$ 向量,模型(6-5)可进一步紧凑写为:

$$\Delta y_t = \begin{cases} \Pi^{(1)} y_{t-1} + \Gamma^{(1)}(L) \Delta y_{t-1} + \varepsilon_t^{(1)}, & q_{i,t-d} \leq \gamma_i \\ \Pi^{(2)} y_{t-1} + \Gamma^{(2)}(L) \Delta y_{t-1} + \varepsilon_t^{(2)}, & q_{i,t-d} > \gamma_i \end{cases} \quad (6-6)$$

如果 $\Pi_i^{(l)} = 0, l = 1, 2$,意味着 $l = 1$ 或 $l = 2$ 机制中模型(6-6)的面板数据不存在协整关系,若 $\Pi_i^{(l)} \neq 0$,则 y_t 存在协整关系,存在协整关系就意味着 y_t 存在共同趋势。此时,模型(6-6)中的长期系数矩阵 $\Pi^{(l)}$ 分别有如下降秩分解表达式: $\Pi_i^{(l)} = \alpha_i^{(l)} \beta_i^{(l)'}$。其中, $\alpha_i^{(l)}$ 和 $\beta_i^{(l)}$ 分别为 $p \times r_i$ 维矩阵, r_i 为面板协整向量的数量, $r_i = rank(\Pi_i) < p$。对于模型(6-6)所表述的面板向量误差模型,如果不施加相应约束,实践中将难以估计(Hecq,2000)。近期的多数相关文献(Groen and Kleibergen,2003;Anderson et al.,2006),一般都对模型设定如下约束(假定):①短期动态在横截面之间不相关,也就是说模型(6-6)中矩阵 $\Gamma^{(l)}(L)$ 为对角分块矩阵。这一假定意味着,横截面之间不存在短期格兰杰因果关系;②横截面之间不存在协整关系,因此,协整向量 $\beta^{(l)}$ 被约束为对角分块矩阵;③不同横截面协整向量的秩相同,即所有横截面个体 $r_i = r$。④横截面 i 的短期偏离向长期均衡的调节过程对其他横截面无影响,因此,调节参数矩阵 $\alpha^{(l)}$ 也被假定为对角分块矩阵。将这些假定代入模型(6-6):

$$\Delta y_{it} = \begin{cases} \begin{pmatrix} \alpha_1^{(1)} \beta_1^{(1)'} & \cdots & 0 \\ \vdots & \ddots & \vdots \\ 0 & \cdots & \alpha_N^{(1)} \beta_N^{(1)'} \end{pmatrix} y_{it-1} + \begin{pmatrix} \Gamma_{11}^{(1)}(L) & \cdots & 0 \\ \vdots & \ddots & \vdots \\ 0 & \cdots & \Gamma_{NN}^{(1)}(L) \end{pmatrix} \Delta y_{it-1} + \varepsilon_{it}^{(1)}, & q_{i,t-d} \leq \gamma_i \\ \begin{pmatrix} \alpha_1^{(2)} \beta_1^{(2)'} & \cdots & 0 \\ \vdots & \ddots & \vdots \\ 0 & \cdots & \alpha_N^{(2)} \beta_N^{(2)'} \end{pmatrix} y_{it-1} + \begin{pmatrix} \Gamma_{11}^{(2)}(L) & \cdots & 0 \\ \vdots & \ddots & \vdots \\ 0 & \cdots & \Gamma_{NN}^{(2)}(L) \end{pmatrix} \Delta y_{it-1} + \varepsilon_{it}^{(2)}, & q_{i,t-d} > \gamma_i \end{cases} \quad (6-7)$$

二、非线性面板数据共同周期的定义

参考埃克(Hecq,2009)提出的共同周期定义,模型(6-7)所表述的

Δy_{it} 具有共同周期,是指以下两组条件中至少一组条件成立(条件1,2 和条件3,4)。对于 $q_{i,t-d} \leq \gamma_i$ 而言,如果存在 $(p \times s_i^{(1)})$ 维矩阵 $\tau_i^{(1)}$, $i=1$, $2,\dots N$,使得条件1: $\tau_i^{(1)\prime} \Pi^{(1)} = 0_{(s_i^{(1)} \times p)}$ 和条件2: $\tau_i^{(1)\prime} [\Gamma_{i1}^{(1)}:\dots:\Gamma_{iN}^{(1)}] = 0_{(s_i^{(1)} \times p)}$ 同时成立,就称 $q_{i,t-d} \leq \gamma_i$ 存在共同周期。对于 $q_{i,t-d} > \gamma_i$ 而言,如果存在 $(p \times s_i^{(2)})$ 维矩阵 $\tau_i^{(2)}$,使得条件3: $\tau_i^{(2)\prime} \Pi^{(2)} = 0_{(s_i^{(2)} \times p)}$ 和条件4: $\tau_i^{(2)\prime} [\Gamma_{i1}^{(2)}:\dots:\Gamma_{iN}^{(2)}] = 0_{(s_i^{(2)} \times p)}$ 同时成立,就称为 $q_{i,t-d} > \gamma_i$ 存在共同周期。从上述定义可以看出,这样定义的共同周期不仅约束了VECM中滞后项的短期动态,还约束了调节参数及其短期调节过程,因此这样定义的共同周期意味着 y_{it} 中各变量的周期成分具有很强的协同性,埃克等人(Hecq et al.,2006)称其为强降秩结构共同周期(简称SF)。当仅有条件2或条件4成立,也表明 Δy_{it} 存在共同周期,埃克等人(Hecq et al.,2006)称其为弱降秩结构共同周期(简称WF)。弱降秩结构共同周期仅约束了VECM中滞后项的短期动态,因而,y_{it} 中各变量的周期成分的协同性相对较弱。

三、非线性面板数据的共同趋势和共同周期的检验方法

(一)共同趋势的检验方法

由协整理论可知,存在协整关系就表明存在共同趋势,因此,检验共同趋势就是检验协整关系。欧阳志刚(2012)讨论了两机制面板数据模型中协整关系的检验方法,本章使用该方法检验共同趋势。定义 $I^{(1)}(q_{i,t-d} \leq \gamma_i) = 1$, $I^{(2)}(q_{i,t-d} > \gamma_i) = 1$, $y_{it} = (z_{it}, x_{it}^{'})^{\prime}$。模型(6-7)中协整方程可表述为:

$$z_{it} = (\delta_i^{(1)} + \beta_i^{(1)} x_{it}) I_{it}^{(1)} + (\delta_i^{(2)} + \beta_i^{(2)} x_{it}) I_{it}^{(2)} + u_{it} \tag{6-8}$$

共同趋势的具体检验方法如下,记 $\Delta \hat{u}_{i\cdot}$ 和 $\Delta \hat{u}_{i,\cdot-1}$ 为 $\Delta \hat{u}_{it}$ 和 $\Delta \hat{u}_{it-1}$ 的

样本均值。$\hat{u}_{it} = z_{it} - (\hat{\delta}_i^{(1)} + \hat{\beta}_i^{(1)} x_{it}) I_{it}^{(1)} - (\hat{\delta}_i^{(2)} + \hat{\beta}_i^{(2)} x_{it}) I_{it}^{(2)}$,$\hat{\delta}_i^{(1)} = z_{i.} - (\hat{\beta}_i^{(1)} x_{i.}) I_{it}^{(1)}$,$\hat{\delta}_i^{(2)} = z_{i.} - (\hat{\beta}_i^{(2)} x_{i.}) I_{it}^{(1)}$。回归系数 $\hat{\beta}_i^{(l)}$($l=1,2$)由辅助回归模型 $\Delta z_{it} = \hat{\beta}_i^{(1)} x_{it} I_{it}^{(1)} + \hat{\beta}_i^{(2)} x_{it} I_{it}^{(2)} + \hat{e}_{it}$ 估计得到。在辅助回归的估计中，d_i 和 γ_i 未知。本章对此的处理方法如下，首先确定阈值变量的滞后阶数 d，选取其最大和最小可能值 d_{min},d_{max} 构造搜索区间 $[d_{min},d_{max}]$，然后选取阈值参数的最大和最小可能值构造阈值参数搜索区间 $[\gamma_{min},\gamma_{max}]$，由此建立了二维搜索空间 (d,γ)。能够最小化辅助回归 $|\hat{e}_{it}' \hat{e}_{it}|$ 的 (d_i,γ_i) 就是待估计位置参数和阈值参数，由此获得 $\hat{\beta}_i^{(1)}$,$\hat{\beta}_i^{(2)}$ 和 $\hat{\delta}_i^{(1)}$,$\hat{\delta}_i^{(2)}$ 的估计结果，以此作为协整向量的估计结果。分别记 $\tilde{u}_{it} = (\tilde{u}_{it-1} - \tilde{u}_{i.-1}, \Delta \tilde{u}_{it} - \Delta u \tilde{u}_{i.})'$,$\tilde{u}_i = \sum_{t=1}^{T} \tilde{u}_{it} \tilde{u}_{it}'$,$\tilde{u}_{i11}$ 为 $\tilde{u}_i$ 的第1行第1列元素，$\tilde{u}_{i12}$ 为 $\tilde{u}_i$ 的第1行第2列元素。协整关系的检验统计量为 $Z = \hat{\sigma}^{-1} \sum_{i=1}^{N} \tilde{u}_{i11}^{-1/2} \tilde{u}_{i12}$，其中 $\hat{\sigma}$ 为误差项 u_{it} 的标准差。在不存在协整关系的原假设下，统计量 Z 服从如下分布：

$$N^{-1/2} Z - N^{1/2} \Theta \Rightarrow N(0,\Xi) \tag{6-9}$$

这里，$\Theta = -1.9675$,$\Xi = 0.3301$。拒绝原假设就表明存在协整关系。可以看出，上述协整检验假定了协整关系数量 $r_i = 1$，目前还没有非线性面板数据中检验多个协整关系的方法。

（二）共同周期的检验方法

为实现 SF 和 WF 结构的共同周期检验，根据前述定义，如果模型(6-7)是 SF 结构，则表明如下模型成立：

$$\tau^{(l)'} \Delta y_t = \tau^{(l)'} \varepsilon_t^{(l)} \tag{6-10}$$

如果模型(6-7)是 WF 结构，则表明如下模型成立：

$$\tau^{(l)'}(\Delta y_t - \alpha^{(l)} \beta^{(l)'}) = \tau^{(l)'} \varepsilon_t^{(l)} \tag{6-11}$$

为实现上述检验,假定各横截面的协整秩已知、并且 $r_i = r$,同时,参照埃克等人的研究(Hecq et al.,2000)假定各横截面共同周期数量相同,即 $s_i = s$。待检验的原假设 $H_0^{(l)}: rank(\tau_i^{(l)}) \geq s$,备择假设为 $H_1^{(l)}: rank(\tau_i^{(l)}) < s$。如果 $s = 0$ 表明不存在共同周期, $s \geq 0$ 表明至少存在 s 个共同周期。因此,检验共同周期数量是从 $s = 1$ 开始。当 $s = 1$,拒绝原假设表明不存在共同周期。对 SF 结构,共同周期数量 s 最大值为 $p - r_i$,对于 WF 结构,s 最大值为 $p-1$[①]。本章使用典型相关方法检验共同周期。具体检验方法如下:

定义 $T^{(l)} \times p$ 的矩阵 $W_{i,1}^{(l)} = \Delta Y_i^{(l)} = (\Delta y_{i,1}^{(l)}, \ldots, \Delta y_{i,T^{(l)}}^{(l)})'$,$Y_{i,-1}^{(l)} = (y_{i,0}^{(l)}, \ldots, y_{i,T^{(l)}-1}^{(l)})'$,$l = 1,2$,$i = 1, \ldots, N$。$Z_{i,1}^{(l)} = \Delta Y_i^{*(l)}$,其中 $\Delta Y_i^{*(l)}$ 是 $\Delta Y_i^{(l)}$ 对 $Y_{i,-1}^{(l)} \beta_i^{(l)}$ 的多元回归的残差。$T^{(l)} \times p(k-1)$ 矩阵 $Z_{i,2}^{(l)} = (\Delta Y_{i,-1}^{*(l)} \ldots \Delta Y_{i,-k+1}^{*(l)})$,$T^{(l)} \times (p(k-1) + r)$ 矩阵 $W_{i,2}^{(l)} = [Z_{i,2}^{(l)}, Y_{i,-1}^{(l)} \beta_i^{(l)}]$[②]。在强降秩结构共同周期(SF)的数据中,检验统计量为:

$$\xi_{SF}^{(l)} = \sum_{i=1}^{N} \left(- T^{(l)} \sum_{q=1}^{s} \log(1 - \lambda_q^l) \right), \quad s = 1, \ldots, p - r; i = 1, \ldots, N \tag{6-12}$$

这里,$0 \leq \lambda_{i,1} \leq \ldots \leq \lambda_{i,n-r}$ 是 $[W_{i,1}^{'(l)} W_{i,1}^{(l)}]^{-1/2} W_{i,1}^{'(l)} W_{i,2}^{(l)} [W_{i,2}^{'(l)} W_{i,2}^{(l)}]^{-1} W_{i,2}^{'(l)} W_{i,1}^{(l)} [W_{i,1}^{'(l)} W_{i,1}^{(l)}]^{-1/2}$ 按照从小到大排列的特征值。在协整向量个数和协整向量已知的前提下,原假设条件成立时 $\xi_{SF}^{(l)}$ 的渐进分布为 χ^2 分布,其自由度为 $\sum_{i=1}^{N} [s_i(p(k-1) + r_i) - s_i(p - s_i)]$[③]。

在 WF 的降秩结构数据中,似然比检验统计量为:

$$\xi_{WF}^{(l)} = \sum_{i=1}^{N} \left(- T^{(l)} \sum_{q=1}^{s} \log(1 - \hat{\lambda}_q^l) \right), \quad s = 1, \ldots, p - 1; i = 1, \ldots, N \tag{6-13}$$

---

① 具体说明,详见埃克等人(Hecq et al.,2006)。
② $T^{(l)}$ 为机制 l 中的样本数量。
③ 该自由度事实上是存在共同周期与不存在共同周期时约束条件的个数。

这里，$0 \leq \hat{\lambda}_{i,1} \leq ... \leq \hat{\lambda}_{i,n-1}$ 是 $[Z_{i,1}^{'(l)} Z_{i,1}^{(l)}]^{-1/2} Z_{i,1}^{'(l)} Z_{i,2}^{(l)} [Z_{i,2}^{'(l)} Z_{i,2}^{(l)}]^{-1} Z_{i,2}^{'(l)} Z_{i,1}^{(l)}$ $[Z_{i,1}^{'(l)} Z_{i,1}^{(l)}]^{-1/2}$ 按照从小到大排列的特征值。在原假设下，统计量 ξ_{WF} 渐进分布为 χ^2 分布，其自由度为 $\sum_{i=1}^{N} [s_i(p(k-1)) - s_i(p-s_i)]$。区分 SF 和 WF 的检验统计量就为：

$$\xi_{SW}^{(l)} = \sum_{i=1}^{N} (-T^{(l)} \sum_{q=1}^{s} \log(\frac{1-\lambda_q^l}{1-\hat{\lambda}_q^l})), \quad i = 1,..,N \quad (6-14)$$

这里，λ_q^l 和 $\hat{\lambda}_q^l$ 如前所定义。在这个 SF 对 WF 的检验统计量中，原假设为 SF 结构，备择假设为 WF 结构。在计算统计量 ξ_{SW} 的过程中，SF 和 WF 结构下原假设不被拒绝的最大共同周期数量分别为 S_{SF}^* 和 S_{WF}^*，根据前述应有 $S_{WF}^* \geq S_{SF}^*$。共同周期数量 s 的取值范围设定为 $s = \max(1, S_{WF}^* - r + 1), ..., \min(p-r, S_{WF}^*)$。在原假设下，$\xi_{SW}$ 渐进分布为 χ^2 分布，其自由度就是 ξ_{WF} 与 ξ_{SF} 的自由度之差 $\sum_{i=1}^{N} r_i s$。

四、面板数据的共同趋势和共同周期的分解方法

若 y_{it} 中各变量存在共同周期和共同趋势，则应该在共同趋势和共同周期的约束下分解 y_{it} 的趋势成分和周期成分。记 $\Gamma^{(l)}(L) = (I_n - \Gamma_1^{(l)} L - ... - \Gamma_{k-1}^{(l)} L_{k-1}) = \Gamma^{(l)}(1) + \Delta \Gamma_1^{(l)*}(L)$，$\Gamma^{(l)}(1) = I - \Gamma_1^{(l)} - ... - \Gamma_{k-1}^{(l)}$，$\Gamma^{(l)*}(L) = \Gamma_0^{(l)*} + \Gamma_1^{(l)*} L + ... + \Gamma_{k-2}^{(l)*} L^{k-2}$，$\Gamma_{1f}^{(l)*} = \sum_{g=f+1}^{k-1} \Gamma_{1f}^{(l)}$，$P^{(l)} = (\Gamma^{(l)}(1) - \alpha^{(l)} \beta^{(l)'})^{-1} \alpha^{(l)} [\beta^{(l)'} (\Gamma^{(l)}(1) - \alpha^{(l)} \beta^{(l)'})^{-1} \alpha^{(l)}]^{-1} \beta^{(l)'}$。记 y_t 的共同趋势成分为 yr_t，共同周期成分为 yc_t。y_t 的第 $l(=1,2)$ 个机制的共同趋势分解结果为：

$$yr_t^{(l)} = (I - P^{(l)})(\Gamma^{(l)}(1) - \alpha^{(l)} \beta^{(l)'})^{-1} \alpha_{\perp}^{(l)} (\alpha_{\perp}^{(l)'} \alpha_{\perp}^{(l)})^{-1} \alpha_{\perp}^{(l)'} \Gamma^{(l)}(L) y_t$$

$$(6-15)$$

y_t 中相应的共同周期成分就是 $y_t^{(l)} - yr_t^{(l)}$。

第四节 中国地区经济结构转型特征

随着经济发展水平的提高,中国步入经济结构转型期。经济结构转型导致中国经济进入新常态,潜在经济增长率下滑。因此,准确估算当前经济平衡增长率需要考虑经济结构转型特征。从实践看,中国的经济结构转型包括需求面和供给面的结构转型。十九大报告中提出,坚持去产能、去库存、去杠杆、降成本、补短板,优化存量资源配置,扩大优质增量供给,实现供需动态平衡。

一、需求侧的经济结构转型

从需求面看,经济结构转型包括消费与投资结构、内需与外需结构转型。结构主义关于需求结构的经典文献一般着重考察消费与投资结构(Cheneryand Syrquin,1975),这是因为消费与投资结构直接反应一国经济内部的需求结构变化。对于中国,当前经济增速的下行也主要是内部经济结构调整的结果,因此,本章的需求结构分析集中于消费与投资结构。从经济理论看,消费与投资结构的比例关系具有明显的阶段特征,其演变规律随着经济发展阶段而显著不同。具体来说,在经济发展水平较低阶段,社会总产出在除去基本消费外剩余不多,这一阶段就表现出高消费率、低投资率特征。随着经济进入中等发达阶段,社会总产值除去消费后剩余量较大,加上政府促进经济增长的强烈冲动,投资率会快速提高而消费率相对下降。当经济发展跨入高级阶段后,消费率会再次提升而投资率下降。因此,消费与投资的比例关系先表现为倒"U"型,然后再过渡到"U"型的变化特征。

本章分析中国大陆28个省市自治区的消费/投资的数据演化特征①。根据前述对消费/投资演化特征的理论分析,可以发现:28个省市自治区的消费/投资比例都在20世纪80年代早期完成了第一次转变,由此说明中国大约在20世纪80年代中期完成了由传统经济增长阶段向现代经济增长启动阶段的转变,随后进入经济快速发展阶段。从近几年《中国统计年鉴》给出的相关数据看,消费/投资比例明显出现"U"型变化特征的地区仅有北京和上海,因此,当前仅有北京和上海两个地区明显越过了由经济发展高速起飞阶段迈向成熟阶段的转折点,进入到经济成熟发展阶段。目前还处在"U"型底部阶段徘徊,即将可能进入到"U"型上升阶段,有可能较快完成第二个转折点的地区是江苏、浙江、广东、海南等几个东部省份。其余省市自治区仍然明显处于"U"型下降阶段。因此,从需求结构看,中国不同地区结构转型的阶段性差异较大,经济发达的北京、上海已经完成需求结构转型并进入发达的成熟经济阶段,一些西部欠发达地区的需求结构还仍然处在经济增长启动阶段。中国多数地区还没有明显完成需求结构转型,意味着中国在未来一定时期仍然有可能保持较高的增长速度。需求结构转型的地区差异,则表明新常态下不同地区需求结构的宏观调控政策应该显著不同。

二、供给侧的经济结构转型

从供给面看,中国当前经济结构转型主要包括产业结构、人口结构、城乡经济结构以及粗放型经济发展方式向集约型经济发展方式的

---

① 数据来自历年《中国统计年鉴》,下同。

转变。

经济结构转型的一个重要特征就是产业结构发生显著变化。在产业结构转型之前,工业产出的高速增长是拉动 GDP 快速增长的重要原因,因此工业产值在 GDP 中的比重持续上升并保持较高水平。产业结构转型后通常伴随着工业产出比重下降,服务业比重相应上升。因此,产业结构转型升级过程中的特征是第二产业首先快速发展,随后第三产业迅速崛起并逐步超越第二产业。干春晖等人(2011)认为第三产业产值/第二产业产值是产业结构升级的合理度量(cy)①。本章根据《中国统计年鉴》数据计算了各地区 cy 的计算结果。可以看出,近几年产业结构呈现明显升级特征的地区有:北京、上海、天津、黑龙江、江苏、浙江、山东、广东、海南,其余省市自治区并没有出现显著的产业结构升级趋势,甚至多数中西部地区的 cy 值在近几年还出现掉头向下的态势,如吉林、江西、内蒙古、宁夏、新疆等。这就说明这些中西部地区距离达到产业结构转型升级的程度还有很大差距,同时也说明,中国不同地区的产业结构特征存在显著差异。

城市化是人口及其他生产要素向城市集中的过程,是生产力发展到一定阶段的必然结果。城市化可以通过需求扩张来拉动经济结构升级,因此,城市化是中国经济结构转型时期实现经济与社会结构同步转型的重要前提,也是中国经济结构转型时期保增长的主要动力。从国际经验看,在经济结构转型时期,城市化的推进速度会相应发生变化。经济结构转型前,经济高速增长往往是工业快速扩张的结果,这一过程伴随着城市化的快速推进。在经济增长减慢后,工业化扩张的步伐放慢,城市化进程也将呈现放缓趋势。例如,二战后日本在 1945—1973

---

① 干春晖等人(2011)认为,在信息化推动下的经济结构的服务化是产业结构升级的一种重要特征,因此,cy 能够清楚地反映出经济结构的服务化倾向,明确地昭示产业结构是否在朝着"服务化"的方向发展,因此它是产业结构升级的一个更好的度量。

年的城市化率从27.8%快速攀升到55.4%。1973年后,城市化进程逐步放缓。根据《中国统计年鉴》相关数据计算的各地区城市化率(城镇人口/总人口)表明,近年来各地区的城市化率都呈现上升趋势,不同之处在于各地区城市化的程度和增长速度不同。北京、天津、上海三个直辖市的城市化程度最高,至少达到80%,但城市化的增长速度相对较低。辽宁、江苏、浙江、福建、广东等经济较发达省份近年来城市化程度相对较高,超过60%,其余地区的城市化程度都较低,但增长速度相对较快。

中国充足的廉价劳动力是这30多年经济高速发展的主要因素。但源于20世纪70年代开始的计划生育政策,使得进入21世纪后中国劳动力的增速明显下降,人口红利逐步消失,人口老龄化不断严重。一旦中国的人口红利变成了人口负担,经济结构却没有完成相应的转型和升级,经济发展就可能遇到前所未有的障碍。从劳动年龄人口占总人口的比重(ld)看,各地区在2010年前后都开始或多或少地出现下降。这就表明,2010年前后是中国各地区人口年龄结构最富有生产性的阶段。2010年后,各地区先后越过人口红利阶段,人口年龄结构因老龄化问题而开始凸现。例如2013年,北京和上海的ld仍然超过80%,表明这两个地区的劳动力资源依旧丰富,天津、山西、内蒙古、东北三省、浙江、湖北、广东的ld处于75%—80%之间,其余地区相对较低。从老年人口抚养比的数据看,近年来大多数地区都呈现上升趋势,但北京、上海和广东近两年却出现下降态势,特别地,北京和上海两地区的少年儿童抚养比在前期下降趋势的基础上,近几年出现反转上升的趋势。由此说明,从人口结构看,北京和上海显著不同于其他地区。

中国人均资源量少,再加上长期的粗放式发展,导致环境污染严重,资源利用率低,新常态下的经济增长将越来越严重地受到资源和环境的约束。未来一定时期,中国政府将采取更加有效的措施,推动经济增长方式的转变,促进经济的内涵式增长。由于粗放型经济发展方式向集约型经济发展方式转变的基本特征是能源使用效率的提高,因此,本章使用国内生产总值与消耗标准煤的比值来度量经济发展方式的转变,单位能源的 GDP(nh)越高表示经济发展方式越朝着集约型经济发展模式转变。本章计算了各地区 nh 的变化趋势,从中可以看出,近年来各地区的能源使用效率都呈现逐步提高的趋势,这隐含着各地区的经济发展方式整体上由粗放型经济发展方式向集约型经济发展方式转变。但从 nh 的绝对值看,地区之间的差异仍然较大,表明各地区的能源效率还存在较大差异。以 2013 年为例,单位能源 GDP 最高的地区分别为北京、上海、广东、江苏、浙江、海南、天津等经济发达省市,较高的地区分别为福建、山东、安徽、江西、湖南、湖北、河南、贵州、吉林,最低的地区则为西部的甘肃、青海、宁夏、新疆、山西、内蒙古。其中,最高的北京(2.67)是最低的宁夏(0.52)的五倍,差异非常明显。

由上述分析可以看出,近年来中国不同地区的经济结构特征显著不同,隐含着新常态下各地区 GDP 长期趋势增长速度存在明显差异,要准确估算各地区的长期趋势增长速度应考虑这种经济结构差异,否则,可能得到偏差较大的结果。

第五节 中国地区平衡经济增长率的分解结果

一、面板数据的构造和数据来源

中国不同地区之间自然环境、人口资源、经济和社会差异很大,区域经济发展不平衡、经济结构特征显著不同。北京、上海等经济发达地区的经济转型特征出现较早,经济转型的程度较深;西部地区的经济转型特征出现较晚,经济转型的程度较低,部分省份甚至还没有出现明显的经济转型迹象。这就使得因经济转型而导致的潜在经济增长速度的下滑在不同地区显著不同,这也要求我们在分解经济平衡增长率的过程中需要区分不同地区的经济转型特征,将经济转型阶段和经济结构特征相似的地区组合在一起,构成面板数据进行分解。

本章主要根据经济结构转型,同时兼顾经济发展程度和地理位置因素构建地区面板数据。北京和上海两个地区的经济发展程度最高,需求结构和供给结构的转型程度最深,本章称其为京沪地区。天津、江苏、浙江、福建、山东、广东、海南等地区经济发展程度较高,经济转型特征较明显,称其为东部经济发达地区。中部的五个省份安徽、江西、河南、湖北、湖南具有相似的经济发展程度、相似的需求与供给结构特征以及相邻的地理位置,称其为华中地区。经济结构特征相似的东北地区包括辽宁、吉林、黑龙江。经济欠发达、自然资源丰富的西北地区包括山西、内蒙古、陕西、甘肃、青海、宁夏、新疆。经济欠发达、自然环境较好、经济结构特征相似的西南地区包括广西、贵州、云南[①]。

根据前述对平衡经济增长率的定义,本章需要分别从需求面和供给面分解 GDP 的趋势增长率。基于此,参照克恩等人(King et al., 1991)、顾和李(Gu and Lee, 2007)的实际经济周期理论,在需求面的分解过程中,模型(6-7)的 y_{it} 分别包括实际消费 c_{it}、资本形成总额 tz_{it}、实际出口 ck_{it} 和实际 gdp_{it}。在供给面的分解过程中,参照生产函数法,y_{it} 分别包括实际资本存量 zb_{it}、劳动力人数 ll_{it}、产业结构升级 cy_{it}、城市化

---

① 本书分析发现河北省较为特殊,其地理位置靠近京津地区,经济发展程度较高,但经济结构转型特征又不同于这两个地区,本文将它和东北地区组合在一起。

进程 cs_{it}、经济发展方式转变 nh_{it}、劳动力人口在总人口中的比重 ld_{it} 和实际 gdp_{it}。另外,根据发展经济学的相关理论,需求面的结构转型和供给面的结构转型是随着经济发展阶段的提高而产生的,因此,本章的阈值变量 $q_{i,t-d}$ 选择为取自然对数的人均实际 GDP。

本章样本区间选择为 1989—2013 年[①]。国内生产总值、资本形成总额、劳动力数量、出口总额、消费等数据可通过整理历年《中国统计年鉴》、各地区统计年鉴和国泰安数据库直接得到(下同)。各省市资本存量的初始值估算使用张军和章元(2004)的研究成果,采用固定折旧率方法估算随后各年度的资本存量。计算过程的固定折旧率取 10%,新增投资使用固定资产投资。经济发展方式转变使用单位标准能源经济效益表示。产业结构转变的度量参照干春晖等人(2011)的方法,使用第三产业产值与第二产业产值之比表示。城市化进程以城镇人口占总人口的比重表示。除 cy_{it} 外,本章对上述变量全部取自然对数[②]。为消除价格因素,所有用货币作单位的变量一律采用国内生产总值平减指数折算成 1978 年的可比价格。

二、共同趋势与共同周期的检验与分解结果

(一) 共同趋势的检验结果

本章首先使用 LLC,IPS 统计量对需求面和供给面的变量进行面板单位根检验,相关计算在 Eviews7.0 中完成,检验结果说明它们都是面板 I(1) 单位根过程。由此,可以对这些变量进行共同趋势(协整)检验。使用本章所介绍的 Z 统计量,分别对不同地区面板数据进行检验,

---

[①] 因为劳动力人口在总人口中比重的数据在 1989 年才有地区数据。
[②] 因为后文检验发现,取自然对数不是一阶单整过程,其水平数据是一阶单整过程。

结果见表6-1。

表6-1 各地区共同趋势的检验结果

	京沪地区	东部地区	华中地区	东北地区	西北地区	西南地区
需求方程	-0.87 (3.7)	-0.25 (8.9)	0.98 (8.4)	0.24 (7.7)	2.16 (19.0)	-0.70 (3.8)
供给方程	-0.23 (4.56)	-0.74 (8.6)	0.75 (8.2)	-0.21 (6.6)	2.82 (10.9)	-0.88 (5.0)

注：括号内数据是Z统计量值转化为标准正态分布的数值。

从表6-1可以看出，无论是需求方程还是供给方程，各地区面板数据计算的检验统计量都能在5%的显著性水平下拒绝不存在协整关系的原假设。例如，需求方程中京沪地区计算的Z统计量值为-0.87，对应标准正态分布的值为3.7，大于标准正态分布5%的临界值1.96，拒绝原假设。该检验结果表明，随着中国经济发展水平的快速提高，各地区需求面和供给面的长期均衡结构关系都先后发生结构转变。

（二）共同周期的检验结果

在共同趋势的检验过程中，本章首先估计了各地区的阈值参数和位置参数以及协整向量，基于这些估计结果，使用本章提出的共同周期检验统计量对不同地区的模型(6-5)检验共同周期，结果见表6-2。

表6-2 各地区共同周期的检验结果

		原假设	机制Ⅰ ($q_{i,t-d} < \gamma_i$)			机制Ⅱ ($q_{i,t-d} \geq \gamma_i$)		
			$\xi_{SF}^{(1)}$	$\xi_{WF}^{(1)}$	$\xi_{SW}^{(1)}$	$\xi_{SF}^{(2)}$	$\xi_{WF}^{(2)}$	$\xi_{SW}^{(2)}$
京沪地区	需求	$s \geq 1$	3.9	0.5	2.7	0.6	0.05	0.4
		$s \geq 2$	21.8*	2.6	15.1*	12.8	0.7	10.2*
		$s \geq 3$	54.6*	16.0	32.6*	44.7*	6.2	19.9*
	供给	$s \geq 1$	5.9	0.5	5.5	1.1	0.05	1.05
		$s \geq 2$	29.8*	8.9	20.9*	11.6	2.7	8.9**
		$s \geq 3$	662.9*	67.3*	616.6*	42.2*	31.1*	16.8*

续表

		原假设	机制I ($q_{i,t-d} < \gamma_i$)			机制II ($q_{i,t-d} \geq \gamma_i$)		
			$\xi_{SF}^{(1)}$	$\xi_{WF}^{(1)}$	$\xi_{SW}^{(1)}$	$\xi_{SF}^{(2)}$	$\xi_{WF}^{(2)}$	$\xi_{SW}^{(2)}$
东部地区	需求	$s \geq 1$	18.6	0.1	14.0**	15.4	0.2	14.3*
		$s \geq 2$	93.1*	5.9	53.1*	51.7**	4.3	29.3*
		$s \geq 3$	264.3*	42.5	110.7*	159.6*	17.9	44.3*
	供给	$s \geq 1$	18.6	0.1	11.0	15.4	0.2	11.3
		$s \geq 2$	93.1*	5.9	53.1*	51.7**	4.3	29.3*
		$s \geq 3$	264.3*	42.5	110.7*	159.6*	17.9	44.3*
华中地区	需求	$s \geq 1$	8.6	0.1	4.9	9.6	0.3	8.4
		$s \geq 2$	43.8*	1.1	20.7*	43.5**	6.1	24.4*
		$s \geq 3$	161.6*	20.3	59.6*	222.3*	29.4	122.5*
	供给	$s \geq 1$	6.0	2.1	3.9	24.7*	3.7	20.9*
		$s \geq 2$	31.5	17.5	14.0	106.4*	25.0	81.4*
		$s \geq 3$	95.6*	82.2*	7.7	155.7*	86.8*	141.8*
东北地区	需求	$s \geq 1$	9.9	0.02	6.9	8.9	0.2	6.1
		$s \geq 2$	36.4*	5.2	18.4*	48.5*	1.9	31.1*
		$s \geq 3$	143.5*	21.0	68.4*	155.1*	23.8	56.1*
	供给	$s \geq 1$	4.0	1.6	2.4	5.1	0.9	2.1
		$s \geq 2$	32.9**	22.3	10.6	39.1*	20.2	9.8
		$s \geq 3$	88.1*	89.4*	9.3	90.2*	88.7	10.1
西北地区	需求	$s \geq 1$	11.9	0.05	6.8	10.1	0.2	7.1
		$s \geq 2$	53.3**	1.2	30.7*	53.8**	5.7	28.9*
		$s \geq 3$	198.5*	15.1	105.1*	209.6*	17.1	50.8*
	供给	$s \geq 1$	13.1	6.6	6.5	9.4	2.6	6.8
		$s \geq 2$	57.1	26.2	30.9*	63.7*	24.9	38.8*
		$s \geq 3$	160.9*	130.8*	61.0*	228.8*	102.1*	70.8*
西南地区	需求	$s \geq 1$	14.2*	0.4	12.5*	11.1**	0.4	8.3
		$s \geq 2$	45.1*	9.9	25.6*	26.5**	5.5	16.8*
		$s \geq 3$	123.9*	47.8*	40.5*	80.8*	17.1	25.3*
	供给	$s \geq 1$	6.1	1.3	4.8	5.2	0.9	4.6
		$s \geq 2$	31.2*	21.3*	19.9*	32.4*	22.1*	19.4*
		$s \geq 3$	102.3*	75.1*	37.0*	108.5*	76.4*	38.1*

注：* 为 5% 显著性水平显著，** 为 10% 显著性水平显著。

从表6-2的结果看,各地区的供给方程和需求方程中的变量在机制转移前和机制转移后都存在共同周期,但不同地区共同周期的特征存在差异。具体来看,对于机制转移前的京沪地区,首先看 $\xi_{SW}^{(1)}$ 统计量,发现 $s \geq 2$ 和 $s \geq 3$ 对应 $\xi_{SW}^{(1)}$ 统计量分别为15.1和32.6,都可在5%的显著性水平拒绝原假设,表明京沪地区需求方程的变量之间为弱结构共同周期。再看 $\xi_{WF}^{(1)}$,发现其 $s \geq 1$, $s \geq 2$ 和 $s \geq 3$ 时的统计量值都不能在5%的显著性水平拒绝原假设,因此,京沪地区需求方程中的变量在机制转移前存在弱结构共同周期,且共同周期的数量为3。通过类似的判断方法也可以发现,京沪地区需求方程中的变量在机制转移后也存在弱结构共同周期,共同周期的数量为3。表6-2的结果还表明,京沪地区供给方程中的变量在机制转移前后都是弱结构共同周期特征,且共同周期的数量为2。

按照上述判断方法,对各地区机制转移前后的需求方程和供给方程逐项检验共同周期的特征和数量,可以发现:东部地区需求方程和供给方程中的各变量在机制转移前后都含有3个弱结构共同周期。华中地区需求方程的变量在机制转移前后含有3个弱结构共同周期,供给方程在机制转移前含有2个强结构共同周期,机制转移后含有2个弱结构共同周期。东北地区需求方程在机制转移前后都含有3个弱结构共同周期,供给方程在机制转移前后都含有1个强结构共同周期。西北地区需求方程和供给方程中的各变量在机制转移前后都含有3个弱结构共同周期,供给方程在机制转移前后都含有2个弱结构共同周期。西南地区需求方程在机制转移前含有2个弱结构共同周期,在机制转移后含有3个弱结构共同周期,供给方程在机制转移前后都只含有1个弱结构共同周期。

(三)共同趋势的分解结果

由于前述已经获得协整向量 $\beta_i^{(l)}$ 和阈值参数以及位置参数的估计,因此本章可以使用最小二乘法估计模型(6-5),以此获得调节参数 $\alpha_i^{(l)}$ 和滞后项系数 $\Gamma_i^{(l)}$ 的估计值。另外,在模型(6-13)所表述的共同趋势分解结果中，$\alpha_{i\perp}^{(l)}$ 分别是调节参数矩阵 $\alpha_i^{(l)}$ 的正交矩阵。虽然 $\alpha_i^{(l)}$ 的估计结果是唯一的，但 $\alpha_{i\perp}^{(l)}$ 并非唯一。本章根据贡萨洛和吴(Gonzalo and Ng, 2001)的建议，计算 $I - \hat{\alpha}_i^{(l)}(\hat{\alpha}_i^{'(l)}\hat{\alpha}_i^{(l)})^{-1}\hat{\alpha}_i^{'(l)}$ 的特征值，取 $(n-r)$ 个最小特征值所对应的特征向量作为 $\alpha_{i\perp}^{(l)}$ 的估计值①。为清楚表述，本章将各地区分解的取自然对数 GDP 的趋势成分换算成同比增长率。结果见图 6-1。

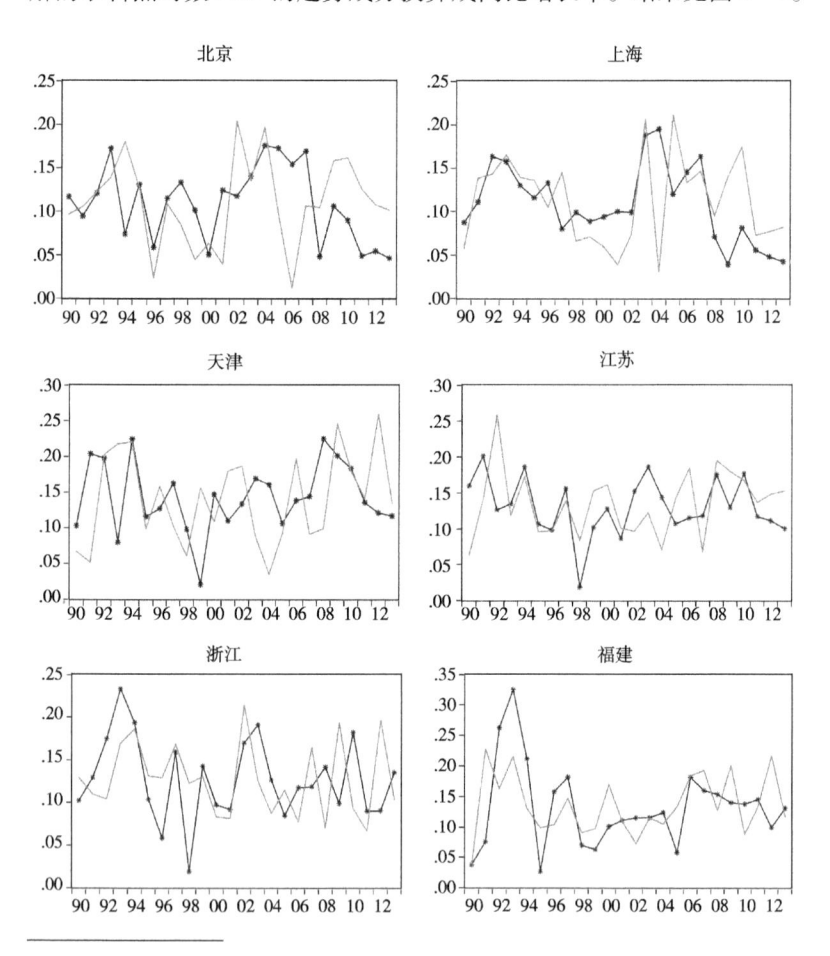

① 在需求面的分解中 n=4，在供给面的分解中 n=7。

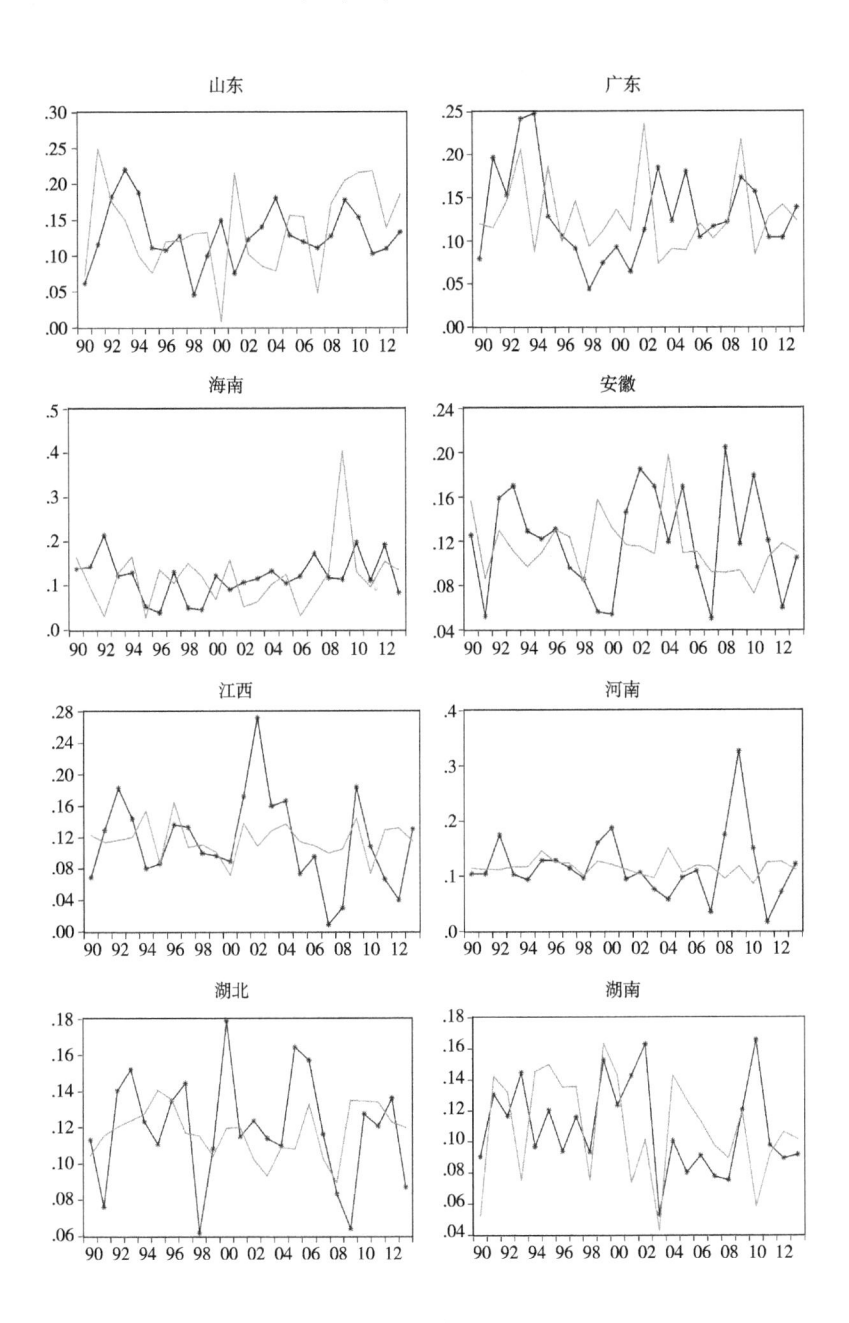

第六章 中国地区平衡经济增长率的趋势与周期分解 241

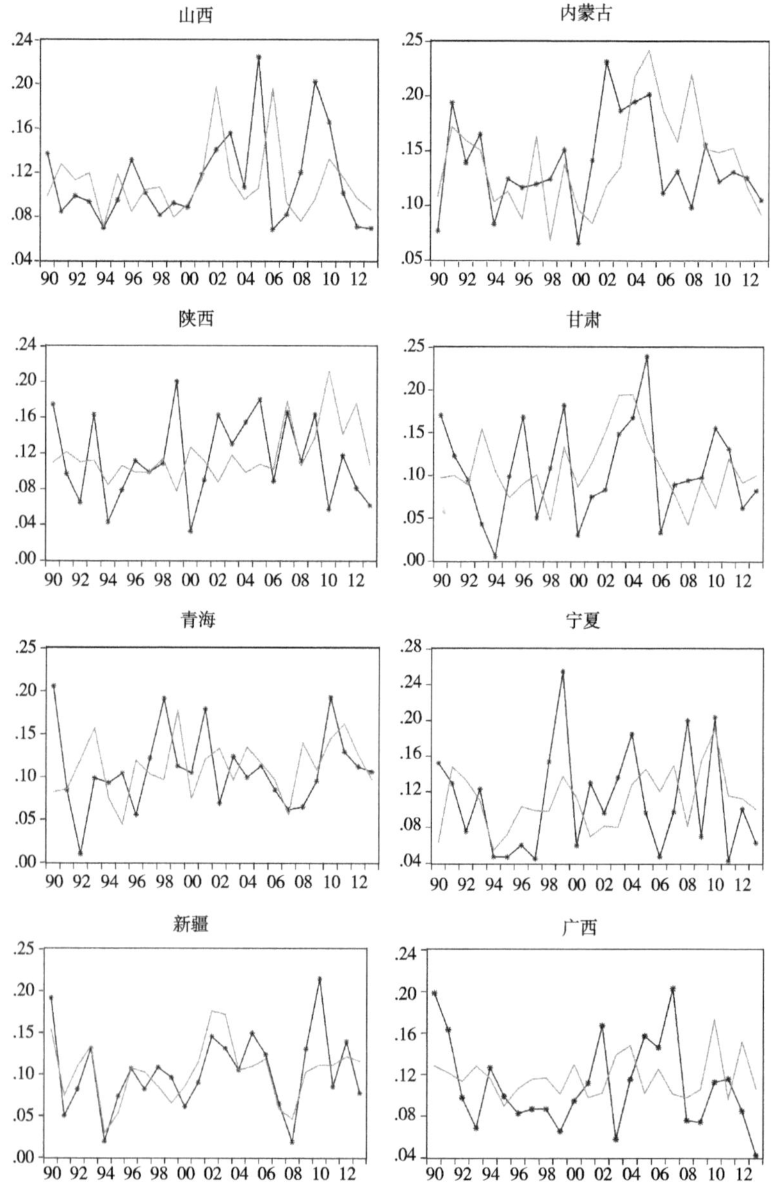
山西
.24
.20
.16
.12
.08
.04
90 92 94 96 98 00 02 04 06 08 10 12
内蒙古
.25
.20
.15
.10
.05
90 92 94 96 98 00 02 04 06 08 10 12
陕西
.24
.20
.16
.12
.08
.04
.00
90 92 94 96 98 00 02 04 06 08 10 12
甘肃
.25
.20
.15
.10
.05
.00
90 92 94 96 98 00 02 04 06 08 10 12
青海
.25
.20
.15
.10
.05
.00
90 92 94 96 98 00 02 04 06 08 10 12
宁夏
.28
.24
.20
.16
.12
.08
.04
90 92 94 96 98 00 02 04 06 08 10 12
新疆
.25
.20
.15
.10
.05
.00
90 92 94 96 98 00 02 04 06 08 10 12
广西
.24
.20
.16
.12
.08
.04
90 92 94 96 98 00 02 04 06 08 10 12

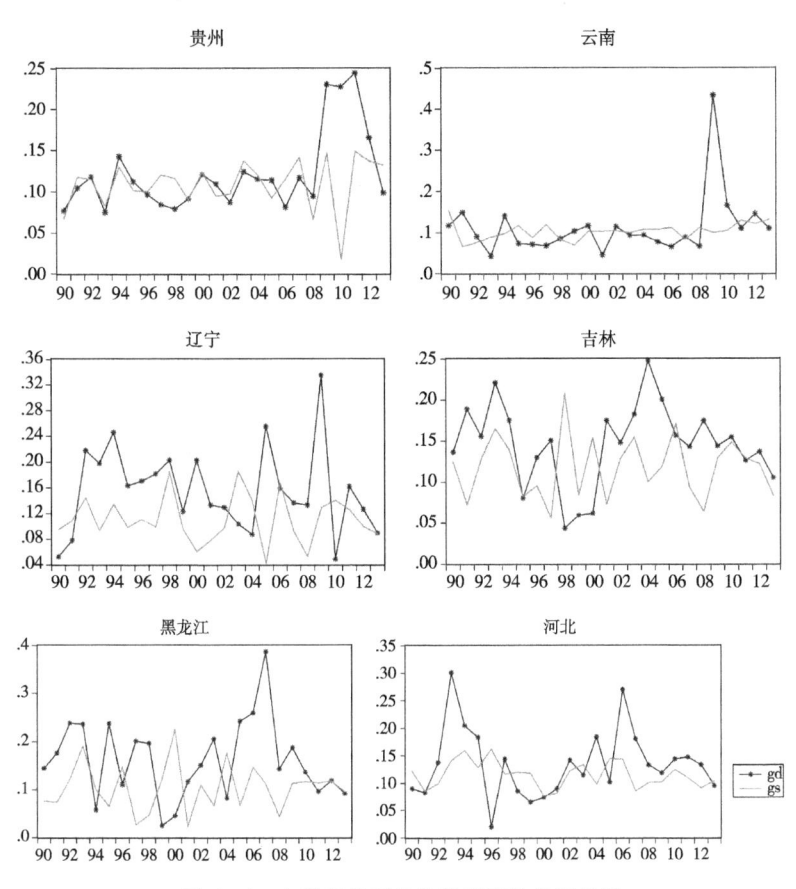

图 6-1　各地区共同趋势增长率的分解结果

图 6-1 的 gd 和 gs 分别是从需求面和供给面分解得到的 GDP 的趋势增长率。由前述对共同趋势和共同周期分解方法的介绍可知，这里得到的 gd 和 gs 是在 GDP 分别与需求面因素和供给面因素的长期趋势和短期周期协同约束下分解的 GDP 的趋势成分，是 GDP 分别与需求面和供给面的共同趋势，因此，gd 和 gs 分别是需求面和供给面所支撑的经济增长的长期趋势增长率，其中 gs 的估计结果就是通常意义上各地

区 GDP 的潜在增长率。研究 gd 和 gs 的波动特征及其相互关系,有助于深入理解 GDP 趋势增长的内涵特征。进一步地,根据前文对经济平衡增长率的界定,总供给和总需求相等时对应的 GDP 趋势增长率才是经济平衡增长率,它受需求面和供给面两方面的约束。也就是说,如果 gd 和 gs 相等或大致相等,此时的 gs 值就是经济平衡增长率,如果 gs 大于 gd,表明总需求不足。这时的潜在增长率虽然较高,但实际经济增长受到总需求约束,其政策意义是,"稳增长"的宏观政策应主要从刺激需求入手。如果 gs 小于 gd,表示存在过度需求,总供给不足,其政策意义是,"稳增长"的宏观政策应着重从增加要素投入、改善供给结构、提高生产效率和技术进步入手。

图 6-1 中,从长期来看,各地区估计的 gd 和 gs 都呈现相依相伴、相互依赖的动态均衡特征,这一估计结果吻合了 AS-AD 模型,因而是中国总供给和总需求动态均衡过程的直观演绎。以上海为例,1990—1997 年的 gd 和 gs 都基本相等,表明这一时期上海市的宏观经济基本处于均衡状态,需求面和供给面没有出现明显的偏离。1997 年后的亚洲金融危机时期,gd 和 gs 都明显下降,但 gs 下降得更快,总供给显著偏离了总需求。这种偏离是短暂的,2002 年后 gd 和 gs 都迅速回升,gs 快速追上 gd,达到与 gd 大致相等的均衡状态。上海市的 gd 和 gs 的再一次显著分离是 2008 年全球金融危机爆发后。从全国范围来看,各地区近几年普遍处于 gs 大于 gd 的状态,表明全国总体上是产能过剩,总需求不足,但不同地区程度不同。从 gs 与 gd 的运行态势看,除少数省份外,全国大部分地区近几年的 gs 与 gd 都处于下行态势中,这就意味着,未来一定时期,中国的潜在经济增长速度和经济平衡增长率都将位于相对较低水平。这一结果也意味着,中国经济增速的下行并没有出现显

著企稳的迹象。

分地区看,近几年京沪地区的 gd 明显小于 gs,表明这两个地区出现明显的需求不足,其经济平衡增长率主要受到总需求的约束。从 2013 年的具体数据看,北京市的 gd 和 gs 分别为 5.1% 和 9.5%,上海市的 gd 和 gs 分别为 4.9% 和 8.2%。因此,近几年京沪地区受需求约束的 GDP 趋势增速显著低于供给因素支撑的 GDP 趋势增速,宏观经济处于失衡状态。从这两个地区的 gd 和 gs 的变化趋势看,它们的下行态势并没有出现明显改变的迹象,由此可以判断,未来一定时期京沪地区的经济平衡增长率可能会较低,改变这种状态应着重从改善这两个地区的总需求入手。由前述对地区经济结构的分析可知,京沪地区的需求结构已经越过了由经济发展高速起飞阶段迈向成熟阶段的转折点,进入到经济成熟发展阶段。因此,需求结构不容易发生重大调整,这就意味着简单刺激消费和投资不是扩张总需求的适宜的政策措施,需求不足可能将是京沪地区一定时期内持续存在的问题。扩张总需求还应从需求结构的深层次刺激入手,例如,增加公共产品、医疗保健、文教娱乐等消费服务的供给,落实带薪休假和提高效率等方面。从供给看,两个直辖市的城市化水平、产业结构高级化程度和单位能源产出水平都较高,因此,这三个方面的潜力已经被较为充分地挖掘。此外,京沪地区劳动人口占总人口的比重较高,劳动力供给增速仍然较快,由此意味着,由劳动供给支撑的潜在增长仍然可以维持比较高的水平。这种情形下,京沪地区应注重总供给能力向消费需求的转化,充分发挥城市化水平和产业结构水平较高的优势来刺激消费需求,以避免持续的需求不足。

东部地区的七个省市从整体看,近年来也明显呈现出 gd 小于 gs 的总需求不足的状态。其中总需求不足程度相对较大的地区为江苏、浙江、福建、山东、广东。因此,东部地区的经济平衡增长率也主要受到总需求不足的约束。仔细分析这几个省份近几年三大需求的变化,可以发现它们有相似特征。首先,出口在这些省份的 GDP 中都占较大的比重;其次,近几年这些省份的出口占 GDP 的比重下降较快;最后,消费在这些省份 GDP 的比重上升较慢。也就是说,这些省份原本对 GDP 有重要贡献的出口外需在近几年相对快速下降,而消费没有能够补上出口需求下降留下的缺口。例如,广东省的出口占 GDP 的比重从 2006 年的 63% 下降至 2013 年的 42%,相应地,消费在 GDP 的比重从 33.7% 上升为 34.1%。天津市近年来也表现出需求不足,但幅度相对较小。从需求结构看,江苏、浙江、广东、山东、海南等东部省份即将进入到"U"型上升阶段,接近消费与投资结构的第二个转折点,其余东部省份还没有明显出现上升趋势。因此,在经济较发达的东部地区,需求结构仍然还没有显著越过经济快速发展阶段,需求结构的改善还有较大的空间。因此,从需求层面看,这些地区还有继续保持较高增长的潜力。面对国际经济周期下行和外需下滑,东部地区应将扩大内需作为经济增长的主要动力,特别注重改善消费与投资结构。从供给结构来看,东部省份的产业结构升级、城市化水平和单位能源产出的发展程度相对较高,因此,这三个方面的潜力已经得到较深程度的挖掘,但仍然还有一定幅度的提升空间。从劳动人口看,除江苏、浙江外,其余省市近几年仍保持了比较高的劳动力增长率,因此,从供给面看,东部地区整体上仍然可以保持较高的增长速度。近期,东部省份的经济平衡增长率主要是受到总需求不足的约束,"稳增长"的政策应着重刺激总需求。

华中地区近几年也是 gd 小于 gs，但幅度都相对较小，例如，2010年后安徽省的 gd 向下穿过 gs，2012年 gd 向上小幅反弹后与 gs 大致持平。因此，2013年安徽的经济平衡增长率约为10.5%。西北和西南的各省市自治区与华中地区相似，近几年的 gd 小于 gs，表现出总需求不足，但不同省份差异较大。例如，内蒙古在2008年后 gd 就明显小于 gs，一直持续到2012年，之后 gd 与 gs 大致相等，2013年内蒙古的经济平衡增长率约为8.6%。陕西省与内蒙古则显著不同，该省的 gd 自2012年就明显小于 gs，且幅度一直相对较大。从这几个省份的需求经济结构特征看，它们仍然还处在经济快速发展阶段或经济增长启动阶段，因此，其增长主要还依赖投资需求拉动，消费需求还处在相对较低水平，没有显著拉动起来。从供给结构看，这些经济欠发达地区的城市化水平、产业结构优化程度和单位能源产出水平都相对较低，还有较大的发展空间。因此，综合供给面和需求面的影响因素，可以判断，这些经济欠发达地区整体上仍然具有保持较高经济平衡增长率的可能性。维持这些地区经济较快增长，不仅要从刺激消费与投资、改善内需结构方面入手，还要从产业结构升级、城市化等供给方面入手，通过供给和需求的联合推动保持较高的经济平衡增长率。

东北地区的结果比较特别，该地区21世纪以来的 gd 持续大于 gs，也就是说，东北地区需求过剩、有效供给不足。近两年，该地区的 gd 普遍大约等于 gs。例如，2013年黑龙江的 gs 为9.5%，gd 为9.2%。这就表明，维持这些地区较高的经济平衡增长率应从提高供给能力入手。从供给结构看：东北地区的产业优化程度较低，其中辽宁和吉林近几年产业结构的优化还出现下降趋势。这些省份的单位能源产出也相对较低，而城市化水平在55%—65%之间，算是相对较高。因此，东北地区提高总供给能力应着重产业结构的优化和集约型经济发展模式的转变,以此作为提高经济平衡增长率的着力点。

(四) 共同周期的分解结果

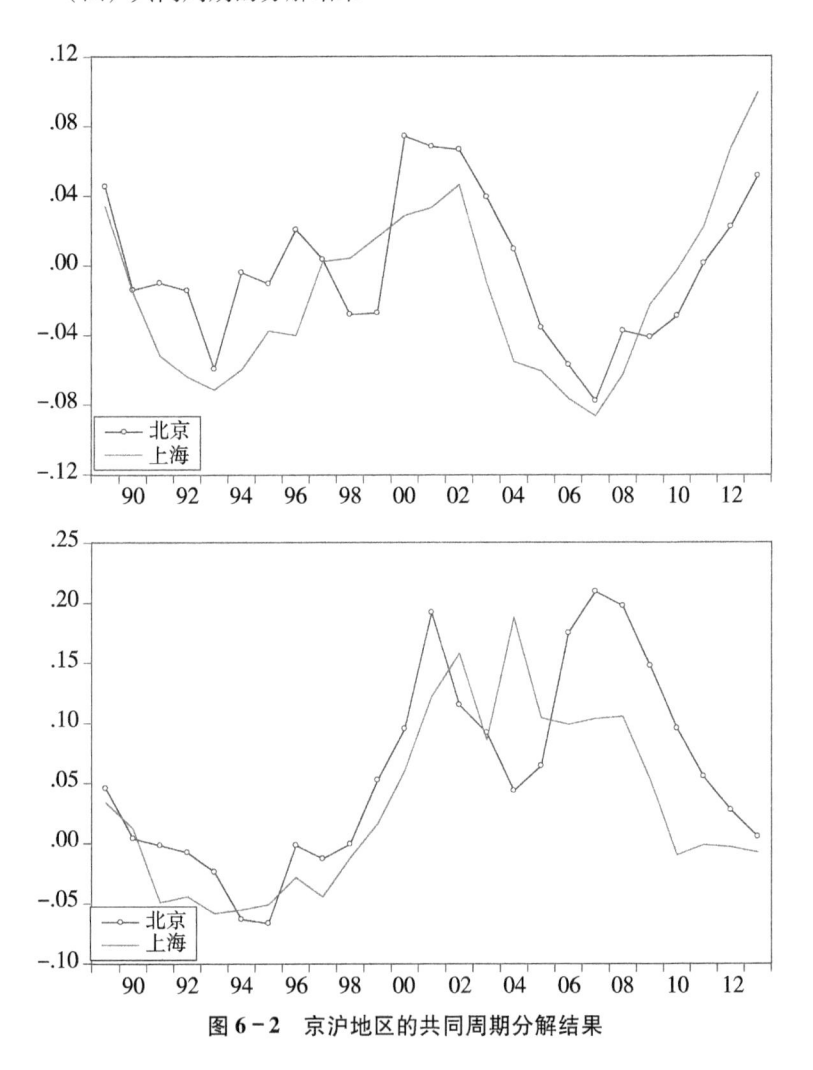

图 6-2 京沪地区的共同周期分解结果

第六章 中国地区平衡经济增长率的趋势与周期分解 249

图 6-3 东部地区共同周期的分解结果

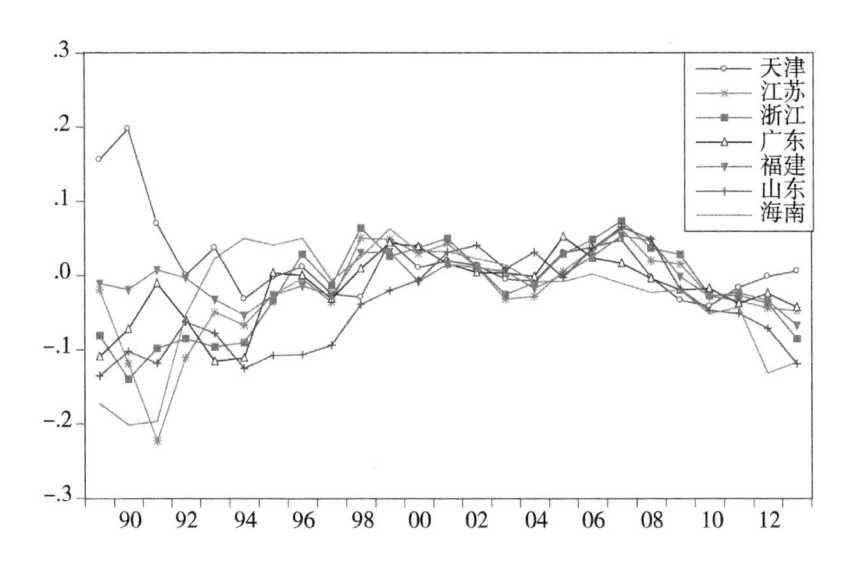

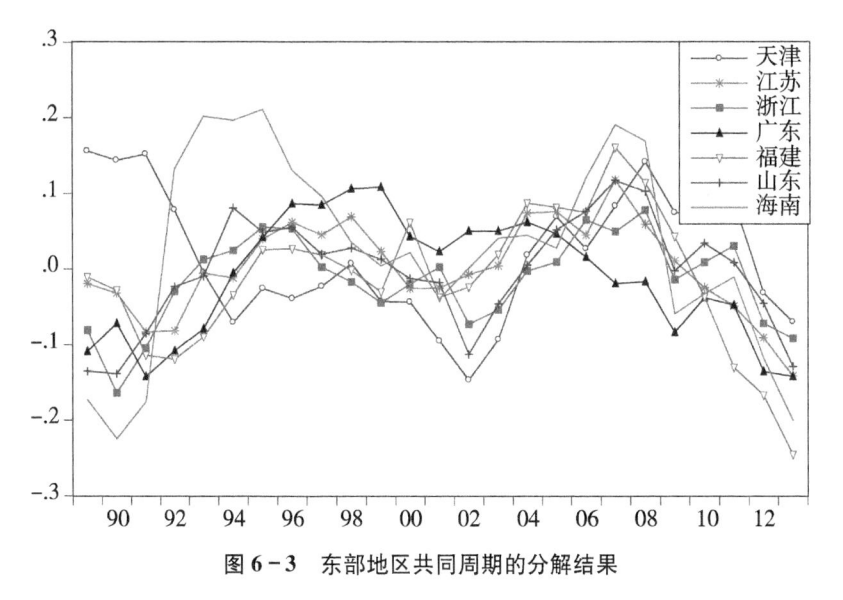

图 6-4 华中地区共同周期的分解结果

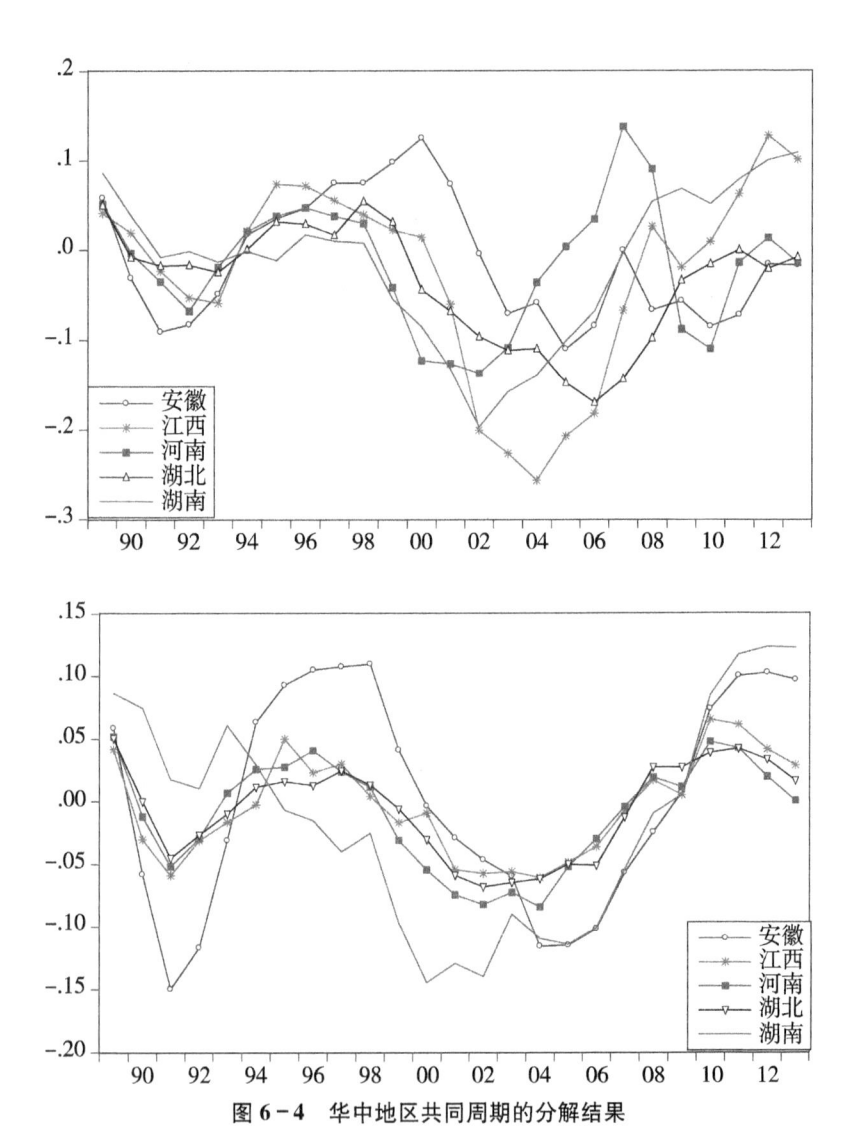

第六章 中国地区平衡经济增长率的趋势与周期分解 251

图 6-5 北方地区共同周期的分解结果

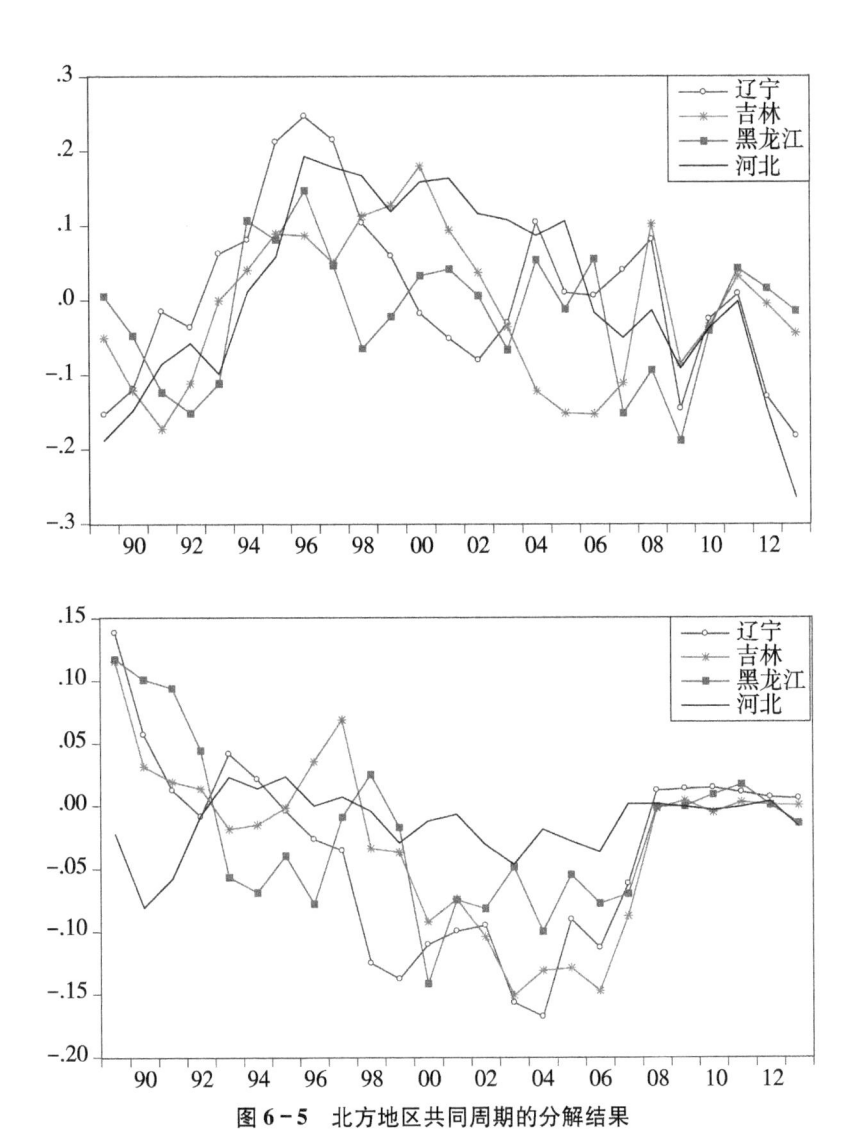

图 6-6 西北地区共同周期的分解结果

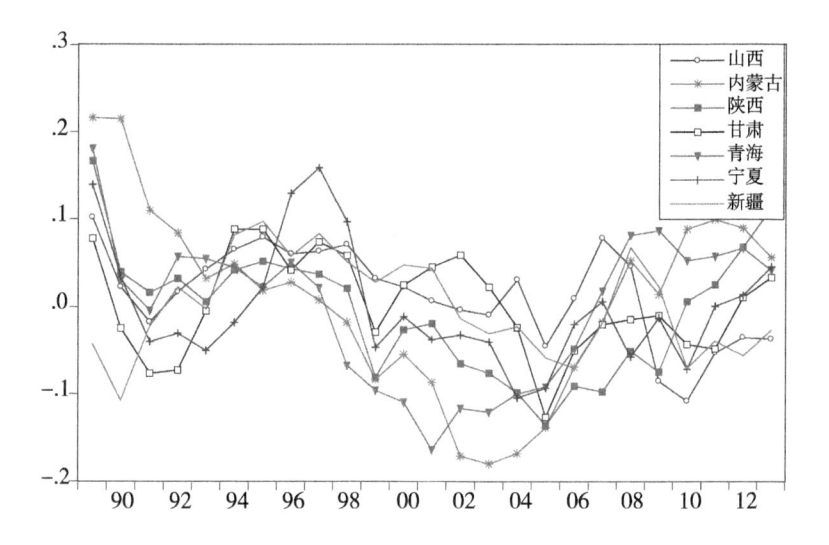

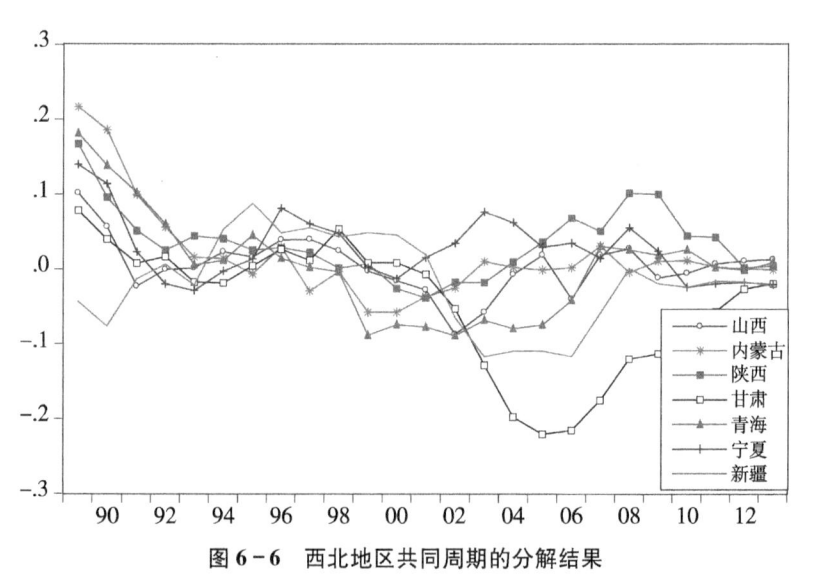

图 6-7 西南地区共同周期的分解结果

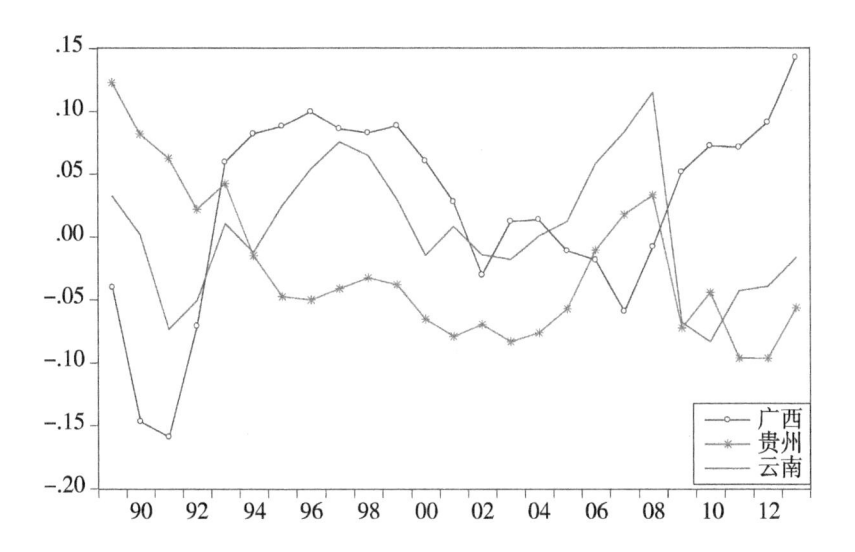

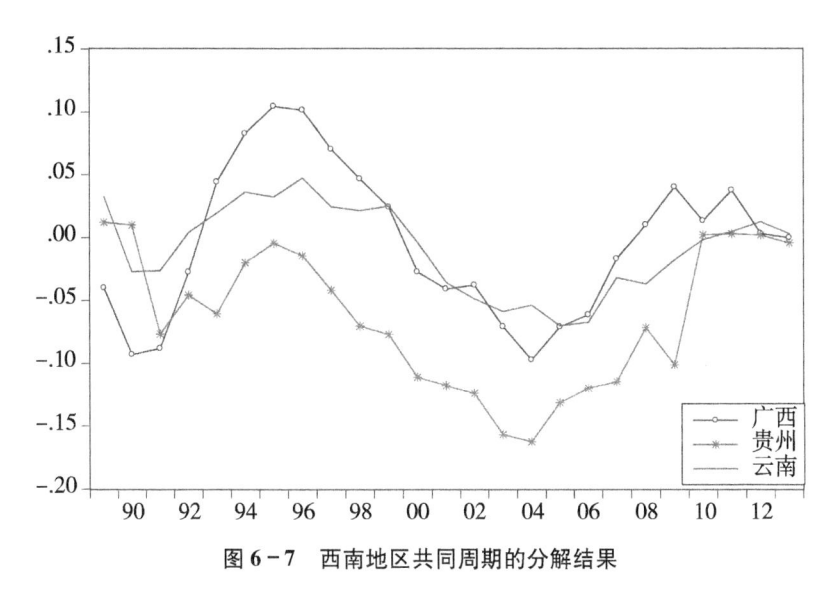

图 6-2 至图 6-7 是各地区共同周期的分解结果,其中左边图形是需求面共同周期,右边图形是供给面共同周期,因此,右边图形是通常

意义上经济周期的估计结果。从各图形结果看,它们的周期成分具有较为明显的"共同性"。例如,京沪两个直辖市的供给周期在1996年以前都处在下行通道中,1998—2002年转向上升通道中,2003—2007年在高位波动运行,2008年后又转向下行。总之,各地区GDP周期成分大致相似的运行特征印证了前述共同周期的检验结果,也进一步印证了本章在共同趋势和共同周期的约束下分解GDP趋势成分的合理性。进一步地,从近年来各地区需求周期和供给周期的波动特征看,除京沪、华中地区和广西的需求周期外,全国其余地区GDP的需求周期总体上呈现下行趋势或在较低位运行。这一结果表明,从短期来看,全国总体上呈现短期需求不足。另一方面,从供给周期看(经济周期),全国所有地区的周期成分都进入下行通道或在较低位运行。结合前文对GDP供给趋势的分解结果,可以说明,中国近期经济增速的下行不仅是长期趋势的下行,而且是短期周期的下行,近几年经济增速的持续下降是趋势和周期下行的叠加结果。这就意味着,中国近期的"稳增长"宏观调控政策应从长期和短期两个方面入手,不仅要针对不同地区的经济结构特征注重对GDP长期效应的调节,例如,改变消费习惯和消费方式、提高生产效率等,还应关注短期效应的调节,例如实施适度宽松的货币政策等。

第六节 结论

随着中国经济的转型和经济结构的调整优化,中国经济进入新常态,经济增长速度下落到中高速阶段。由于不同地区经济结构转型具有较大差异,使得不同地区经济增速下行的特征显著不同。本章在考虑经济转型的基础上,结合地区特征,提出并使用两机制面板数据共同趋势和共同周期的分解方法,从供给面和需求面分解GDP的长期趋势,以此分析各地区的经济平衡增长率。分解的结果基本准确地度量了各地区GDP的需求趋势和供给趋势,刻画了各地区经济平衡增长率的运行态势及其主要约束因素。上述结论可概述为:

(一)经济平衡增长率的分解不仅要考虑供给面的支撑,还要考虑需求面的约束,它应是供求均衡基础上GDP的趋势增长率。中国经济结构转型使得中国经济平衡增长率下行,但中国不同地区之间经济发展的不平衡、经济结构特征的显著不同,使得中国各地区经济平衡增长率的运行特征显著不同。

(二)在需求结构方面,各地区在20世纪80年代中期完成了由传统经济增长阶段向现代经济增长启动阶段的转变。新常态下,中国多数地区还没有明显完成需求结构转型,仅有北京和上海两个地区已经进入到经济发展成熟阶段,江苏、浙江、广东、海南等部分东部省份即将越过经济快速发展阶段。中西部欠发达省份、东北三省和部分东部省份仍然还处在经济增长启动阶段。在供给结构方面,不同地区之间也存在显著差异。从产业结构看,北京和上海以及部分东部省份的产业结构升级比较明显,但一些中西部省份近年来却出现产业结构恶化的趋势。从人口结构看,各地区劳动年龄人口占总人口的比重大约在2010年前后都开始不同程度地出现下降,但不同地区差异显著。北京和上海两个地区的劳动力资源依旧丰富,人口年龄结构呈现优化态势。天津、山西、内蒙古、东北三省、浙江、湖北、广东等省市劳动年龄人口占总人口的比重仍然较高,其余地区相对较低。上述地区老年人口抚养比都呈现上升趋势。

(三)根据需求结构和供给结构的相似特征,本章将中国大陆28个省市自治区划分为京沪地区、东部地区、华中地区、东北地区、西北地区和西南地区，由此构成六组面板数据。在考虑经济结构转型的基础上，分别使用两机制共同趋势和共同周期的分解方法，从供给面和需求面分解各省市自治区的趋势增长率，并分析各省市自治区的平衡经济增长率。本章发现，六个地区的 GDP 分别与需求面影响因素和供给面影响因素形成共同趋势和共同周期。从全国范围来看，近几年各地区普遍处于供给趋势增长率大于需求趋势增长率的状态，表明全国总体上产能过剩，总需求不足，但不同地区程度不同。除少数省份外，近几年全国大部分地区的供给趋势和需求趋势的增长率都处于下行态势中，这就意味着，未来一定时期，中国的潜在经济增长速度和经济平衡增长率都将位于相对较低水平。因此，中国经济增速的下行并没有出现显著企稳的迹象。分地区看，京沪地区需求趋势增长率小于供给趋势增长率的幅度最大，东部地区的总需求不足较为明显，华中地区的总需求不足程度较小。西北和西南地区与华中地区相似，近几年表现出总需求不足，但不同省份差异较大，东北地区近两年普遍出现供给趋势和需求趋势增长率大致相等的均衡状态。

（四）针对各地区的经济结构转型和总供给与总需求的失衡特征，京沪地区应注重总供给能力向消费需求的转化，东部地区应着力改善需求结构。华中地区、西北和西南地区不仅要从刺激消费与投资、改善内需结构方面入手，还要从产业结构升级、推动城市化等供给方面入手，通过供给和需求的联合推动，保持较高的经济平衡增长率。东北地区则应从产业结构优化和向着集约型经济发展模式转变等供给面入手，以此作为提高经济平衡增长率的着力点。

参考文献

Ambler, S., Cardia, E., and Zimmermann, C. (2004). International business cycles: What are the facts? *Journal of Monetary Economics*, 51:257 – 276.

Anderson, H.M., Issler, J.V., and Vahid, F. (2006). Common features. *Journal of Econometrics*, 1(132):1 – 5.

Andrei, A.M., and Paun, R.M. (2014). Using filters and production function method for estimating output gap and potential GDP for Romania. *Economic Computation & Economic Cybernetics Studies & Research*, 48:1 – 21.

Baghli, M., Cahn, C., and Villetelle, J.P. (2006). Estimating potential output with a production function for France, Germany and Italy. *Convergence or divergence in Europe? —Growth and Business Cycles in France, Germany and Italy*. Springer.

Bagliano, F.C., and Morana, C. (2010). Business cycle comovement in the G – 7: Common shocks or common transmission mechanisms? *Applied Economics*, 42:2327 – 2345.

Balke, N., and Fomby, T. (1997). Threshold Cointegration, *International Economic Review*, 38(3):627 – 645.

Basistha, A. (2007). Trend-cycle correlation, drift break and the estimation of trend and cycle in Canadian GDP. *Canadian Journal of Economics*, 40(2):584 – 606.

Bec, F., Guay, A., and Guerre, E. (2008). Adaptive Consistent Unit-root Tests Based on Autoregressive Threshold Model, *Journal of Econometrics*, 142:9 – 133.

Beffy, P.O., Ollivaud, P., Richardson, P., and Sédillot, F. (2007). New OECD method for supply-side and medium-term assessments: A capital services approach. *OECD Economics Department Working Paper*, p.482.

Beine, M., and Hecq, A. (1999). Inference in codependence: Some monte carlo results and applications. *Annales d'Economie et de Statistique*, 54:69 – 90.

Bernanke, B., Boivin, J., and Eliasz, P. (2005). Measuring the effects of monetary policy: A factor-augmented vector autoregressive (FAVAR) approach. *Quarterly Journal of Economics*, 120:387 – 422.

Beveridge, S., and Nelson, C.R. (1981). A new approach to decomposition of economic time series into permanent and transitory components with particular attention to measurement of the 'business cycle'. *Journal of Monetary Economics*, 7(2):151 – 174.

Billingsley, P. (1968). *Convergence of probability measures*. New York: John Wiley.

Blanchard, O., and Gali, J. (2007). Real wage rigidities and the new Keynesian model. *Journal of Money, Credit and Banking*, 39:35 – 65.

Cahn, C., and Arthur, S.G. (2010). Potential output growth in several industrialised countries a comparison. *Empirical Economics*, 39:139 – 165.

Candelon, B., and Hecq, A. (2002). Multi-Regime Common Cyclical Features. METEOR, Maastricht research school of Economics of Technology and Organizations.

Caner, M., and Hansen, B. (2001). Threshold Autoregression with a Unit Root. *Econometrica*, 69(6):1555 – 1596.

Canova, F., and Dellas, H. (1993). Trade interdependence and the international business cycle. *Journal of International Economics*, 34:23 – 47.

Canova, F. (1998). Detrending and business cycle facts. *Journal of Monetary Economics*, 41:475 – 512.

Centoni, M., Cubadda, G., and Hecq, A. (2007). Common shocks, common dynamics, and the international business cycle. *Economic Modelling*, 24:149 – 166.

Chen, X., and Mills, T.C. (2009). Evaluating growth cycle synchronisation in the EU. *Economic Modelling*, 26(2):342 – 351.

Chenery, H.B., and Syrquin, M. (1975). *Patterns of development: 1950 – 1970*. Oxford University Press.

Choi, I., and Saikkonen, P. (2004). Testing Linearity in Cointegrating Smooth Transition Regressions. *The Econometrics Journal*, 7(2):341-365.

Choi, I., and Saikkonen, P. (2010). Tests for Nonlinear Cointegration. *Econometric Theory*, 26(3):682-709.

Clark, P. K. (1987). The cyclical component of U.S. economic activity. *Quarterly Journal of Economics*, 102(4):797-814.

Clark, T.E., and Shin, K. (1999). The sources of fluctuations within and across countries. *FRB Kansas City Research Working Paper*, pp.98-104.

Cubadda, G., and Hecq, A. (2001). On non-contemporaneous short-run co-movements. *Economics Letters*, 3(73):389-397.

Cubadda, G., and Hecq, A. (2011). Testing for common autocorrelation in data-rich environments. *Journal of Forecasting*, 3(30):325-335.

Darvas, Z., and Szapáry, G. (2008). Business cycle synchronization in the enlarged EU. *Open Economies Review*, 19:1-19.

Denis, C., Grenouilleau, D., McMorrow, K., and Röger, W. (2006). Calculating potential growth rates and output gaps: A revised production function approach. European Economy, *Economic papers*, p.247.

Dickey, D.A., and Fuller, W.A. (1979). Distribution of the estimators for autoregressive time series with a unit root. *Journal of the American Statistical Association*, 74:427-431.

Diebold, F.X., and Rudebusch, G.D. (1996). Measuring business cycles: A modern perspective. *Review of Economics and Statistics*, 1:67-77.

Dijk, D.V., Terasvirta, T., and Franse, P.H. (2002). Smooth transition autoregressive models—a survey of recent developments. *Econometric Reviews*, 21:1-47.

Dorin, M., and Lazar, D.T. (2014). Estimation of potential GDP and output gap: Comparative perspective. *Amfiteatru Economic Journal*, 16:951-964.

Eitrheim, O., and Teräsvirta, T. (1996). Testing the adequacy of smooth transition autoregressive models. *Journal of Econometrics*, 74:59-75.

Enders, W. (2004). Applied econometric time series (second edition). John Wiley & Sons Inc.

Engle, R. F., and Granger, C. W. J. (1987). Co-integration and error correction: Representation, estimation, and testing. *Econometrica*, 2(55): 251 – 276.

Engle, R. F., and Kozicki, S. (1993). Testing for common features. *Journal of Business and Economic Statistics*, 4(11): 369 – 395.

Fan, C. S. (2004). Quality, trade, and growth. *Journal of Economic Behavior & Organization*, 55: 271 – 291.

Gefang, D., and Strachan, R. (2010). Nonlinear impacts of international business cycles on the UK: a Bayesian smooth transition VAR approach. *Studies in Nonlinear Dynamics and Econometrics*, 14(1): 1558 – 3708.

Giles, D. E., and Godwin, R. T. (2012). Testing for multivariate cointegration in the presence of structural breaks: P-values and critical values. *Applied Economics Letters*, 19(16): 1561 – 1565.

Gonzalez, A., Terasvirta, T., and Dijk, D. V. (2005). Panel smooth transition regression models. *Research Paper Series 165*, Quantitative Finance Research Centre, University of Technology, Sydney.

Gonzalez-Astudillo, M., and Roberts, J. M. (2016). When can trend-cycle decompositions be trusted? Social Science Research Network, 2016(099).

Gonzalo, J., and Granger, C. (1995). Estimation of common long-memory components in cointegrated systems. *Journal of Business & Economic Statistics*, 13(1): 27 – 35.

Gonzalo, J., and Ng, S. (2001). A systematic framework for analyzing the dynamic effects of permanent and transitory shocks. *Journal of Economic Dynamics and Control*, 25(10): 1527 – 1546.

Gonzalo, J., and Martinez, O. (2006). Large shocks vs. small shocks. (Or does size matter? May be so.). *Journal of Econometrics*, 135: 311 – 347.

Gonzalo, J., and Pitarakis, J. Y. (2006). Threshold Effects in Cointegration Relationships. *Oxford Bulletin of Economics and Statistics*, 68(1): 813 – 833.

Gonzalo, J., and Pitarakis, V. (2012). Regime Specific Predictability in Predictive Regressions. *Journal of Business and Economic Statistics*, 30(2):229 − 241.

Götz, T. B., Hecq, A., and Urbain, J. P. (2013). Testing for common cycles in nonstationary VARs with varied frequency data. *Research Memorandum*, 002, Maastricht University, Graduate School of Business and Economics.

Groen, J. J., and Kleibergen, F. (2003). Likelihood-based cointegration analysis in panels of vector error-correction models. *Journal of Business & Economic Statistics, American Statistical Association*, 21(2):295 − 318.

Grossman, G., and Helpman, E. (1991). *Innovation and Growth in the Global Economy*. MIT Press, Cambridge MA.

Gu, B., and Lee, H. S. (2007). Common trends, common cycles and forecasting. *The Journal of The Korean Economy*, 8:305 − 327.

Hansen, B.E., and Seo, B. (2002). Testing for two-regime threshold cointegration in vector error-correction moldels. *Journal of Econometrics*, 2(110):293 − 318.

Hecq, A. (1998). Does seasonal adjustment induce common cycles? *Economics Letters*, 3(59):289 − 297.

Hecq, A., Palm, F.C., and Urbain, J.P. (2000). Testing for common cyclical features in nonstationary panel data models. *CESifo Working Paper Series*, p. 248.

Hecq, A., Palm, F.C., and Urbain, J.P. (2006). Common cyclical features analysis in VAR models with cointegration. *Journal of Econometrics*, 1(132):117 − 141.

Hecq, A. (2009). Asymmetric business cycle co-movements. *Applied Economics Letters*, 6(16):579 − 584.

Henry, T., Olekalns, N., and Shields, K. (2002). Non-linear co-movements in output growth: Evidence from the United States and Australia. *Department of Economics-Working Papers Series from The University of Melbourne*, p.857.

He, T. X., and Chen, X. H. (2017). Empirical analysis of dynamic externalities and growth convergence among urban agglomeration. *Systems Engineering-Theory & Practice*, 37(11):2791 − 2801.

Hodrick, R.J., and Prescott, E.C. (1997). Postwar U.S. business cycles: An empirical investigation. *Journal of Money, Credit and Banking*, 29(1): 1 – 16.

Iwata, S., and Li, H. (2015). What are the differences in trend cycle decompositions by Beveridge and Nelson and by unobserved component models? *Econometric Reviews*, 34(1 – 2): 146 – 173.

James, H.S., and Mark, W.W. (1988). Testing for Common Trends. *Journal of the American Statistical Association*, 83(404): 1097 – 1107.

Johansen, S. (1991). Estimation and hypothesis testing of cointegration vectors in Gaussian vector autoregressive models. *Econometrica*, 59: 1551 – 1580.

Kang, W., and Ferreira, M. (2010). A bayesian analysis of common trends and cycles on nonstationary time series panel data. *Working Paper*, Kent State University, New Philadelphia.

Kapetanios, G., Shin, Y., and Snell, A. (2003). Testing for a Unit Root in the Nonlinear STAR Framework, *Journal of Econometrics*, 112(2): 359 – 379.

Kapetanios, G., Shin, Y., and Snell, A. (2006). Testing for Cointegration in Nonlinear Smooth Transition Error Correction Models, *Econometric Theory*, 22(2): 279 – 303.

Kapetanios, G., and Shin, Y. (2006). Unit Root Tests in Three-regime SETAR Models, *Econometrics Journal*, 9(2): 252 – 278.

King, R.G., Plosser, C.I., and Rebelo, S.T. (1988). Producion, growth and business cycles: II. new direction. *Journal of Monetary Economics*, 21: 309 – 341.

King, R.G., Plosser, C.I., Stock, J.H., and Watson, M.W. (1991). Stochastic trends and economic fluctuations. *American Economic Review*, 81: 819 – 840.

Koop, G., Pesaran, M.H., and Potter, S.M. (1996). Impulse response analysis in nonlinear multivariate models. *Journal of Econometrics*, 74: 119 – 147.

Kose, M.A., Otrok, C., and Whiteman, C.H. (2008). Understanding the evolution of world business cycles. *Journal of International Economics*, 75: 110 – 130.

Krishnakumar, J., and Neto, D. (2012). Testing Uncovered Interest Rate Parity and Term Structure Using a Three-Regime Threshold Unit Root VECM: An Application to the Swiss "Isle" of Interest Rates. *Oxford Bulletin of Economics and Statistics*, 74 (2):180-202.

Kristensen, D., and Rahbek, A. (2010). Likelihood-Based Inference for Cointegration with Nonlinear Error-Correction, *Journal of Econometrics*, 158(1):78-94.

Lemoine, M., Mazzi, G. L., Monperrus-Veroni, P., and Reynès, F. (2010). A new production function estimate of the euro area output gap. *Journal of Forecasting*, 29:29-53.

Lettau, M., and Ludvigson, S.C. (2013). Shocks and crashes. *NBER Macroeconomics Annual*, 28:293-354.

Lin, J.Y. (2011). China and the global economy. *China Economic Journal*, 4(1): 1-14.

Liu, J.Q., and Liu, Z.G. (2004). Studies on the trend decomposition of China's real GDP series. *The Journal of Quantitative & Technical Economics*, 21(5):94-99.

Lucas, R.E. (1988). On the mechanics of economic development. *Journal of Monetary Economics*, 22:3-42.

Lütkepohl, H., and Reimers, H.E. (1992). Impulse response analysis of cointegrated systems. *Journal of Economic Dynamics and Control*, 16(1):53-78.

Monfort, A., Renne, J.P., and Rüffer, R., and Vitale, G. (2003). Is Economic Activity in the G7 Synchronized? Common Shocks versus Spillover Effects. *CEPR Discussion Papers*, p.4119.

Morley, J.C., Nelson, R.C., and Zivot, E. (2003). Why are the Beveridge-Nelson and unobserved-components decompositions of GDP so different? *The Review of Economics and Statistics*, 85(2):235-243.

Nannette, L., and Frank, W. (2012). Common trends and common cycles among interest rates of the G7-countries. *Journal of Macroeconomics*, 34(4):1125-1140.

Nelson, C., and Plosser, C. (1982). Trends and random walks in macroeconomic time series:Some evidence and implications. *Journal of Monetary Economics*, 10(2): 139-162.

Norrbin, S., and Schlagenhauf, D.E. (1996). The role international factors in the business cycle: A multi-country study. *Journal of International Economics*, 40:85 – 104.

Osman, M. (2011). Potential output and output gap for the gulf cooperation council countries: Alternative methods. *Journal of Economic and Social Research*, 13:29-44.

Paruolo, P. (2006). Common tends and cycles in I(2) VAR systems. *Journal of Econometrics*, 1(132):143 – 168.

Phillips, P.C.B., and Durlauf, S.N. (1986). Multiple time series regression with integrated processes. *Review of Economic Studies*, 53:473 – 496.

Phillips, P.C.B. (1987). Time series regression with unit roots. Econometrica, 55: 277 – 302.

Pitarakis, J.-Y. (2008). Comment on: Threshold Autoregressions With a Unit Root, *Econometrica*. 76(5):1207 – 1217.

Proietti, T., Musso, A., and Westermann, T. (2007). Estimating potential output and the output gap for the Euro Area: A model-based production function approach. *Empirical Economics*, 33:85 – 113.

Romano, J.P., and Wolf, M. (2001). Subsampling intervals in autoregressive models with linear time trend. *Econometrica*, 69(5):1283 – 1314.

Romer, P.M. (1986). Increasing returns and long-run growth. *Journal of Political Economy*, 94:1002 – 1037.

Rudebusch, G.D., and Svensson, L.E.O. (1999). Policy rules for inflation targeting. *Monetary policy rules*. University of Chicago Press, pp. 203 – 262.

Rünstler, G. (2002). The information content of real-time output gap estimates: An application to the Euro Area. *ECB Working Paper*, p.182.

Sarantis, N. (2001). Nonlinear, cyclical behavior and predictability in stock markets: International evidence. *International Journal of Forecasting*, 17:459 – 482.

Seo, M. (2006). Bootstrap Testing for the Null of No Cointegration in a Threshold Vector Error Correction Model. *Journal of Econometrics*, 84:129 – 150.

Sinclair, T.M. (2009). The relationships between permanent and transitory movements in U.S. output and the unemployment rate. *Journal of Money, Credit, and Banking*, 41(2-3):523-542.

Sollis, R., and Wohar, M. E. (2006). The real exchange rate—real interest rate relation: evidence from tests for symmetric and asymmetric threshold cointegration. *International Journal of Finance & Economics*, 11(2):139-153.

Stock, J.H., and Watson, M.W. (1988). Testing for common trends. *Journal of the American Statistical Association*, 83(404):1097-1107.

Stock, J.H., and Watson, M.W. (2005a). Implications of dynamic factor models for VAR analysis. *NBER Working Paper*, 11467.

Stock, J.H., and Watson, M.W. (2005b). Understanding changes in international business cycle dynamics. *Journal of the European Economic Association*, 3:968-1006.

Stock, J.H., and Watson, M.W. (2009). Forecasting in dynamic factor models subject to structural instability. The Methodology and Practice of Econometrics. *A Festschrift in Honour of David F. Hendry*, 173:205.

Stockman, C.A., and Tesar, L.L. (1995). Tests and technology in a two-country model of the business cycle: Explaining international co-movement. *American Economic Review*, 85:168-185.

Tan, B.Y., and Huang, S.C. (2014). Feasibility test of core inflation excluding food. *Statistical Research*, 31(1):42-48.

Tsay, R.S. (1998). Testing and modeling multivariate threshold models. *Journal of the American Statistical Association*, 443(93):1188-1202.

Vahid, F., and Engle, R.F. (1993). Common trends and common cycles. *Journal of Applied Econometrics*, 4(8):341-360.

Vahid, F., and Engle, R.F. (1997). Codependent cycle. *Journal of Econometrics*, 2(80):199-221.

Wang, S.P., and Hu, J. (2009). Trend-cycle decomposition and stochastic impact effect of Chinese GDP. *Economic Research Journal*, 44(04):65-76.

Wang, S.P., and Yang, Y. (2017). The long-term trend of economic growth and quantitative characteristics of the economic "New Normal" in China. *Economic Research Journal*,52(6):46 – 59.

Watson,M.W.(1986). Univariate det rending methods with stochastic trends. *Journal of Monetary Economics*,18(1):49 – 75.

Weise,C.(1999). The asymmetric effects of monetary policy:A nonlinear vector autoregression approach. *Journal of Money Credit and Banking*,31:85 – 108.

Xu,X.L.(2014). Calculation of China's business cycle:Analysis based on extended Kalman filter. *Economic Perspectives*,(10):58 – 65.

Yoo,B.S.(1986).Multi-cointegrated time series and generalized error correction models. *Discussion Paper*,Department of Economics,University of California,San Diego.

Zhu,Z.X.,Deng,X.,and Zhao,S.Y.(2018). Trend Fluctuations or Cycle Fluctuations for China—Comperison Analysis Based on Multiple UC Models. *Statistical Research*,35(11):26 – 41.

白重恩、张琼:2014,《中国的资本回报率及其影响因素分析》,《世界经济》第10期。

白重恩、张琼:2015,《中国生产率估计及其波动分解》,《世界经济》第12期。

蔡昉:2010,《人口转变、人口红利与刘易斯转折点》,《经济研究》第4期。

蔡昉、陆旸:2013,《中国经济的潜在增长率》,《经济研究参考》第24期。

蔡昉:2016,《认识中国经济减速的供给侧视角》,《经济学动态》第4期。

程惠芳、岑丽君:2010,《FDI、产业结构与国际经济周期协动性研究》,《经济研究》第9期。

干春晖、郑若谷、余典范:2011,《中国产业结构变迁对经济增长和波动的影响》,《经济研究》第5期。

龚刚:2016,《论新常态下的供给侧改革》,《南开学报(哲学社会科学版)》第2期。

郭庆旺、贾俊雪:2004,《中国潜在产出与产出缺口的估算》,《经济研究》第5期。

何天祥、陈晓红:2017,《动态外部性与城市群经济增长收敛的实证研究》,《系统工程理论与实践》第11期。

黄凯南:2015,《供给侧和需求侧的共同演化:基于演化增长的视角》,《南方经济》第 12 期。

柯善咨、赵曜:2014,《产业结构、城市规模与中国城市生产率》,《经济研究》第 4 期。

李富强、董直庆、王林辉:2008,《制度主导、要素贡献和中国经济增长动力的分类检验》,《经济研究》第 4 期。

李磊、张志强、万玉琳:2011,《全球化与经济周期同步性——以中国和 OECD 国家为例》,《世界经济研究》第 1 期。

李雪松、张莹、陈光炎:2005,《中国经济增长动力的需求分析》,《数量经济技术经济研究》第 11 期。

李扬、张晓晶:2015,《"新常态":经济发展的逻辑与前景》,《经济研究》第 5 期。

刘金全、刘志刚:2004,《我国 GDP 增长率序列中趋势成分和周期成分的分解》,《数量经济技术经济研究》第 5 期。

刘瑞翔、安同良:2011,《中国经济增长的动力来源与转换展望——基于最终需求角度的分析》,《经济研究》第 7 期。

陆旸、蔡昉:2014,《人口结构变化对潜在增长率的影响:中国和日本的比较》,《世界经济》第 1 期。

欧阳志刚:2012,《面板数据非线性阈值协整的检验方法》,《数量经济技术经济研究》第 3 期。

欧阳志刚:2014,《协整向量、调节参数同为非线性的阈值协整检验》,《数量经济技术经济研究》第 9 期。

欧阳志刚、彭方平:2018,《双轮驱动下中国经济增长的共同趋势与相依周期》,《经济研究》第 4 期。

欧阳志刚、何富美、薛龙:2019,《经济政策不确定性,双轮驱动与经济增长》,《系统工程理论与实践》第 4 期。

彭斯达、陈继勇:2009,《中美经济周期的协动性研究:基于多宏观经济指标的综合考察》,《世界经济》第 2 期。

邱晓华、郑京平、万东华、冯春平、巴威、严于龙:2006,《中国经济增长动力及前景分析》,《经济研究》第 5 期。

史晋川、黄良浩:2011,《总需求结构调整与经济发展方式转变》,《经济理论与经济管理》第1期。

宋玉华、吴聃:2006,《从国际经济周期理论到世界经济周期理论》,《经济理论与经济管理》第3期。

谭本艳、黄双超:2014,《核心通货膨胀扣除食品的可行性检验》,《统计研究》第1期。

王少平、胡进:2009,《中国 GDP 的趋势周期分解与随机冲击的持久效应》,《经济研究》第4期。

王少平、杨洋:2017,《中国经济增长的长期趋势与经济新常态的数量描述》,《经济研究》第6期。

王小鲁、樊纲、刘鹏:2009,《中国经济增长方式转换和增长可持续性》,《经济研究》第1期。

王询、孟望生:2013,《人力资本投资与物质资本回报率关系研究——基于世代交叠模型的视角》,《当代财经》第7期。

翁媛媛、高汝熹:2011,《中国经济增长动力分析及未来增长空间预测》,《经济学家》第8期。

徐晓莉:2014,《中国经济周期测算:基于扩展卡尔曼滤波分析》,《经济学动态》第10期。

杨林涛、韩兆洲、王昭颖:2015,《多视角下 R&D 资本化测算方法比较与应用》,《数量经济技术经济研究》第12期。

杨子荣、代军勋、葛伟、陶铸:2015,《新常态下中国经济增长动力切换研究——基于区域差异视角分析》,《当代经济科学》第6期。

余泳泽:2015,《改革开放以来中国经济增长动力转换的时空特征》,《数量经济技术经济研究》第2期。

袁富华、汪红驹、张晓晶:2009,《中国经济周期的国际关联》,《世界经济》第12期。

张兵、李翠莲:2011,《"金砖国家"通货膨胀周期的协动性》,《经济研究》第9期。

张德荣:2013,《"中等收入陷阱"发生机理与中国经济增长的阶段性动力》,《经济研究》第9期。

张军、章元:2003,《对中国资本存量 K 的再估计》,《经济研究》第 7 期。

张军、吴桂英、张吉鹏:2004,《中国省际物质资本存量估算:1952—2000》,《经济研究》第 10 期。

张军、徐力恒、刘芳:2016,《鉴往知来:推测中国经济增长潜力与结构演变》,《世界经济》第 1 期。

张延群、娄峰:2009,《中国经济中长期增长潜力分析与预测:2008—2020 年》,《数量经济技术经济研究》第 12 期。

郑挺国、王霞:2010,《中国产出缺口的实时估计及其可靠性研究》,《经济研究》第 10 期。

中国经济增长前沿课题组:2012,《中国经济长期增长路径、效率与潜在增长水平》,《经济研究》第 11 期。

中国经济增长前沿课题组:2013,《中国经济转型的结构性特征、风险与效率提升路径》,《经济研究》第 10 期。

中国经济增长前沿课题组:2014,《中国经济增长的低效率冲击与减速治理》,《经济研究》第 12 期。

中国人民银行营业管理部课题组:2011,《基于生产函数法的潜在产出估计、产出缺口基及与通货膨胀的关系:1978—2009》,《金融研究》第 3 期。

中国人民大学宏观经济分析与预测课题组:2015,《当前中国宏观经济政策必须注重解决的几个问题》,《经济研究参考》第 66 期。

祝梓翔、邓翔、赵绍阳:2018,《中国经济波动来自趋势还是周期——基于多种 UC 模型的比较分析》,《统计研究》第 11 期。